中华人民共和国未成年人保护法

（实用版）

中国法制出版社

CHINA LEGAL PUBLISHING HOUSE

编辑说明

运用法律维护权利和利益，是读者选购法律图书的主要目的。法律文本单行本提供最基本的法律依据，但单纯的法律文本中的有些概念、术语，读者不易理解；法律释义类图书有助于读者理解法律的本义，但又过于繁杂、冗长。"实用版"法律图书至今已行销多年，因其实用、易懂的优点，成为广大读者理解、掌握法律的首选工具。

本书独具四重使用价值：

1. **专业出版。**中国法制出版社是中央级法律类图书专业出版社，是国家法律、行政法规文本的权威出版机构。

2. **法律文本规范。**法律条文利用了本社法律单行本的资源，与国家法律、行政法规正式版本完全一致，确保条文准确、权威。

3. **条文解读详致。**本书中的【理解与适用】从庞杂的相互关联的法律条文以及全国人大常委会法制工作委员会等对条文的解读中精选、提炼而来；【典型案例指引】来自最高人民法院指导案例、公报、各高级人民法院判决书等，点出适用要点，展示解决法律问题的实例。

4. **附录实用。**书末收录经提炼的法律流程图、诉讼文书、办案常用数据等内容，帮助提高处理法律纠纷的效率。

中国法制出版社

2020 年 12 月

《中华人民共和国未成年人保护法》理解与适用

党中央历来高度重视未成年人保护工作。现行《未成年人保护法》① 是第七届全国人民代表大会常务委员会第二十一次会议于 1991 年制定的，历经 2006 年、2012 年两次修改，其中 2006 年的修改幅度较大。这部法律颁布实施二十多年来，对于保障未成年人的合法权益，促进未成年人的健康成长，发挥了重要作用。但是，随着改革开放的深入和社会主义市场经济的发展，未成年人成长的社会环境已经发生了重大变化，未成年人保护领域出现了许多新情况、新问题。当前，未成年人保护工作面临的问题复杂多样，其中比较突出的问题主要有：（1）监护人监护不力情况严重甚至存在监护侵害现象；（2）校园安全和学生欺凌问题频发；（3）密切接触未成年人行业的从业人员性侵害、虐待、暴力伤害未成年人问题时有发生；（4）未成年人沉迷网络特别是网络游戏问题触目惊心；（5）对刑事案件中未成年被害人缺乏应有保护等。这些问题引起全社会普遍关注，需要在法律制度层面上予以回应和解决。

2018 年，十三届全国人大常委会立法规划明确由全国人大社会建设委员会牵头修改《未成年人保护法》，最终由中华人民共和国第十三届全国人民代表大会常务委员会第二十二次会

---

① 为便于阅读，本书中相关法律文件标题中的"中华人民共和国"字样都予以省略。

告制度。

（二）加强家庭保护

父母或者其他监护人是保护未成年人的第一责任人，家庭是未成年人最先开始生活和学习的场所。本次修订细化了家庭监护职责，具体列举监护应当做的行为、禁止性行为和抚养注意事项；突出家庭教育；增加监护人的报告义务；针对农村留守儿童等群体的监护缺失问题，完善了委托照护制度。

（三）完善学校保护

本次修订从教书育人和安全保障两个角度规定学校、幼儿园的保护义务。"教书育人"方面主要是完善了学校、幼儿园的教育、保育职责；"安全保障"方面主要规定了校园安全的保障机制以及突发事件的处置措施，增加了学生欺凌及校园性侵的防控与处置措施。

（四）充实社会保护

本次修订增加了城乡基层群众性自治组织的保护责任；拓展了未成年人的福利范围；对净化社会环境提出更高要求；强调了公共场所的安全保障义务；为避免未成年人遭受性侵害、虐待、暴力伤害等侵害，创设了密切接触未成年人行业的从业查询及禁止制度。

（五）新增网络保护

本次修订增设"网络保护"专章，对网络保护的理念、网络环境管理、相关企业责任、网络信息管理、个人网络信息保护、网络沉迷防治等作出全面规范，力图实现对未成年人的线上线下全方位保护。

（六）强化政府保护

本次修订将原《未成年人保护法》中的相关内容加以整合，增设"政府保护"专章，明确各级政府应当建立未成年人保护工作协调机制，细化政府及其有关部门的职责，并对国家监护制度作出详细规定。

（七）完善司法保护

本次修订细化了原《未成年人保护法》司法保护专章和《刑事诉讼法》未成年人刑事案件诉讼程序专章的有关内容，进一步强调司法机关专门化问题，同时补充完善相关规定，以实现司法环节的未成年人保护全覆盖。主要包括：设立检察机关代为行使诉讼权利制度，细化规定中止和撤销监护人资格制度，规定刑事案件中对未成年被害人的保护措施等。

目　录

中华人民共和国未成年人保护法

第一章　总　　则

2 第 一 条　【立法目的和依据】

2 第 二 条　【未成年人的定义】

3 第 三 条　【未成年人平等享有权利】

3 第 四 条　【未成年人保护的基本原则和要求】

　　　　　［最有利于未成年人原则］

4 第 五 条　【对未成年人进行教育】

4 第 六 条　【保护未成年人的共同责任】

4 第 七 条　【监护人和国家在监护方面的责任】

5 第 八 条　【发展规划及预算】

5 第 九 条　【未成年人保护工作协调机制】

5 第 十 条　【群团组织及社会组织的职责】

5 第十一条　【检举、控告和强制报告制度】

　　　　　［强制报告的主体］

　　　　　［强制报告的情形］

　　　　　［强制报告的对象］

　　　　　［强制报告的责任］

8 第十二条　【科学研究】

8 第十三条　【统计调查制度】

1

8 | 第十四条 【表彰和奖励】

第二章 家庭保护

8 | 第十五条 【监护人及成年家庭成员的家庭教育职责】

9 | 第十六条 【监护职责】

11 | 第十七条 【监护禁止行为】

[不得虐待未成年人]

[不得遗弃未成年人]

[不得非法送养未成年人]

[不得对未成年人实施家庭暴力]

[不得放任、教唆或者利用未成年人实施违法犯罪行为]

[不得放任、唆使未成年人参与邪教、迷信活动或者接受恐怖主义、分裂主义、极端主义等侵害]

[不得放任或者迫使应当接受义务教育的未成年人失学、辍学]

[不得允许或者迫使未成年人从事国家规定以外的劳动]

[不得允许、迫使未成年人结婚或者为未成年人订立婚约]

[不得违法处分、侵吞未成年人的财产或者利用未成年人牟取不正当利益]

16 | 第十八条 【监护人的安全保障义务】

16 | 第十九条 【尊重未成年人的知情权】

[父母或者其他监护人的决定权]

[听取未成年人的意见]

[充分考虑未成年人的真实意愿]

18 | 第二十条 【监护人的报告义务】

18　第二十一条　【临时照护及禁止未成年人单独生活】

　　　　　　　　［不能使未成年人处于无人看护状态］

　　　　　　　　［应当委托具备条件的人员代为临时照护］

　　　　　　　　［十六周岁以下的未成年人不能脱离监护单独生活］

20　第二十二条　【设立长期照护的条件】

　　　　　　　　［父母委托他人长期照护子女应当有正当理由］

　　　　　　　　［委托他人长期照护子女时应当考虑的因素］

21　第二十三条　【设立长期照护的监护人的义务】

22　第二十四条　【父母离婚对未成年子女的义务】

第三章　学校保护

23　第二十五条　【全面贯彻国家教育方针政策】

24　第二十六条　【幼儿园的保育教育职责】

24　第二十七条　【尊重未成年人人格尊严，不得实施体罚】

24　第二十八条　【保障未成年学生受教育权利】

　　　　　　　　［保障未成年学生受教育的权利］

　　　　　　　　［不得违规开除或变相开除未成年学生］

　　　　　　　　［履行控辍保学职责］

27　第二十九条　【关爱帮扶　不得歧视】

28　第 三 十 条　【社会生活指导、心理健康辅导、青春
　　　　　　　　期教育、生命教育】

　　　　　　　　［社会生活指导］

　　　　　　　　［心理健康辅导］

　　　　　　　　［青春期教育］

　　　　　　　　［生命教育］

30　第三十一条　【加强劳动教育】

　　　　　　　　［劳动教育］

31 | 第三十二条 【反对浪费 文明饮食】

31 | 第三十三条 【保障未成年学生休息权】

32 | 第三十四条 【学校、幼儿园的卫生保健职责】

32 | 第三十五条 【保障未成人校园安全】

34 | 第三十六条 【校车安全管理制度】

35 | 第三十七条 【突发事件处置】

36 | 第三十八条 【禁止商业行为】

38 | 第三十九条 【防治学生欺凌】

39 | 第 四 十 条 【防治性侵害、性骚扰】

41 | 第四十一条 【参照适用规定】

第四章 社会保护

41 | 第四十二条 【社会保护的基本内容】

41 | 第四十三条 【居民委员会、村民委员会工作职责】

42 | 第四十四条 【公用场馆的优惠政策】

42 | 第四十五条 【未成年人免费或者优惠乘坐交通工具】

45 | 第四十六条 【母婴设施的配备】

45 | 第四十七条 【不得限制针对未成年人的照顾或者优惠】

45 | 第四十八条 【鼓励有利于未成年人健康成长的创作】

45 | 第四十九条 【新闻媒体的责任】

[新闻媒体采访报道涉及未成年人事件的规范]

[新闻媒体采访报道涉及未成年人事件的具体方式]

47 | 第 五 十 条 【禁止危害未成年人身心健康的内容】

47 | 第五十一条 【提示可能影响未成年人身心健康的内容】

[以显著方式作出提示]

48 | 第五十二条 【禁止儿童色情制品】

49 | 第五十三条 【与未成年人有关的广告管理】

49 第五十四条　【禁止严重侵犯未成年人权益的行为】

　　　　　　［禁止拐卖未成年人］

　　　　　　［禁止绑架未成年人］

　　　　　　［禁止虐待未成年人］

　　　　　　［禁止非法收养未成年人］

　　　　　　［禁止对未成年人实施性侵害］

　　　　　　［禁止对未成年人实施性骚扰］

　　　　　　［禁止胁迫、引诱、教唆未成年人参加黑社会性
　　　　　　质组织］

　　　　　　［禁止胁迫、引诱、教唆未成年人从事违法犯罪
　　　　　　活动］

　　　　　　［禁止胁迫、诱骗、利用未成年人乞讨］

55 第五十五条　【对生产、销售用于未成年人产品的要求】

56 第五十六条　【公共场所的安全保障义务】

57 第五十七条　【住宿经营者安全保护义务】

　　　　　　［住宿经营者的询问义务］

　　　　　　［住宿经营者的报告和联系义务］

58 第五十八条　【不适宜未成年人活动场所设置与服务
　　　　　　的限制】

60 第五十九条　【对未成年人禁售烟、酒和彩票】

61 第 六 十 条　【禁止向未成年人提供、销售危险物品】

62 第六十一条　【劳动保护】

65 第六十二条　【从业查询】

66 第六十三条　【通信自由和通信秘密】

第五章　网络保护

67 第六十四条　【网络素养】

68 第六十五条　【健康网络内容创作与传播】

68	第六十六条	【监督检查和执法】
68	第六十七条	【可能影响健康的网络信息】
69	第六十八条	【沉迷网络的预防和干预】
70	第六十九条	【网络保护软件】
71	第 七 十 条	【学校对未成年学生沉迷网络的预防和处理】
72	第七十一条	【监护人的网络保护义务】
72	第七十二条	【个人信息处理规定以及更正权、删除权】
73	第七十三条	【私密信息的提示和保护义务】
74	第七十四条	【预防网络沉迷的一般性规定】
74	第七十五条	【网络游戏服务提供者的义务】
75	第七十六条	【网络直播服务提供者的义务】
76	第七十七条	【禁止实施网络欺凌】
		［网络欺凌的形式］
		［网络欺凌的类型］
77	第七十八条	【接受投诉、举报】
77	第七十九条	【投诉、举报权】
77	第 八 十 条	【对用户行为的安全管理义务】

第六章　政府保护

79	第八十一条	【政府、基层自治组织未成年人保护工作的落实主体】
79	第八十二条	【家庭教育指导服务】
80	第八十三条	【政府保障未成年人受教育的权利】
80	第八十四条	【发展托育、学前教育事业】
80	第八十五条	【职业教育及职业技能培训】
80	第八十六条	【残疾未成年人接受教育的权利】
81	第八十七条	【政府保障校园安全】

6

82	第八十八条	【政府保障校园周边安全】
82	第八十九条	【未成年人活动场所建设和维护、学校文化体育设施的免费或者优惠开放】
83	第 九 十 条	【卫生保健、传染病防治和心理健康】
83	第九十一条	【对困境未成年人实施分类保障】
84	第九十二条	【民政部门临时监护】
86	第九十三条	【临时监护的具体方式】
87	第九十四条	【长期监护的法定情形】
89	第九十五条	【民政部门长期监护未成年人的收养】
89	第九十六条	【民政部门承担国家监护职责的政府支持和机构建设】
90	第九十七条	【建设全国统一的未成年人保护热线，支持社会力量共建未成年人保护平台】
90	第九十八条	【违法犯罪人员信息查询系统】
90	第九十九条	【培育、引导和规范社会力量参与未成年人保护工作】

第七章　司法保护

91	第 一 百 条	【司法机关职责】
91	第一百零一条	【专门机构、专门人员及评价考核标准】
92	第一百零二条	【未成年人案件中语言、表达方式】
92	第一百零三条	【个人信息保护】
93	第一百零四条	【法律援助、司法救助】
93	第一百零五条	【检察监督】
93	第一百零六条	【公益诉讼】
94	第一百零七条	【继承权、受遗赠权和受抚养权保护】
95	第一百零八条	【人身安全保护令、撤销监护人资格】

[撤销监护人资格]

7

[发出人身安全保护令]

99　第一百零九条　【社会调查】

99　第一百一十条　【法定代理人、合适成年人到场】

[法定代理人、合适成年人到场制度]

101　第一百一十一条　【特定未成年被害人司法保护】

102　第一百一十二条　【同步录音录像等保护措施】

103　第一百一十三条　【违法犯罪未成年人的保护方针和原则】

104　第一百一十四条　【司法机关对未尽保护职责单位的监督】

104　第一百一十五条　【司法机关开展未成年人法治宣传教育】

105　第一百一十六条　【社会组织、社会工作者参与未成年人司法保护】

第八章　法律责任

105　第一百一十七条　【违反强制报告义务的法律责任】

106　第一百一十八条　【监护人不履行监护职责或者侵犯未成年人合法权益的法律责任】

106　第一百一十九条　【学校等机构及其教职员工的法律责任】

106　第一百二十条　【未给予免费或者优惠待遇的法律责任】

107　第一百二十一条　【制作、复制、出版、发布、传播危害未成年人出版物的法律责任】

107　第一百二十二条　【场所运营单位和住宿经营者的法律责任】

107	第一百二十三条	【营业性娱乐场所等经营者的法律责任】
108	第一百二十四条	【公共场所吸烟、饮酒的法律责任】
108	第一百二十五条	【未按规定招用、使用未成年人的法律责任】
108	第一百二十六条	【密切接触未成年人单位的法律责任】
109	第一百二十七条	【网络产品和服务提供者等的法律责任】
109	第一百二十八条	【国家机关工作人员渎职的法律责任】
109	第一百二十九条	【民事责任、治安管理处罚和刑事责任】

第九章 附　则

110	第一百三十条	【相关概念的含义】
110	第一百三十一条	【外国人、无国籍未成年人的保护】
110	第一百三十二条	【施行日期】

实用核心法规

111	中华人民共和国刑法（节录）（2020 年 12 月 26 日）
122	中华人民共和国民法典（节录）（2020 年 5 月 28 日）
141	未成年人学校保护规定（2021 年 6 月 1 日）
153	中华人民共和国预防未成年人犯罪法（2020 年 12 月 26 日）
164	禁止使用童工规定（2002 年 10 月 1 日）

167 未成年工特殊保护规定

（1994 年 12 月 9 日）

170 国务院办公厅关于加强和改进流浪未成年人救助保护

工作的意见

（2011 年 8 月 15 日）

175 流浪未成年人需求和家庭监护情况评估规范

（2012 年 9 月 13 日）

179 家庭寄养管理办法

（2014 年 9 月 24 日）

185 关于依法处理监护人侵害未成年人权益行为若干问题

的意见

（2014 年 12 月 18 日）

193 未成年人节目管理规定

（2021 年 10 月 8 日）

200 国家互联网信息办公室关于进一步加强对网上未成年

人犯罪和欺凌事件报道管理的通知

（2015 年 6 月 30 日）

202 关于建立侵害未成年人案件强制报告制度的意见

（试行）

（2020 年 5 月 7 日）

206 最高人民法院关于审理未成年人刑事案件具体应用

法律若干问题的解释

（2006 年 1 月 11 日）

209 关于依法严惩利用未成年人实施黑恶势力犯罪的意见

（2020 年 3 月 23 日）

213 未成年人法律援助服务指引（试行）

（2020 年 9 月 16 日）

224 关于建立教职员工准入查询性侵违法犯罪信息制度的意见

（2020 年 8 月 20 日）

227 | 国家新闻出版署关于防止未成年人沉迷网络游戏的通知
　　　（2019 年 10 月 25 日）
229 | 学生伤害事故处理办法
　　　（2010 年 12 月 13 日）

实用附录

236 | 最高人民法院发布依法严惩侵害未成年人权益典型
　　　案例
　　　（2020 年 5 月 18 日）
242 | 最高人民检察院发布 5 起侵害未成年人案件强制报告
　　　典型案例
　　　（2020 年 5 月 29 日）

中华人民共和国未成年人保护法

（1991 年 9 月 4 日第七届全国人民代表大会常务委员会第二十一次会议通过 2006 年 12 月 29 日第十届全国人民代表大会常务委员会第二十五次会议第一次修订 根据 2012 年 10 月 26 日第十一届全国人民代表大会常务委员会第二十九次会议《关于修改〈中华人民共和国未成年人保护法〉的决定》修正 2020 年 10 月 17 日第十三届全国人民代表大会常务委员会第二十二次会议第二次修订 2020 年 10 月 17 日中华人民共和国主席令第 57 号公布 自 2021 年 6 月 1 日起施行）

目　　录

第一章　总　　则
第二章　家庭保护
第三章　学校保护
第四章　社会保护
第五章　网络保护
第六章　政府保护
第七章　司法保护
第八章　法律责任
第九章　附　　则

第一章 总 则

第一条 立法目的和依据①

　　为了保护未成年人身心健康，保障未成年人合法权益，促进未成年人德智体美劳全面发展，培养有理想、有道德、有文化、有纪律的社会主义建设者和接班人，培养担当民族复兴大任的时代新人，根据宪法，制定本法。

第二条 未成年人的定义

　　本法所称未成年人是指未满十八周岁的公民。

▶理解与适用

　　未成年人是相对于成年人而言的，通常以生理年龄作为是否成年的标准。我国《民法典》第十七条规定，十八周岁以上的自然人为成年人。不满十八周岁的自然人为未成年人。同时，依据《民法典》第十三条的规定，自然人从出生时起到死亡时止，具有民事权利能力，依法享有民事权利，承担民事义务。因此，未成年阶段包括从出生之日起至不满十八周岁的阶段，胎儿在脱离母体前不是独立的个体，还不属于未成年人。

▶条文参见

　　《宪法》第33条；《民法典》第13条、第17条、第18条、第19条、第20条；《国籍法》第4条、第5条、第6条、第7条

---

　　① 条文主旨为编者所加，下同。

第三条　未成年人平等享有权利

国家保障未成年人的生存权、发展权、受保护权、参与权等权利。

未成年人依法平等地享有各项权利，不因本人及其父母或者其他监护人的民族、种族、性别、户籍、职业、宗教信仰、教育程度、家庭状况、身心健康状况等受到歧视。

第四条　未成年人保护的基本原则和要求

保护未成年人，应当坚持最有利于未成年人的原则。处理涉及未成年人事项，应当符合下列要求：

（一）给予未成年人特殊、优先保护；

（二）尊重未成年人人格尊严；

（三）保护未成年人隐私权和个人信息；

（四）适应未成年人身心健康发展的规律和特点；

（五）听取未成年人的意见；

（六）保护与教育相结合。

▶理解与适用

［最有利于未成年人原则］

最有利于未成年人原则，就是在保护未成年人的人身权利、财产权利及其他合法权益的过程中，要综合各方面因素进行权衡，选择最有利于未成年人的方案，采取最有利于未成年人的措施，实现未成年人利益的最大化。

第五条　对未成年人进行教育

国家、社会、学校和家庭应当对未成年人进行理想教育、道德教育、科学教育、文化教育、法治教育、国家安全教育、健康教育、劳动教育，加强爱国主义、集体主义和中国特色社会主义的教育，培养爱祖国、爱人民、爱劳动、爱科学、爱社会主义的公德，抵制资本主义、封建主义和其他腐朽思想的侵蚀，引导未成年人树立和践行社会主义核心价值观。

第六条　保护未成年人的共同责任

保护未成年人，是国家机关、武装力量、政党、人民团体、企业事业单位、社会组织、城乡基层群众性自治组织、未成年人的监护人以及其他成年人的共同责任。

国家、社会、学校和家庭应当教育和帮助未成年人维护自身合法权益，增强自我保护的意识和能力。

第七条　监护人和国家在监护方面的责任

未成年人的父母或者其他监护人依法对未成年人承担监护职责。

国家采取措施指导、支持、帮助和监督未成年人的父母或者其他监护人履行监护职责。

▶条文参见

《民法典》第18条、第20条、第27条、第32条、第34条；《国务院关于加强农村留守儿童关爱保护工作的意见》；《国务院关于加强困境儿童保障工作的意见》

第八条　发展规划及预算

县级以上人民政府应当将未成年人保护工作纳入国民经济和社会发展规划，相关经费纳入本级政府预算。

第九条　未成年人保护工作协调机制

县级以上人民政府应当建立未成年人保护工作协调机制，统筹、协调、督促和指导有关部门在各自职责范围内做好未成年人保护工作。协调机制具体工作由县级以上人民政府民政部门承担，省级人民政府也可以根据本地实际情况确定由其他有关部门承担。

第十条　群团组织及社会组织的职责

共产主义青年团、妇女联合会、工会、残疾人联合会、关心下一代工作委员会、青年联合会、学生联合会、少年先锋队以及其他人民团体、有关社会组织，应当协助各级人民政府及其有关部门、人民检察院、人民法院做好未成年人保护工作，维护未成年人合法权益。

▶条文参见

《未成年人保护法》第44条、第82条、第85条、第97条

第十一条　检举、控告和强制报告制度

任何组织或者个人发现不利于未成年人身心健康或者侵犯未成年人合法权益的情形，都有权劝阻、制止或者向公安、民政、教育等有关部门提出检举、控告。

国家机关、居民委员会、村民委员会、密切接触未成年人的单位及其工作人员，在工作中发现未成年人身心健康受到侵害、疑似受到侵害或者面临其他危险情形的，应当立即

向公安、民政、教育等有关部门报告。

有关部门接到涉及未成年人的检举、控告或者报告，应当依法及时受理、处置，并以适当方式将处理结果告知相关单位和人员。

▶ **理解与适用**

本条第二款增加了强制报告制度的规定，强制报告是一项法定义务。

[强制报告的主体]

本条列举的强制报告的主体包括国家机关、居民委员会、村民委员会、密切接触未成年人的单位及其工作人员。国家机关包括国家权力机关、行政机关、监察机关、司法机关，只要是国家机关，就负有强制报告义务。居民委员会、村民委员会作为基层群众自治性组织，负有大量未成年人保护相关工作职责，与未成年人有较多接触，也比较熟悉辖区内未成年人的情况。密切接触未成年人的单位是指对未成年人负有教育、培训、监护、救助、看护、医疗等职责的企业事业单位、社会组织等，本法第一百三十条第一项对密切接触未成年人的单位有具体规定。

[强制报告的情形]

本条并未详细列举应当报告的行为类型，而是将应当报告的情形概括为未成年人身心健康受到侵害、疑似受到侵害或者面临其他危险情形。未成年人身心健康受到侵害，是指已有证据或者情况表明侵害已经发生；疑似受到侵害，是指证据并不充分，情况还不够明确，但有迹象表明侵害可能发生；面临其他危险情形，是指虽然未发生侵害，但未成年人处于危险境地，面临身心健康受到侵害的较大风险。最高人民检察院等九家单位印发的《关于建立侵害未成年人案件强制报告制度的意见（试行）》详细列举了未成年人遭受或者疑似遭受不法侵害以及

6

面临不法侵害危险的情形，对于强制报告制度具体实践具有重要参考作用。

[强制报告的对象]

依据本条规定，强制报告义务主体在工作中发现法律规定的情形，应当立即向公安、民政、教育等有关部门报告。第一，法律虽然没有明确报告的具体时限，但强调了应当"立即"报告，也就是说应当毫不拖延，在发现法定情形的第一时间就向有关部门报告，这样才能保证保护的及时性、有效性。报告的对象包括公安、民政、教育等部门，这些部门与未成年人保护工作密切相关，在不同方面负有重要职责。强制报告的义务主体可以根据发现的具体情况，选择向职责联系最紧密的一个或者多个部门报告。例如，发现未成年人遭受或疑似遭受性侵害时，应当立即向公安机关报告；发现未成年人被遗弃或长期处于无人照料状态的，应当向民政部门报告；发现未成年人失学辍学，受教育权受到侵犯时，应当向教育部门报告等。

[强制报告的责任]

强制报告作为一项义务，有关组织或者个人如果不依法履行该义务，可能会导致未成年人难以及时有效获得保护，可能造成未成年人权益受到侵犯的严重后果。为确保这项义务能够得到有效履行，解决追责难的问题，本法第一百一十七条规定，未履行报告义务造成严重后果的，由上级主管部门或者所在单位对直接负责的主管人员和其他直接责任人员依法给予处分。

▶条文参见

《反家庭暴力法》第14条；《最高人民法院、最高人民检察院、公安部、民政部关于依法处理监护人员侵害未成年人权益行为若干问题的意见》；《最高人民检察院、国家监委、教育部等九部门关于建立侵害未成年人案件强制报告制度的意见（试行）》

第十二条　科学研究

国家鼓励和支持未成年人保护方面的科学研究，建设相关学科、设置相关专业，加强人才培养。

第十三条　统计调查制度

国家建立健全未成年人统计调查制度，开展未成年人健康、受教育等状况的统计、调查和分析，发布未成年人保护的有关信息。

第十四条　表彰和奖励

国家对保护未成年人有显著成绩的组织和个人给予表彰和奖励。

第二章　家庭保护

第十五条　监护人及成年家庭成员的家庭教育职责

未成年人的父母或者其他监护人应当学习家庭教育知识，接受家庭教育指导，创造良好、和睦、文明的家庭环境。

共同生活的其他成年家庭成员应当协助未成年人的父母或者其他监护人抚养、教育和保护未成年人。

▶条文参见

《民法典》第 27 条、第 1043 条

第十六条 监护职责

未成年人的父母或者其他监护人应当履行下列监护职责：

（一）为未成年人提供生活、健康、安全等方面的保障；

（二）关注未成年人的生理、心理状况和情感需求；

（三）教育和引导未成年人遵纪守法、勤俭节约，养成良好的思想品德和行为习惯；

（四）对未成年人进行安全教育，提高未成年人的自我保护意识和能力；

（五）尊重未成年人受教育的权利，保障适龄未成年人依法接受并完成义务教育；

（六）保障未成年人休息、娱乐和体育锻炼的时间，引导未成年人进行有益身心健康的活动；

（七）妥善管理和保护未成年人的财产；

（八）依法代理未成年人实施民事法律行为；

（九）预防和制止未成年人的不良行为和违法犯罪行为，并进行合理管教；

（十）其他应当履行的监护职责。

▶理解与适用

本条是对父母或者其他监护人监护职责的具体规定，通过列举的方式细化未成年人的父母或者其他监护人应当履行的监护职责，使之进一步明确化、法定化，增强法律的指导性和可操作性，加强对未成年人在家庭中合法权益的保护。需要注意的方面如下：

受教育权是指公民依法享有的要求提供平等的受教育条件和机会，通过学习来发展个性、才智和身心能力，以获得平等的生存和发展机会的基本权利。我国《宪法》规定，中华人民共和国公民有受教育的权利和义务，国家培养青年、少年、儿童在品德、智力、体质等方面全面发展。未成年人受教育的权利包括三个方面：（1）学习机会权，具体有三项内容，①入学机会权，②受教育的选择权，③学生身份权（学籍权）。（2）学习条件权。（3）学习成功权，包括获得公正评价和获得学业证书、学位证书权。

未成年人享有与成年人平等的财产权，其合法财产受到法律平等保护。父母或者其他监护人应当依法妥善管理和保护未成年人的财产，除为维护未成年人利益外，如为了未成年人的生活、教育等，不得处分未成年人的财产。对于任何侵害未成年人合法财产的行为，要及时采取合法必要的保护措施。

未成年人的个人财产可以从以下途径取得：（1）通过法定义务人应尽的抚养义务取得，如抚养费等；（2）通过接受赠与取得；（3）通过创作活动取得，如稿酬等；（4）通过自己的特殊技能取得，如参与演出等；（5）通过国家政策明文规定给未成年人的财产取得；（6）通过获奖取得，如奖学金等；（7）通过继承遗产取得；（8）通过人身伤害追偿权取得等。

将"依法代理未成年人实施民事法律行为"作为单独一项监护职责进行强调，是因为未成年人处于身心发展的特殊阶段，其认知能力、适应能力和自我承担能力还不够成熟，民事行为能力不足，无法独立实施一些复杂的民事法律行为，如签订合同、参加诉讼等，需要由父母或其他监护人代理实施。

"合理管教"：一方面，要求父母或者其他监护人应当根据未成年人不良行为的具体原因和情形，采取有针对性的措施和方式；另一方面，要求管教不能超过必要的限度，不能采取捆绑、辱骂等侵害未成年人身心健康的方式进行干预。

▶条文参见

《宪法》第49条；《民法典》第17条、第20条、第23条、第26条、第34条；《预防未成年人犯罪法》第28条、第29条、第38条、第39条

第十七条　监护禁止行为

　　未成年人的父母或者其他监护人不得实施下列行为：

　　（一）虐待、遗弃、非法送养未成年人或者对未成年人实施家庭暴力；

　　（二）放任、教唆或者利用未成年人实施违法犯罪行为；

　　（三）放任、唆使未成年人参与邪教、迷信活动或者接受恐怖主义、分裂主义、极端主义等侵害；

　　（四）放任、唆使未成年人吸烟（含电子烟，下同）、饮酒、赌博、流浪乞讨或者欺凌他人；

　　（五）放任或者迫使应当接受义务教育的未成年人失学、辍学；

　　（六）放任未成年人沉迷网络，接触危害或者可能影响其身心健康的图书、报刊、电影、广播电视节目、音像制品、电子出版物和网络信息等；

　　（七）放任未成年人进入营业性娱乐场所、酒吧、互联网上网服务营业场所等不适宜未成年人活动的场所；

　　（八）允许或者迫使未成年人从事国家规定以外的劳动；

　　（九）允许、迫使未成年人结婚或者为未成年人订立婚约；

　　（十）违法处分、侵吞未成年人的财产或者利用未成年人牟取不正当利益；

　　（十一）其他侵犯未成年人身心健康、财产权益或者不依法履行未成年人保护义务的行为。

▶理解与适用

　　为了进一步保护未成年人的合法权益，本条通过列举的方式明确细化了未成年人的父母或者其他监护人在监护中的禁止性行为，进一步增强了法律的指导性、针对性和可操作性。

11

[不得虐待未成年人]

虐待未成年人，是指对未成年人有义务抚养、监督及有操纵权的人，做出的足以对未成年人的健康、生存、生长发育及尊严造成实际的或潜在的伤害行为，包括各种形式的躯体和情感虐待、性虐待、忽视及对其进行经济性剥削。

根据《治安管理处罚法》第四十五条规定，虐待家庭成员，被虐待人要求处理的，处五日以下拘留或者警告。《刑法》第二百六十条规定，虐待家庭成员，情节恶劣的，处二年以下有期徒刑、拘役或者管制。犯前款罪，致使被害人重伤、死亡的，处二年以上七年以下有期徒刑。第一款罪，告诉的才处理，但被害人没有能力告诉，或者因受到强制、威吓无法告诉的除外。第二百六十条之一第一款规定，对未成年人、老年人、患病的人、残疾人等负有监护、看护职责的人虐待被监护、看护的人，情节恶劣的，处三年以下有期徒刑或者拘役。可见，虐待未成年人不仅不符合监护职责的规定，还要受到行政、刑事的处罚。

[不得遗弃未成年人]

遗弃，是指对于年老、年幼、患病或者其他没有独立生活能力的家庭成员，负有赡养、抚养、扶养义务而拒不履行法定义务的行为。遗弃是以不作为的方式出现的，即应为而不为，致使家庭成员的合法权益遭受侵害。遗弃未成年人，应当承担相应的法律责任。根据《治安管理处罚法》第四十五条规定，遗弃没有独立生活能力的被扶养人的处五日以下拘留或者警告。《刑法》第二百六十一条规定，对于年老、年幼、患病或者其他没有独立生活能力的人，负有扶养义务而拒绝扶养，情节恶劣的，处五年以下有期徒刑、拘役或者管制。根据《最高人民法院、最高人民检察院、公安部、司法部印发〈关于依法办理家庭暴力犯罪案件的意见〉的通知》规定，具有对被害人长期不予照顾、不提供生活来源；驱赶、逼迫被害人离家，致使被害人流离失所或者生存困难；遗弃患严重疾病或者生活不能自理的被害人；遗弃致使被害人身体严重损害或者造成其他严重

12

后果等情形，属于《刑法》第二百六十一条规定的遗弃"情节恶劣"，应当依法以遗弃罪定罪处罚。

[不得非法送养未成年人]

民法典婚姻家庭编第五章对收养制度作了规定，明确了收养关系成立的法定条件，任何不符合法定条件将未成年人送养的行为，都属于非法送养行为，应当承担相应的法律责任。例如，根据《民法典》第一千零九十七条规定，只有在生父母一方不明或者查找不到的情况下，才可以单方送养，否则应当双方共同送养。

[不得对未成年人实施家庭暴力]

家庭暴力，是指家庭成员之间以殴打、捆绑、残害、限制人身自由以及经常性谩骂、恐吓等方式实施的身体、精神等侵害行为。家庭暴力主要包括身体暴力和精神暴力。

[不得放任、教唆或者利用未成年人实施违法犯罪行为]

放任，是指不加约束，任凭未成年人自主实施违法犯罪行为。教唆，指指使、引诱未成年人进行违法犯罪行为。利用，是指采取收买、胁迫或者其他方法致使未成年人实施违法犯罪行为。

未成年人的父母或者其他监护人有教育、引导未成年人遵纪守法的义务，负有对未成年人进行预防犯罪教育的直接责任，发现未成年人心理或者行为异常的，应当及时了解情况并进行教育、引导和劝诫，不得拒绝或者怠于履行监护职责，对于未成年人实施违法犯罪行为的，应该及时制止，向公安机关报告，并积极配合做好矫治教育工作。此外，对于教唆、利用未成年人实施违法犯罪行为的，根据刑法的相关规定，还应当承担相应的刑事责任。例如，刑法规定，利用、教唆未成年人走私、贩卖、运输、制造毒品，或者向未成年人出售毒品的，从重处罚。

[不得放任、唆使未成年人参与邪教、迷信活动或者接受恐怖主义、分裂主义、极端主义等侵害]

邪教，是指冒用宗教的名义而建立的，利用迷信等手段迷惑、蒙骗他人，实施危害社会行为的非法组织。与正常的宗教组织相比，因其无固定活动场所、经典和信仰，往往只是以一些异端邪说作为发展控制组织成员的工具、手段，实则进行破坏法律、违反道德的行为。

恐怖主义，是指通过暴力、破坏、恐吓等手段，制造社会恐慌、危害公共安全、侵犯人身财产，或者胁迫国家机关、国际组织，以实现其政治、意识形态等目的的主张和行为。分裂主义，是指旨在破坏国家领土完整，包括把国家领土的一部分分裂出去或分解国家而使用暴力，以及策划、准备、共谋和教唆从事上述活动的行为。极端主义是恐怖主义的思想基础，国家反对一切形式的以歪曲宗教教义或者其他方法煽动仇恨、煽动歧视、鼓吹暴力等极端主义。

未成年人的父母或者其他监护人，首先应该树立法律意识、科学意识，带头抵制邪教、迷信活动，抵制恐怖主义、分裂主义和极端主义的侵蚀，给未成年人树立良好的榜样。同时，加强对未成年人的教育和引导，不得放任，更不能唆使未成年人参加邪教、迷信活动以及受到恐怖主义、分裂主义和极端主义等思想的侵害，保障未成年人身心健康成长。

[不得放任或者迫使应当接受义务教育的未成年人失学、辍学]

未成年人的父母或者其他监护人对适龄的未成年人的义务教育权利保障负有基本义务。一方面，即使未成年人有主动放弃接受义务教育的意愿，父母或者其他监护人也不得放任未成年人失学、辍学，而是应该与学校配合，耐心做好说服教育工作，保证未成年人返校入学；另一方面，父母或者其他监护人不得以任何理由，迫使适龄未成年人失学、辍学，应当保障其接受并完成义务教育，如有特殊原因需要延缓入学或者休学的，也应当向教育部门提出申请。否则，将依法承担相应的法律责任。

[不得允许或者迫使未成年人从事国家规定以外的劳动]

为了保障未成年人的合法权益，国家对未成年人从事劳动作了严格的限制。根据《劳动法》的相关规定，用人单位不得招用未满十六周岁的未成年人；不得安排未成年工从事矿山井下、有毒有害、国家规定的第四级体力劳动强度的劳动和其他禁忌从事的劳动。所以，父母或者其他监护人不得允许或者迫使未成年人从事国家规定以外的劳动。

需要强调的是，本条第八项的规定，并不意味着未成年人不能进行任何劳动。未成年人应当参加力所能及的社会公益劳动，培养热爱劳动、热爱劳动人民的情感，掌握一定的劳动技能。

［不得允许、迫使未成年人结婚或者为未成年人订立婚约］

父母或者其他监护人允许、迫使未成年人结婚或者为未成年人订立婚约，违反了结婚实质要件中的婚姻自由原则和法定婚龄要求，也不符合结婚形式要件的要求，属于无效婚姻。

［不得违法处分、侵吞未成年人的财产或者利用未成年人牟取不正当利益］

未成年人作为与成年人平等的民事主体，其财产也受到法律平等的保护，任何人包括父母或者其他监护人不得侵犯未成年人的财产以及财产权利。父母或者其他监护人在履行监护职责的过程中，享有对未成年人财产的管理和支配权。监护人享有这项权利，是为履行监护职责的需要，目的还是保护未成年人的财产权利，并不意味着可以随意处分。应当依法妥善管理和保护未成年人的财产，除为维护未成年人利益外，如为了未成年人的生活、教育等，不得处分、侵吞未成年人的财产。

所谓不正当利益，既包括牟取的利益是违反法律、法规及政策规定的，也包括获取这种利益不是为了未成年人，并以损害未成年人身心健康为代价的。本条第十项规定父母或者其他监护人不得利用未成年人牟取不正当利益，为保护未成年人合法权益提供了法律依据。

▶条文参见

《最高人民法院、最高人民检察院、公安部、民政部关于依法处理监护人侵害未成年人权益行为若干问题的意见》

第十八条　监护人的安全保障义务

未成年人的父母或者其他监护人应当为未成年人提供安全的家庭生活环境，及时排除引发触电、烫伤、跌落等伤害的安全隐患；采取配备儿童安全座椅、教育未成年人遵守交通规则等措施，防止未成年人受到交通事故的伤害；提高户外安全保护意识，避免未成年人发生溺水、动物伤害等事故。

第十九条　尊重未成年人的知情权

未成年人的父母或者其他监护人应当根据未成年人的年龄和智力发展状况，在作出与未成年人权益有关的决定前，听取未成年人的意见，充分考虑其真实意愿。

▶理解与适用

［父母或者其他监护人的决定权］

本条规定的决定权实质上是监护权的具体体现。归纳起来有两个方面：（1）无民事行为能力或者限制民事行为能力的未成年人在从事民事活动、诉讼时要由其父母或者其他监护人全部或部分代理；（2）父母或者其他监护人在对未成年人进行抚养、教育和保护时要尽职尽责，选取妥善方案。

父母或者其他监护人在行使监护权时，要正确处理决定权与未成年人自身独立性的关系，并非未成年人的所有活动都需要由监护人决定。根据《民法典》的规定，不满八周岁的未成年人为无民事行为能力人，由其法定代理人代理实施民事法律行为。八周岁以上的未成年人为限制民事行为能力人，实施民事法律行为由其法定代理人代理或者经其法定代理人同意、追认，但是可以独立实施纯获利益的民事法律行为或者与其年龄、

16

智力相适应的民事法律行为。十六周岁以上的未成年人，以自己的劳动收入为主要生活来源的，视为完全民事行为能力人，可以独立实施民事法律行为。

[听取未成年人的意见]

履行监护职责以尊重未成年人权利为基础。父母或者其他监护人应当充分意识到未成年人与自己在法律面前是平等的，行使监护权时应当充分尊重未成年人的主体地位，把握未成年人的成长规律，调动未成年人的主观能动性和积极性，充分尊重未成年人的知情权。

未成年人的知情权是指未成年人寻求、接受与自身权益有关消息的自由。未成年人享有知情权包含两个前提条件：（1）是否与其年龄、智力状况相适应，未成年人在每个年龄阶段，其智力发展水平和认知能力是不一样的，应当限定于在其能认知并预见后果的范围。（2）是否与未成年人权益有关。只有决定涉及未成年人的人身、财产或者其他合法权益时，未成年人才享有知情权。

[充分考虑未成年人的真实意愿]

父母或者其他监护人应该做到以下几点：（1）平等对待，尊重未成年人平等的法律地位。（2）开诚布公。根据未成年人的年龄和智力发展状况，知无不言、言无不尽。（3）双向沟通。在作出与未成年人权益有关的决定时，不但要告知其本人，还要征求本人的意见，再根据未成年人的年龄、社会经验、认知能力和判断能力等，对问题进行全面客观的分析，只有这样才能全面了解未成年人的真实想法，进而作出有利于未成年人身心健康的最优决策。

▶条文参见

《民法典》第35条

未成年人的父母或者其他监护人发现未成年人身心健康受到侵害、疑似受到侵害或者其他合法权益受到侵犯的，应当及时了解情况并采取保护措施；情况严重的，应当立即向公安、民政、教育等部门报告。

▶理解与适用

与本法第十一条规定的强制报告制度不同，本条将报告的主体限定为未成年人的父母或者其他监护人。这是因为，父母或者其他监护人承担着抚养、教育、保护未成年人等监护职责，与未成年人共同生活，关系最为密切，最有可能发现未成年人身心健康是否受到侵害，应当承担报告的义务。

第二十一条　临时照护及禁止未成年人单独生活

未成年人的父母或者其他监护人不得使未满八周岁或者由于身体、心理原因需要特别照顾的未成年人处于无人看护状态，或者将其交由无民事行为能力、限制民事行为能力、患有严重传染性疾病或者其他不适宜的人员临时照护。

未成年人的父母或者其他监护人不得使未满十六周岁的未成年人脱离监护单独生活。

▶理解与适用

[不能使未成年人处于无人看护状态]

父母或者其他监护人不能使两类未成年人处于无人看护的状态：（1）未满八周岁的未成年人。他们是民法上确定的无民事行为能力人，他们离不开父母或者其他监护人的看护。（2）因心理、身体原因需要特殊照顾的未成年人。有的未成年人虽然年龄超过了八周岁，但是由于心理或者身体方面有残疾，离开父母和其他监护人的看护无法正常生活，也不能让他们处于无人看护的状态。

[应当委托具备条件的人员代为临时照护]

临时照护是父母或者其他监护人因故不能直接看护需要特殊照护的未成年子女时，应当把子女交给符合条件的人短时间照料和看护。根据本条规定，父母或者其他监护人不得将未成年子女交给以下四类人员临时照护：（1）无民事行为能力人，包括八周岁以下的未成年人和不能辨认自己行为的成年人。（2）限制民事行为能力人。八周岁以上的未成年人和不能完全辨认自己行为的成年人为限制民事行为能力人。（3）患有严重传染性疾病的人。这里所说的严重传染性疾病，主要是指传染性强，未成年人与病人接触后容易被传染的疾病。（4）其他不适宜的人员。其他不适宜的人员主要是指本法第二十二条规定的四类具有下列情形之一的人：①曾实施性侵害、虐待、拐卖、暴力伤害等违法犯罪行为；②有吸毒、酗酒、赌博等恶习；③曾拒不履行或者长期怠于履行监护、照护职责；④其他不适宜担任被委托人的情形。

[十六周岁以下的未成年人不能脱离监护单独生活]

这里所说的脱离监护单独生活，包括十六周岁以下的未成年子女离开父母或者其他监护人在外租房单独生活，或者去异地打工；父母或者其他监护人在外出务工等情况下，将十六周岁以下的未成年子女留在家里单独生活等。而学生住校、参加夏令营等经父母或者其他监护人同意的，虽然在住校或参加夏令营期间，暂时脱离监护人的监护，但并未单独生活，因而不属于脱离监护单独生活。

▶条文参见

《民法典》第18条、第19条、第20条

未成年人的父母或者其他监护人因外出务工等原因在一定期限内不能完全履行监护职责的，应当委托具有照护能力的完全民事行为能力人代为照护；无正当理由的，不得委托他人代为照护。

未成年人的父母或者其他监护人在确定被委托人时，应当综合考虑其道德品质、家庭状况、身心健康状况、与未成年人生活情感上的联系等情况，并听取有表达意愿能力未成年人的意见。

具有下列情形之一的，不得作为被委托人：

（一）曾实施性侵害、虐待、遗弃、拐卖、暴力伤害等违法犯罪行为；

（二）有吸毒、酗酒、赌博等恶习；

（三）曾拒不履行或者长期怠于履行监护、照护职责；

（四）其他不适宜担任被委托人的情形。

▶**理解与适用**

［父母委托他人长期照护子女应当有正当理由］

父母或者其他监护人只有在有正当理由，确实需要离开未成年子女一段时间的情况下，比如，外出务工、学习、就医等，才能把未成年子女委托给他人长期照护。为了防止父母或者其他监护人利用委托照护制度逃避应当承担的监护职责，本条增加了禁止性的规定，即未成年人的父母或者监护人"无正当理由的，不得委托他人代为照护未成年人"。

［委托他人长期照护子女时应当考虑的因素］

父母或者其他监护人应当按照以下要求选择被委托人：

（1）被委托人应当是具有照护能力的完全民事行为能力人。完全民事行为能力人是指十八周岁以上、智力健全的成年人。

（2）父母应当综合考虑被委托人各方面的情况。父母或者其他监护人在选择被委托人时，应当对被委托人的情况进行全面了解：被委托人为人是否正派，道德品质有无问题；被委托人的家庭条件能否满足未成年子女正常的生活、学习需要；被委托人身心是否健康，是否患有严重的传染性疾病，身体状况能否承担照护未成年子女的职责；未成年子女是否熟悉或者了解被委托人，与被委托人的感情是否融洽，与被委托人一起生活是否适应等。

（3）听取有表达意愿能力未成年人的意见。根据本法第四条规定，处理涉及未成年人事项，应当听取未成年人的意见。父母委托他人长期照护子女，是涉及未成年子女利益的重大事项。所以，父母或者其他监护人应当充分考虑未成年子女的真实感受，听取有表述意愿能力的未成年子女的意见，不能擅自决定。

▶条文参见

《国务院关于加强农村留守儿童关爱保护工作的意见》

第二十三条　设立长期照护的监护人的义务

未成年人的父母或者其他监护人应当及时将委托照护情况书面告知未成年人所在学校、幼儿园和实际居住地的居民委员会、村民委员会，加强和未成年人所在学校、幼儿园的沟通；与未成年人、被委托人至少每周联系和交流一次，了解未成年人的生活、学习、心理等情况，并给予未成年人亲情关爱。

未成年人的父母或者其他监护人接到被委托人、居民委员会、村民委员会、学校、幼儿园等关于未成年人心理、行为异常的通知后，应当及时采取干预措施。

第二十四条 父母离婚对未成年子女的义务

　　未成年人的父母离婚时，应当妥善处理未成年子女的抚养、教育、探望、财产等事宜，听取有表达意愿能力未成年人的意见。不得以抢夺、藏匿未成年子女等方式争夺抚养权。

　　未成年人的父母离婚后，不直接抚养未成年子女的一方应当依照协议、人民法院判决或者调解确定的时间和方式，在不影响未成年人学习、生活的情况下探望未成年子女，直接抚养的一方应当配合，但被人民法院依法中止探望权的除外。

▶理解与适用

　　根据本条第一款的规定，不论未成年人的父母是协议离婚，还是法院判决离婚，都应当妥善处理涉及未成年人的有关事宜。相关的事项主要包括：（1）抚养问题。离婚后不满两周岁的子女，以由母亲直接抚养为原则；已满两周岁的子女，父母双方可以协议由父亲或母亲抚养，协议不成的，由人民法院根据双方的具体情况，按照最有利于未成年子女的原则判决。子女已满八周岁的，应当尊重其真实意愿。（2）教育问题。父母与子女之间的关系，不因父母离婚而消除。离婚后父母对于未成年子女仍有抚养、教育、保护的权利和义务。（3）探望问题。不直接抚养子女的父亲或者母亲，有探望子女的权利，另一方有义务协助。行使探望权的方式、时间由当事人协议，协议不成的，由人民法院判决。（4）财产问题。未成年人拥有的财产所有权属于未成年子女本人，父母只是作为监护人负责管理。父母离婚并不改变未成年子女财产的属性，但是会涉及财产管理方面的变化，所以，需要父母双方认真协商并妥善安排。

▶条文参见

　　《民法典》第 1076 条、第 1078 条、第 1084 条、第 1086 条

第三章 学校保护

第二十五条 全面贯彻国家教育方针政策

> 学校应当全面贯彻国家教育方针，坚持立德树人，实施素质教育，提高教育质量，注重培养未成年学生认知能力、合作能力、创新能力和实践能力，促进未成年学生全面发展。
>
> 学校应当建立未成年学生保护工作制度，健全学生行为规范，培养未成年学生遵纪守法的良好行为习惯。

▶理解与适用

根据本条第二款的规定，学校应当建立未成年人保护工作制度，以切实加强对未成年学生的教育保护：（1）要求学校围绕本法及《预防未成年人犯罪法》《教育法》《义务教育法》等相关法律法规赋予的其在未成年学生保护方面的特殊职责，建立健全未成年人保护相关工作制度，以规范学校及其教职员工的日常管理行为和教育教学活动，依法履行对未成年学生的保护职责。这些工作制度可能包括校园安全管理制度、校车安全管理制度、应对突发事件和意外伤害预案、学生欺凌防控工作制度、预防性侵和性骚扰未成年人工作制度等。（2）要求学校健全学生行为规范。学校可以根据教育部发布的《中小学生守则》《小学生日常行为规范（修订）》《中学生日常行为规范（修订）》，结合本校的实际情况，制定本校学生行为规范，作为学生行为准则，通过规范未成年学生的行为，使其从小树立规则意识和责任意识，从而养成遵纪守法的良好行为习惯。

▶条文参见

《义务教育法》第5条；《中共中央办公厅、国务院办公厅关于深化教育体制机制改革的意见》

第二十六条　幼儿园的保育教育职责

幼儿园应当做好保育、教育工作，遵循幼儿身心发展规律，实施启蒙教育，促进幼儿在体质、智力、品德等方面和谐发展。

第二十七条　尊重未成年人人格尊严，不得实施体罚

学校、幼儿园的教职员工应当尊重未成年人人格尊严，不得对未成年人实施体罚、变相体罚或者其他侮辱人格尊严的行为。

▶理解与适用

本法第一百一十九条对学校、幼儿园、婴幼儿照护服务等机构及其教职员工对未成年人实施体罚、变相体罚或者其他侮辱人格行为的，规定了相应的法律责任。同时，根据《教师法》的有关规定，对于体罚和变相体罚学生的教师，所在学校、其他教育机构或者教育行政部门，必须及时进行批评教育，帮助他们认识和改正错误，并视情节给予行政处分或者解聘；对于情节极为恶劣，构成犯罪的，依据《刑法》有关规定追究刑事责任。在实际处理的过程中，可能还需要依据《教师资格条例》《事业单位工作人员处分暂行规定》以及教育部2018年修订的《中小学教师违反职业道德行为处理办法》《幼儿园教师违反职业道德行为处理办法》等有关规定予以执行。

第二十八条　保障未成年学生受教育权利

学校应当保障未成年学生受教育的权利，不得违反国家规定开除、变相开除未成年学生。

学校应当对尚未完成义务教育的辍学未成年学生进行登记并劝返复学；劝返无效的，应当及时向教育行政部门书面报告。

▶理解与适用

[保障未成年学生受教育的权利]

根据本法和有关法律规定，学校应当从以下几方面保障未成年学生受教育的权利：（1）对依据《义务教育法》应当接受规定年限义务教育的未成年人，必须按照有关规定接纳他们入学，不得以任何理由将他们拒之于校门之外。（2）要根据《义务教育法》《教育法》《教师法》和本法第五条、第三章等有关规定，对学生进行综合素质的教育，包括德、智、体、美、劳以及其他多方面的教育，组织开展有益的社会实践活动等。（3）贯彻国家教育方针，执行国家教育教学标准，保证教育教学质量，确保教师教育教学质量达标。（4）不得实施可能影响未成年学生公平受教育机会的其他行为。

[不得违规开除或变相开除未成年学生]

我国《义务教育法》第二十七条明确规定："对违反学校管理制度的学生，学校应当予以批评教育，不得开除。"在此基础上，为了进一步保障未成年人受教育的权利，本法进一步规定，学校不得违反国家规定变相开除未成年学生，旨在更加严格地规范学校开除未成年学生的情形。实践中有的学校对义务教育阶段的学生勒令退学、劝退、以不让参加考试或者随意停止其在校接受教育等方式迫使其退学，这些都属于变相开除义务教育阶段未成年学生的行为，是本法所禁止的。接受义务教育是每个未成年学生的基本权利，即使是一些可能会对学校秩序产生恶劣影响的有严重不良行为的义务教育阶段学生，也不能开除学籍，可以依照《预防未成年人犯罪法》的规定将其送至专门学校继续接受义务教育，由专门学校对其进行道德教育、文化教育、法治教育、心理健康教育、劳动教育和职业技术教育。

对于违反法律和国家规定开除、变相开除未成年学生，侵犯未成年学生受教育权的违法行为，未成年人及其父母或者监护人有权依照《教育法》第四十三条的规定，要求有关主管部门处理，或者向人民法院提起诉讼。

关于对严重违反法律法规、严重违反《中小学生守则》《中学生日常行为规范（修订)》或者学校管理制度的普通高中在读未成年学生是否可以实施开除学籍的纪律处分，目前法律没有明确的禁止性规定，教育部也没有统一明确的规定。教育部2010年颁布的《中等职业学校学生学籍管理办法》规定，中等职业学校对于有不良行为的学生，可以视其情节和态度给予开除学籍处分。实践中各地对高中阶段的学生，如其严重违反法律、法规、规章和学校管理制度，一般可以适用开除学籍的处分。

［履行控辍保学职责］

根据本款规定，学校应当持续常态化开展控辍保学工作：(1) 对学籍在本校的学生是否到校上课进行动态跟踪管理；(2) 发现学生有辍学倾向的，及时安排家访，积极做好说服教育工作，动员学生返校学习；(3) 严格学籍管理，严格转学、休学、退学手续；(4) 发现未完成义务教育的学生辍学的，应当对学生相关信息进行登记，并做好劝返复学工作；(5) 经多次劝返无效的，应当及时向教育行政部门书面报告。同时，学校应当依照本法第二十九条的规定，关心爱护每一名学生。对学习困难、厌学、辍学学生，要建立帮扶制度，有针对性地制定教学计划，通过插班、单独编班、普职融合等多种方式做好教育安置工作；对因家庭经济困难或交通不便而辍学学生，要及时向有关部门反映有关情况，帮助其落实社会救助、免费义务教育、教育资助等帮扶关爱政策，使学生能安心、安全到校学习。

▶条文参见

《宪法》第46条；《教育法》第9条、第43条；《义务教育法》第4条、第27条；《未成年人保护法》第5条；《预防未成年人犯罪法》

学校应当关心、爱护未成年学生，不得因家庭、身体、心理、学习能力等情况歧视学生。对家庭困难、身心有障碍的学生，应当提供关爱；对行为异常、学习有困难的学生，应当耐心帮助。

学校应当配合政府有关部门建立留守未成年学生、困境未成年学生的信息档案，开展关爱帮扶工作。

▶理解与适用

根据《义务教育法》的规定，教师在教育教学中应当平等对待学生，不得歧视学生。本条更进一步规定，学校不得因家庭、身体、心理、学习能力等情况歧视学生。根据本条规定，学校、教师应当平等公正地关爱每一位学生，不得因家庭、身体、心理、学习能力等情况偏爱一部分学生、歧视另一部分学生。

留守未成年学生是指父母双方外出务工或一方外出务工另一方无监护能力的未成年学生。困境未成年学生是指由于家庭经济贫困、自身残疾、缺乏有效监护等原因，面临生存、发展和安全困境的未成年学生。学校作为教育主体，在留守未成年学生和困境未成年学生关爱方面负有重要职责，在进行教育教学的过程中应当关注留守未成年学生和困境未成年学生在校学习期间各方面需求，给予他们更多关爱。本条第二款明确了学校在留守未成年学生和困境未成年学生关爱保护方面的职责。（1）配合政府有关部门建立留守未成年学生、困境未成年学生的信息档案。学校在新学期学生报到时，要认真做好留守未成年学生、困境未成年学生入学管理工作，全面了解其学籍变动情况，保障其按时入学。要建立留守未成年学生和困境未成年学生信息档案，将父母外出务工情况、监护人变化情况或者因家庭经济贫困、自身残疾、缺乏有效监护等原因，面临生存、发展和安全困境的情况，逐一进行登记并及时更新，准确掌握留守未成年学生和困境未成年学生信息，为有针对性地开展关爱帮扶工作提供支持。（2）对学籍在本校的留守未成年学生、困境未成年学生按照有关规定予以关爱帮扶。

第三十条 社会生活指导、心理健康辅导、青春期教育、生命教育

> 学校应当根据未成年学生身心发展特点，进行社会生活指导、心理健康辅导、青春期教育和生命教育。

▶理解与适用

[社会生活指导]

学校对学生进行社会生活指导能够帮助未成年学生学会观察和认识社会，提高辨别是非的能力，自觉地抵御社会上不健康因素的侵袭和影响；帮助他们养成良好的生活习惯，提高生活自理能力，学会自己管理自己、控制自己；帮助他们恰当地处理与同学、老师、家长、邻居等不同人的关系，组织引导他们积极参与社会生活，开阔视野，在多种健康有益的活动中提高他们的社会交往能力。

[心理健康辅导]

学校的心理健康辅导是根据未成年学生生理、心理发展特点，运用有关心理教育方法和手段，帮助学生疏导与解决学习、生活、自我意识、情绪调适、人际交往和升学就业中出现的心理行为问题，排解心理困扰和防范心理障碍，培养学生良好的心理素质，促进学生身心全面和谐发展和素质全面提高的教育活动。学校开展心理健康辅导应注意：（1）遵循学生心理发展规律和教育规律，有针对性地提供发展性心理辅导和帮助。（2）面向全体学生，通过普遍开展教育活动，使学生对心理健康教育有积极的认识，使心理素质逐步得到提高。（3）关注个别差异，根据不同学生的不同需要开展多种形式的教育和辅导，

提高他们的心理健康水平。（4）以学生为主体，充分激发和调动学生的积极性。要把教师在心理健康教育中的科学辅导与学生对心理健康教育的主动参与有机结合起来。（5）开展心理辅导必须遵守职业伦理规范，在学生知情自愿的基础上进行，严格遵循保密原则，保护学生隐私，但在学生可能出现自伤、他伤等极端行为时，应突破保密原则，及时告知班主任及其监护人，并记录在案；谨慎使用心理测试量表或其他测试手段，并在学生及其监护人知情自愿基础上进行，禁止强迫学生接受心理测试；禁止给学生贴上"心理疾病"标签；禁止使用任何可能损害学生身心健康的仪器设备。

[青春期教育]

学校应当根据学生不同年龄的生理、心理特点的情况，适时地把青春期教育有关的性生理、性心理和性道德的内容纳入教学计划进行正面讲授。对未成年人进行青春期教育要以社会主义道德教育为核心，通过教育，使未成年人正确认识自身生理的发育变化，注意保护健康，养成卫生习惯；培养未成年人具有良好的心理素质和道德品质，使他们懂得自尊、自爱、自重，增强他们自我控制的能力，正确对待男女同学之间的关系，使他们的身心健康发展。

[生命教育]

狭义的生命教育指的是对生命本身的关注，包括个人与他人的生命，进而扩展到一切自然生命。广义的生命教育是关注人的整体，它不仅包括对生命的关注，而且包括对生存能力的培养和生命价值的提升。目前，我国教育实践中实施生命教育，主要通过开展生命教育、生活教育和生存教育，让未成年学生认识生命、尊重生命、珍爱生命，关心自己和家人；珍视生活，了解生活常识，掌握生活技能，养成良好生活习惯，关心他人和集体，树立正确的生活目标；学习生存知识，保护珍惜生态环境，关心社会和自然，强化生存意志，提高生存的适应能力和创造能力。

▶条文参见

《精神卫生法》第16条；《中共中央关于进一步加强和改进学校德育工作的若干意见》；《中共中央、国务院关于进一步加强和改进未成年人思想道德建设的若干意见》；《中共中央、国务院关于深化教育改革全面推进素质教育的决定》

第三十一条　加强劳动教育

学校应当组织未成年学生参加与其年龄相适应的日常生活劳动、生产劳动和服务性劳动，帮助未成年学生掌握必要的劳动知识和技能，养成良好的劳动习惯。

▶理解与适用

[劳动教育]

劳动教育是中国特色社会主义教育制度的重要内容，直接决定社会主义建设者和接班人的劳动精神面貌、劳动价值取向和劳动技能水平。

根据本条的规定，学校应当组织未成年学生参加日常生活劳动、生产劳动和服务性劳动，通过劳动实践让未成年学生掌握必要的劳动知识和技能。学校应当鼓励、引导学生在日常生活中自己的事情自己做，做好生活自理的同时自觉承担家务劳动、班级劳动，主动为家人和班集体服务。鼓励学生参加各种公益活动、志愿服务，引导学生开展服务性劳动，在为他人、为社会奉献中不断完善自己；组织学生到由各类企事业单位开放的劳动实践场所、到田间地头，参加生产劳动，让学生能在实际岗位劳动中了解真实的职业劳动，体会各种工作的快乐和辛苦，树立正确的职业观。学校应当根据各学段特色，合理安排日常生活劳动、生产劳动和服务性劳动内容，发挥好各类劳动教育内容的育人作用。

第三十二条　反对浪费 文明饮食

学校、幼儿园应当开展勤俭节约、反对浪费、珍惜粮食、文明饮食等宣传教育活动，帮助未成年人树立浪费可耻、节约为荣的意识，养成文明健康、绿色环保的生活习惯。

第三十三条　保障未成年学生休息权

学校应当与未成年学生的父母或者其他监护人互相配合，合理安排未成年学生的学习时间，保障其休息、娱乐和体育锻炼的时间。

学校不得占用国家法定节假日、休息日及寒暑假期，组织义务教育阶段的未成年学生集体补课，加重其学习负担。

幼儿园、校外培训机构不得对学龄前未成年人进行小学课程教育。

▶理解与适用

本条第一款规定了学校应当保障未成年学生的休息、娱乐、体育锻炼时间。根据本款的规定，学校应当科学合理安排课程计划和家庭作业，同时与家长紧密配合，保障未成年学生充分的休息时间，特别是让其能获得充足的睡眠时间；保障未成年学生的适当的娱乐时间，让其有时间自由选择自己感兴趣的文化、艺术、游戏等娱乐休闲活动；保障未成年学生的适当体育锻炼时间，让其通过体育锻炼或者参加体育活动强身健体、锻炼意志品质、结交良师益友、培养合作精神。

根据本条第二款的规定，学校不得占用国家法定节假日、休息日及寒暑假期，组织义务教育阶段的未成年学生集体补课，加重其学习负担。

根据本条第三款规定，幼儿园、校外培训机构不得对学龄前未成年人进行小学课程教育。2010年《国务院关于当前发展学前教育的若干意见》明确要求防止和纠正幼儿园教育"小学化"倾向。教育部 2011 年发布《关于规范幼儿园保育教育工作 防止和纠正"小学化"现象的通知》专门规范办园行为，防止和纠正"小学化"现象，《幼儿园工作规程》更进一步明确规定，幼儿园不得提前教授小学教育内容，不得开展任何违背幼儿身心发展规律的活动。根据上述文件精神，幼儿园不得提前教授小学教育内容，不得以举办兴趣班、特长班和实验班为名进行各种提前学习和强化训练活动，不得给幼儿布置家庭作业。

第三十四条　学校、幼儿园的卫生保健职责

学校、幼儿园应当提供必要的卫生保健条件，协助卫生健康部门做好在校、在园未成年人的卫生保健工作。

第三十五条　保障未成人校园安全

学校、幼儿园应当建立安全管理制度，对未成年人进行安全教育，完善安保设施、配备安保人员，保障未成年人在校、在园期间的人身和财产安全。

学校、幼儿园不得在危及未成年人人身安全、身心健康的校舍和其他设施、场所中进行教育教学活动。

学校、幼儿园安排未成年人参加文化娱乐、社会实践等集体活动，应当保护未成年人的身心健康，防止发生人身伤害事故。

▶理解与适用

根据本条第一款的规定，学校、幼儿园应当遵守有关安全管理工作的法律、法规和规章，建立健全校内园内各项安全管理制度。加强中小学、幼儿园安全管理工作是全面贯彻党的教育方针，保障学生健康成长、全面发展的前提和基础。2006年，教育部、公安部等十部委联合发布《中小学幼儿园安全管理办法》，对校长负责制、门卫制度、校内安全定期检查和危房

报告制度、消防安全制度、食堂卫生制度、实验室管理制度、学生安全信息通报制度、住宿学生安全管理制度、校车管理制度、安全工作档案等学校应当建立健全的各项具体的安全管理制度作出了明确规定，同时还针对大型集体活动、体育活动等日常管理中容易发生安全事故的领域与环节作出了明确的安全管理要求。另外根据本法第三十七条、第三十九条和第四十条的规定，学校还应当建立应对突发事件和意外伤害预案、学生欺凌防控工作制度、预防性侵和性骚扰未成年人工作制度等安全管理制度，从各个方面保障未成年人的安全。学校、幼儿园应当完善安保设施、配备安保人员，保障未成年人在校、在园期间的人身和财产安全。2017 年，国务院办公厅颁布《关于加强中小学幼儿园安全风险防控体系建设的意见》，要求学校、幼儿园应当按照相关规定，根据实际和需要，配备必要的安全保卫力量；除学生人数较少的学校、幼儿园外，每所学校、幼儿园应当至少有 1 名专职安全保卫人员或者受过专门培训的安全管理人员。要求完善学校安全技术防范系统，在校园主要区域要安装视频图像采集装置，有条件的要安装周界报警装置和一键报警系统，做到公共区域无死角。要求学生在校期间，对校园实行封闭化管理，并根据条件在校门口设置硬质防冲撞设施，阻止人员、车辆等非法进入校园；学校、幼儿园要与社区、家长合作，有条件的建立安全保卫志愿者队伍，在上下学时段维护校门口秩序；寄宿制学校、幼儿园要根据需要配备宿舍管理人员。

根据本条第二款的规定，学校、幼儿园不得在危及未成年人人身安全、身心健康的校舍和其他设施、场所中进行教育教学活动。学校、幼儿园应当建立健全有关制度，定期对校舍进行检验，发现问题，及时报告当地政府或上级主管部门，以便进行修缮或改建。未修复的危房必须停止使用，由当地政府或主管部门负责解决临时用房。对新建或改建的校舍要进行严格的质量检查验收，确保不因质量问题发生人身伤亡事故。国家有关法律对学校、幼儿园有保证校舍和教育教学设施安全的义务作出了明确的规定，如《教育法》规定，明知校舍或者教育教学设施有危险，而不采取措施，造成人员伤亡或者重大财产损失的，对直接负责的主管人员和其他直接责任人员，依法追究刑事责任。

根据本条第三款规定，学校、幼儿园安排未成年人参加文化娱乐、社会实践等集体活动，应当保护未成年人的身心健康，防止发生人身伤害事故。根据《中小学幼儿园安全管理办法》，学校组织学生参加的集体劳动、教学实习或者社会实践活动，应当符合学生的心理、生理特点和身体健康状况，必须采取有效措施，为学生活动提供安全保障；不得组织学生参加抢险等应当由专业人员或者成人从事的活动，不得组织学生参与制作烟花爆竹、有毒化学品等具有危险性的活动，不得组织学生参加商业性活动；组织学生参加大型集体活动，应成立临时的安全管理组织机构，有针对性地对学生进行安全教育，安排必要的管理人员，明确所负担的安全职责，制定安全应急预案，配备相应设施；并事先与公安机关交通管理部门共同研究并落实安全措施。

▶条文参见

《未成年人保护法》第37条、第39条、第40条；《教育法》第73条；《中小学幼儿园安全管理办法》

第三十六条　校车安全管理制度

使用校车的学校、幼儿园应当建立健全校车安全管理制度，配备安全管理人员，定期对校车进行安全检查，对校车驾驶人进行安全教育，并向未成年人讲解校车安全乘坐知识，培养未成年人校车安全事故应急处理技能。

▶条文参见

《校车安全管理条例》

第三十七条　突发事件处置

　　学校、幼儿园应当根据需要，制定应对自然灾害、事故灾难、公共卫生事件等突发事件和意外伤害的预案，配备相应设施并定期进行必要的演练。

　　未成年人在校内、园内或者本校、本园组织的校外、园外活动中发生人身伤害事故的，学校、幼儿园应当立即救护，妥善处理，及时通知未成年人的父母或者其他监护人，并向有关部门报告。

▶理解与适用

　　《突发事件应对法》第三条规定，本法所称突发事件，是指突然发生，造成或者可能造成严重社会危害，需要采取应急处置措施予以应对的自然灾害、事故灾难、公共卫生事件和社会安全事件。学校、幼儿园的突发事件是指校内、园内或者学校、幼儿园组织的校外、园外活动中，由人为原因或者自然灾害引起，具有突发性或难以预见性，造成或者可能造成师生身体健康严重损害，对教学工作和生活秩序以及家庭和社会稳定造成严重影响的突发性事件。一般包括：（1）自然灾害，如台风、冰雹、雪、沙尘暴等气象灾害，火山、地震灾害，山体崩塌、滑坡、泥石流等地质灾害，风暴潮、海啸等海洋灾害，森林草原火灾和重大生物灾害等自然灾害。（2）事故灾难，如火灾、建筑物倒塌、交通事故、游泳溺水等。（3）公共卫生事件是指突然发生、造成或者可能造成社会公众健康严重损害的重大传染病疫情、群体性不明原因疾病、重大食物和职业中毒以及其他严重影响公众健康的事件。（4）社会安全事件，如学生之间较大规模纠纷、教师体罚行为致学生死亡或伤残病重住院、严重影响校园教学秩序或群众生活秩序的其他突发事件。

　　本条第二款将幼儿园纳入学生伤害事故责任主体，明确规定，未成年人在校内、园内或者本校、本园组织的校外、园外活动中发生人身伤害事故的，学校、幼儿园应当立即救护，妥善处理，及时通知未成年人的父母或者其他监护人并向有关部门报告。发生事故后，学校、幼儿园应配合有关部门查明事故原因及责任人。学校、幼儿园对事故负有责任的，应当根据责任大小，适当予以经济赔偿。学校对事故无责任的，如果有条件，可以根据实际情况，本着自愿和可能的原则，对受伤害学生给予适当的帮助。因学校教师或者其他工作人员在履行职务中故意或者重大过失造成学生伤害事故的，学校予以赔偿后，可以向有关责任人员追偿。

▶ 条文参见

《中小学幼儿园安全管理办法》；《学生伤害事故处理办法》

第三十八条　禁止商业行为

学校、幼儿园不得安排未成年人参加商业性活动，不得向未成年人及其父母或者其他监护人推销或者要求其购买指定的商品和服务。

学校、幼儿园不得与校外培训机构合作为未成年人提供有偿课程辅导。

▶ 理解与适用

本条第一款明确规定学校、幼儿园不得安排未成年人参加商业性活动，既是将成熟的实践做法上升为法律，也是着力解决现实中存在的突出问题，进一步完善学校保护的内容，保护未成年人受教育的权利，回应社会关切。学校、幼儿园不得向未成年人及其父母或者其他监护人推销或者要求其购买指定的商品和服务。这里规定的"商品和服务"，包括保险产品、教辅资料、学习用品、培训、心理咨询服务等。

本条第二款规定，学校、幼儿园不得与校外培训机构合作为未成年人提供有偿课程辅导。2015 年，教育部印发《严禁中小学校和在职中小学教师有偿补课的规定》，严禁中小学校与校外培训机构联合进行有偿补课；严禁中小学校为校外培训机构有偿补课提供教育教学设施或学生信息；严禁在职中小学教师参加校外培训机构或由其他教师、家长、家长委员会等组织的有偿补课；严禁在职中小学教师为校外培训机构和他人介绍生源、提供相关信息。2018 年，《国务院办公厅关于规范校外培训机构发展的意见》指出，对中小学教师"课上不讲课后到校外培训机构讲"、诱导或逼迫学生参加校外培训机构培训等行为，要严肃处理，直至取消有关教师的教师资格；坚决禁止中小学校与校外培训机构联合招生，坚决查处将校外培训机构培训结果与中小学校招生入学挂钩的行为，并依法追究有关学校、校外培训机构和相关人员责任。2018 年，教育部等九部门印发《中小学生减负措施》规定，严禁聘用在职中小学教师到培训机构任教；严禁将培训结果与中小学招生入学挂钩；严禁作出与升学、考试相关的保证性承诺；严禁组织举办中小学生学科类等级考试、竞赛及排名。本款将这部分规定写入法律，一方面，要求学校、幼儿园坚持教育公益属性，做好日常教育工作，提升教育教学质量；另一方面，也切实为未成年人及其家长减轻学习负担和经济压力。需要强调的是，本款的规定并不意味着禁止学校、幼儿园与校外培训机构进行一切形式的合作，只是禁止双方合作为未成年人提供"有偿"的课程辅导。

▶条文参见

《义务教育法》第 25 条；《国务院办公厅关于规范校外培训机构发展的意见》；《教育部、国家发展改革委等五部门关于进一步加强和规范教育收费管理的意见》；《严禁中小学校和在职中小学教师有偿补课的规定》；《中小学生减负措施》

学校应当建立学生欺凌防控工作制度，对教职员工、学生等开展防治学生欺凌的教育和培训。

学校对学生欺凌行为应当立即制止，通知实施欺凌和被欺凌未成年学生的父母或者其他监护人参与欺凌行为的认定和处理；对相关未成年学生及时给予心理辅导、教育和引导；对相关未成年学生的父母或者其他监护人给予必要的家庭教育指导。

对实施欺凌的未成年学生，学校应当根据欺凌行为的性质和程度，依法加强管教。对严重的欺凌行为，学校不得隐瞒，应当及时向公安机关、教育行政部门报告，并配合相关部门依法处理。

▶**理解与适用**

根据本法第一百三十条的规定，学生欺凌是指发生在学生之间，一方蓄意或者恶意通过肢体、语言及网络等手段实施欺压、侮辱，造成另一方人身伤害、财产损失或者精神损害的行为。教职员工一旦发现符合本法规定的欺凌行为，应当立即制止，并及时通知实施欺凌和被欺凌未成年学生父母或者其他监护人来学校参与欺凌行为的认定和处理。

对于情节轻微的欺凌事件，学校应当对实施欺凌的学生进行批评教育。实施欺凌的学生应当向被欺凌学生道歉，取得谅解。对于情节轻微但反复发生的欺凌事件，学校可视具体情节和危害程度给予纪律处分。对于情节比较恶劣、对被欺凌学生身心造成伤害的欺凌行为，学校可视具体情节和危害程度给予实施欺凌的学生纪律处分，将其表现记入学生综合素质评价中。未成年学生实施欺凌行为屡教不改或者情节恶劣，尚不构成违反治安管理或者犯罪的，可以依法将其送入专门学校接受行为矫治。

严重的欺凌行为主要是指欺凌行为违反治安管理或者涉嫌

犯罪的行为。对于严重的欺凌行为学校应当及时向公安机关、教育行政部门报告。学校和教育行政部门应当共同配合公安机关，对于严重的欺凌行为进行处理。欺凌行为构成违反治安管理行为的，依法给予治安管理处罚；构成犯罪的，依法追究刑事责任。

第四十条　防治性侵害、性骚扰

学校、幼儿园应当建立预防性侵害、性骚扰未成年人工作制度。对性侵害、性骚扰未成年人等违法犯罪行为，学校、幼儿园不得隐瞒，应当及时向公安机关、教育行政部门报告，并配合相关部门依法处理。

学校、幼儿园应当对未成年人开展适合其年龄的性教育，提高未成年人防范性侵害、性骚扰的自我保护意识和能力。对遭受性侵害、性骚扰的未成年人，学校、幼儿园应当及时采取相关的保护措施。

▶理解与适用

学校、幼儿园应当建立性侵害、性骚扰处置预案，明确相关岗位的职责，定期开展性侵害、性骚扰问题的排查，加强对学生宿舍特别是女生宿舍的管理，对于未成年人出现学习成绩突然下滑、精神恍惚、无故旷课等异常情况的，要及时了解情况，排查是否存在被性侵害、性骚扰等问题。学校、幼儿园要通过开展家访、召开家长会等方式，提醒未成年人的父母或者其他监护人切实履行监护责任，特别是做好未成年人离校、离园后的监护工作，加强对留守未成年人、困境未成年人等重点人群的保护。学校、幼儿园要将师德教育、法治教育纳入教职员工培训内容及考核范围，采取多种方式对教职员工进行禁止性侵害、性骚扰未成年人方面的教育，使教职员工充分认识到性侵害、性骚扰等行为应当承担的法律责任，自觉遵守职业操守，防微杜渐守住行为的底线。

对于教职员工发生性侵害、性骚扰等侵害未成年人的违法犯罪行为，要建立零容忍制度，不得包庇和隐瞒。根据《教师法》的规定，教师品行不良、侮辱学生，影响恶劣的，由所在的学校、其他教育机构或者教育行政部门给予行政处分或者解聘。因此，对于教职员工实施性骚扰行为，尚不构成违反治安管理处罚的，学校要依照校规校纪给予相应的处分，情节严重的，要报教育行政部门给予处分，及时解聘实施性骚扰的员工；一旦发现教职员工实施性侵害行为的，学校应当及时向公安机关、教育行政部门报告，并配合公安机关、教育部门依法处理，并及时解聘实施性侵害的员工。

对未成年人开展适合其年龄的性教育。性教育是包括性知识、性健康、性道德、预防和拒绝不安全的性行为，预防侵害、性骚扰等方面的教育。学校、幼儿园要根据不同成长阶段未成年人年龄特点，开展有针对性的教育。要让幼儿园阶段的未成年人了解自己的身体，懂得男女的生理区别，知道不能让外人触碰身体的敏感部位等；要让小学阶段的未成年人了解应对性侵害、性骚扰的一般方法，提高自我保护能力；要让初中年级的未成年人学习应对性侵害、性骚扰等突发事件的基本技能；要让高中年级的未成年人学习健康的异性交往方式，学会用恰当的方法保护自己，当遭受性侵害、性骚扰时，要用法律武器保护自己。学校还应当通过案例加强警示教育，强化规则意识，明确法律底线，引导未成年学生确立正确的性观念，不得对他人实施性侵害、性骚扰等行为。

不论未成年人遭受的性侵害、性骚扰是发生在校园内，还是校园外，学校、幼儿园发现后都要对未成年人及时采取相关的保护措施，给未成年人进行专业的心理辅导，帮助他们及时走出心理阴影。对因性侵害造成身体伤害需要就医的未成年人，学校要给予必要的帮助；对于经济出现困难的未成年人，学校要联系民政部门给予必要的社会救助。学校应当根据未成年人受到性侵害、性骚扰的具体情况，采取一定阶段单独教学、转班、转学等方式来保护遭受性侵害、性骚扰未成年人的隐私权，防止有关性侵害、性骚扰的信息扩散，使遭受性侵害、性骚扰的未成年人受到二次伤害。

第四十一条　参照适用规定

婴幼儿照护服务机构、早期教育服务机构、校外培训机构、校外托管机构等应当参照本章有关规定，根据不同年龄阶段未成年人的成长特点和规律，做好未成年人保护工作。

第四章　社会保护

第四十二条　社会保护的基本内容

全社会应当树立关心、爱护未成年人的良好风尚。

国家鼓励、支持和引导人民团体、企业事业单位、社会组织以及其他组织和个人，开展有利于未成年人健康成长的社会活动和服务。

第四十三条　居民委员会、村民委员会工作职责

居民委员会、村民委员会应当设置专人专岗负责未成年人保护工作，协助政府有关部门宣传未成年人保护方面的法律法规，指导、帮助和监督未成年人的父母或者其他监护人依法履行监护职责，建立留守未成年人、困境未成年人的信息档案并给予关爱帮扶。

居民委员会、村民委员会应当协助政府有关部门监督未成年人委托照护情况，发现被委托人缺乏照护能力、怠于履行照护职责等情况，应当及时向政府有关部门报告，并告知未成年人的父母或者其他监护人，帮助、督促被委托人履行照护职责。

▶理解与适用

2019 年，民政部、教育部、公安部等十部门联合印发《关于进一步健全农村留守儿童和困境认同关爱服务体系的意见》，明确要求在村（居）一级设立"儿童主任"，由村（居）民委员会委员、大学生村官或者专业社会工作者等担任，具体负责村（居）留守儿童和困境儿童关爱服务工作。未成年人保护工作有一定的特殊性和专业性，设置专人专岗具有一定的实践基础，因此本条从法律层面确认了"儿童主任"的法律地位。更有利于未成年人保护工作的开展和落实，对于保护未成年人具有重要的现实和法律意义。

第四十四条　公用场馆的优惠政策

爱国主义教育基地、图书馆、青少年宫、儿童活动中心、儿童之家应当对未成年人免费开放；博物馆、纪念馆、科技馆、展览馆、美术馆、文化馆、社区公益性互联网上网服务场所以及影剧院、体育场馆、动物园、植物园、公园等场所，应当按照有关规定对未成年人免费或者优惠开放。

国家鼓励爱国主义教育基地、博物馆、科技馆、美术馆等公共场馆开设未成年人专场，为未成年人提供有针对性的服务。

国家鼓励国家机关、企业事业单位、部队等开发自身教育资源，设立未成年人开放日，为未成年人主题教育、社会实践、职业体验等提供支持。

国家鼓励科研机构和科技类社会组织对未成年人开展科学普及活动。

第四十五条　未成年人免费或者优惠乘坐交通工具

城市公共交通以及公路、铁路、水路、航空客运等应当按照有关规定对未成年人实施免费或者优惠票价。

▶理解与适用

　　未成年人乘坐交通工具享有免费或者优惠票价，体现了对未成年人的特殊照顾。目前，除城市公共交通外，公路、铁路、水路和航空客运主管部门都已经出台了有关规定，对未成年人乘坐交通工具免费或者优惠作出规定。

　　1. 关于公路客运

　　交通运输部、国家发展改革委《关于深化道路运输价格改革的意见》规定，除9座及以下客车外，符合条件的儿童享受免费乘车或者客票半价优待。具体条件为：每一成人旅客可携带1名6周岁（含6周岁）以下或者身高1.2米（含1.2米）以下且不单独占用座位的儿童免费乘车，需单独占用座位或者超过1名时超过的人数执行客票半价优待，并提供座位；6周岁至14周岁或者身高为1.2~1.5米的儿童乘车执行客票半价优待，并提供座位。证明儿童年龄的有效身份证件包括居民身份证、临时居民身份证、港澳台居民居住证、港澳居民来往内地通行证、台湾居民来往大陆通行证、护照、外国人永久居留身份证等。根据这一规定，儿童乘坐长途客运和农村客运汽车时，可以按照年龄或者身高享受免费或者半价优待。

　　2. 关于铁路客运

　　《铁路旅客运输规程》第十九条规定，随同成年人旅行身高1.2~1.5米的儿童，享受半价客票、加快票和空调票，即儿童票。超过1.5米时应买全价票。每一成人旅客可免费携带1名身高不足1.2米的儿童，超过1名时，超过的人数应买儿童票。儿童票的座别应与成人车票相同，其到站不得远于成人车票的到站。免费乘车的儿童单独使用卧铺时，应购买全价卧铺票，有空调时还应购买半价空调票。根据这一规定，未成年人乘坐火车时，按照身高享受相应的免费或者半价优惠。

　　3. 关于航空客运

　　《中国民用航空旅客、行李国内运输规则》第十五条规定，年龄满2周岁但不满12周岁的未成年人按适用成人票价的50%购买儿童票，提供座位。年龄不满2周岁的未成年人按适用成人票价的10%购买婴儿票，不提供座位；如需要单独占用座位时，应购买儿童票。每一成人旅客携带婴儿超过1名时，超过的人数应购儿童票。需注意的是，该文件目前被《公共航空运输旅客服务管理规定》废止。

4. 关于水路客运

《交通运输部关于做好〈国内水路运输管理规定〉实施有关工作的通知》规定，对年龄超过6周岁但不超过14周岁或者身高超过1.2米但不超过1.5米的未成年人，应当执行客票半价优待。对有成年人陪伴的年龄不超过6周岁或者身高不超过1.2米，且不占用座（铺）位的未成年人免费并出具免费票（1周岁以下未成年人不计入乘客定额）；如未成年人需要单独占用座（铺）位的，应当执行客票半价优待。每位成年旅客可带2名持免费票的未成年人，超过2名未成年人时，对超过的应当执行客票半价优待。根据这一规定，未成年人乘坐水路运输工具时，以年龄或者身高标准享受相应的免费或者半价客票优待。

5. 关于城市公共交通

未成年人乘坐城市公共交通工具的免费或者优惠政策，目前尚未出台全国统一的规定，有的地方结合当地的实际情况出台了具体规定。比如，《上海市公共汽车和电车乘坐规则》第九条规定，乘客可以免费带领1名身高1.3米（含1.3米）以下儿童乘车，超过1名的按超过人数购票。无成年人带领的学龄前儿童不得单独乘车。《成都市城市轨道交通管理条例》第四十三条规定，1名成年乘客可以免费携带1名身高1.3米以下的儿童乘车，携带超过1名的，应当按照超过人数购买成人全票。

第四十六条　母婴设施的配备

国家鼓励大型公共场所、公共交通工具、旅游景区景点等设置母婴室、婴儿护理台以及方便幼儿使用的坐便器、洗手台等卫生设施，为未成年人提供便利。

第四十七条　不得限制针对未成年人的照顾或者优惠

任何组织或者个人不得违反有关规定，限制未成年人应当享有的照顾或者优惠。

第四十八条　鼓励有利于未成年人健康成长的创作

国家鼓励创作、出版、制作和传播有利于未成年人健康成长的图书、报刊、电影、广播电视节目、舞台艺术作品、音像制品、电子出版物和网络信息等。

▶条文参见

《未成年人节目管理规定》第8条

第四十九条　新闻媒体的责任

新闻媒体应当加强未成年人保护方面的宣传，对侵犯未成年人合法权益的行为进行舆论监督。新闻媒体采访报道涉及未成年人事件应当客观、审慎和适度，不得侵犯未成年人的名誉、隐私和其他合法权益。

▶理解与适用

［新闻媒体采访报道涉及未成年人事件的规范］

本条规定，媒体报道需要客观、审慎和适度。"客观"即报道涉未成年人的事件时应当充分调查了解，确保所报道事件的真实性、客观性，避免在报道中增加主观推断的内容。"审慎"即新闻选题、构思、刊载或者推送时应当进行周密而慎重的论证，分析该报道可能引起的社会关注及其对涉及的未成年人的影响。"适度"即媒体报道涉未成年人事件时不宜过分追求全面真实，而是应当有一定的尺度和界限，防止因新闻媒体对事件信息的过度挖掘而造成对未成年人名誉、隐私和其他合法权益被侵犯。

[新闻媒体采访报道涉及未成年人事件的具体方式]

有关部门规章和规范性文件进行了规定。《国家互联网信息办公室关于进一步加强对网上未成年人犯罪和欺凌事件报道管理的通知》规定，网站登载涉及未成年人犯罪和欺凌事件报道，原则上应采用中央主要新闻媒体的报道，确有必要使用其他来源稿件时，要严格进行核实，由网站总编辑签发，保留签发证明及依据；网站不得在首页及新闻频道要闻位置登载未成年人犯罪和欺凌事件报道，不得在博客、微博、论坛、贴吧、弹窗、导航、搜索引擎等位置推荐相关报道，不得制作专题或集纳相关报道；在涉及未成年人的网上报道中，不得对涉及未成年人体罚、侮辱人格尊严行为、校园暴力以及未成年人犯罪情节等进行渲染报道；严禁使用未经处理的涉未成年人暴力、血腥、色情、恐怖等违法视频及图片。《未成年人节目管理规定》第十三条第二款规定，对确需报道的未成年人违法犯罪案件，不得披露犯罪案件中未成年人当事人的姓名、住所、照片、图像等个人信息，以及可能推断出未成年人当事人身份的资料。对于不可避免含有上述内容的画面和声音，应当采取技术处理，达到不可识别的标准。

本条对新闻媒体报道的规定既适用于涉未成年人的案件，也适用于涉未成年人的事件。

▶条文参见

《国家互联网信息办公室关于进一步加强对网上未成年人犯罪和欺凌事件报道管理的通知》；《未成年人节目管理规定》第13条

第五十条　禁止危害未成年人身心健康的内容

禁止制作、复制、出版、发布、传播含有宣扬淫秽、色情、暴力、邪教、迷信、赌博、引诱自杀、恐怖主义、分裂主义、极端主义等危害未成年人身心健康内容的图书、报刊、电影、广播电视节目、舞台艺术作品、音像制品、电子出版物和网络信息等。

▶理解与适用

本条是对原未成年人保护法第三十四条进行的修改。与原法条相比，修改的主要内容有：（1）增加规定禁止复制、出版、发布有害信息的行为；（2）将引诱自杀规定为危害未成年人身心健康的内容；（3）增加规定电影、广播电视节目、舞台艺术作品中不得有危害未成年人身心健康的内容。这样修改主要考虑到：（1）随着信息技术的发展，复制、出版、发布行为在有害信息产生和传播中所占的比重越来越大；（2）含有引诱自杀内容的网络信息等已经成为未成年人生命健康面临的现实威胁；（3）当前文化作品的形式更加多样化，电影、广播电视节目、舞台艺术作品成为重要的信息载体。

第五十一条　提示可能影响未成年人身心健康的内容

任何组织或者个人出版、发布、传播的图书、报刊、电影、广播电视节目、舞台艺术作品、音像制品、电子出版物或者网络信息，包含可能影响未成年人身心健康内容的，应当以显著方式作出提示。

▶理解与适用

本条是此次修改时新增加的内容，主要目的是进一步区分对未成年人身心健康造成影响的内容，对可能影响未成年人身心健康的内容进行规范，防止不良信息影响未成年人的身心健康发展。

[以显著方式作出提示]

提示内容在字体颜色、大小、位置、出现方式等形式上与其他提示或者内容有显著区别，保证在正常阅读浏览情况下必然予以关注。比如，将提示内容的字体增大、加重、更改颜色，在浏览过程中单独显示或者弹窗提示等方式。在提示中，需要说明该内容可能影响未成年人身心健康、不适宜未成年人观看或者适合观看的人群年龄等信息。需要注意的是，提示的内容应当是清晰而明确的，不应使人产生误解。

第五十二条　禁止儿童色情制品

禁止制作、复制、发布、传播或者持有有关未成年人的淫秽色情物品和网络信息。

▶理解与适用

本条与本法第五十条的规定虽然都涉及淫秽色情物品和网络信息，但规定的内容是有明显差别的。从行为指向的对象看，本法第五十条规定了禁止制作、复制、出版、发布、传播含有宣扬淫秽、色情等危害未成年人身心健康内容的图书、网络信息等，禁止有关行为的原因在于淫秽色情等内容有害未成年人的身心健康，但对淫秽色情的内容本身没有作出规定。本条规定的淫秽色情物品和网络信息特指淫秽色情的内容是有关未成年人的，即以未成年人为主角的淫秽色情内容。从禁止的行为看，本法第五十条规定禁止"制作、复制、出版、发布、传播"的行为，本条除上述行为外，特别规定了"禁止持有"有关未成年人的淫秽色情物品和网络信息，也就是说，持有有关未成年人的淫秽色情物品和网络信息也是违法的。

▶条文参见

《最高人民法院、最高人民检察院关于办理利用互联网、移动通讯终端、声讯台制作、复制、出版、贩卖、传播淫秽电子信息刑事案件具体应用法律若干问题的解释（二）》

第五十三条　与未成年人有关的广告管理

任何组织或者个人不得刊登、播放、张贴或者散发含有危害未成年人身心健康内容的广告；不得在学校、幼儿园播放、张贴或者散发商业广告；不得利用校服、教材等发布或者变相发布商业广告。

▶理解与适用

本条是此次修改时新增加的内容，增加这一规定的目的是规范可能对未成年人造成影响的广告。

需要说明的是，不得在学校、幼儿园播放、张贴、散发以及不得利用校服、教材等发布或者变相发布的是商业广告，不适用于公益广告。公益广告是以倡导健康社会文明风尚和关切社会公众福祉为目的的非商业性广告。具有正面宣传作用的公益广告可以通过生动活泼、贴近生活的形式对未成年人进行思想道德教育，因此，本法不禁止在学校、幼儿园或者利用与学生、幼儿有关的物品发布公益广告。

第五十四条　禁止严重侵犯未成年人权益的行为

禁止拐卖、绑架、虐待、非法收养未成年人，禁止对未成年人实施性侵害、性骚扰。

禁止胁迫、引诱、教唆未成年人参加黑社会性质组织或者从事违法犯罪活动。

禁止胁迫、诱骗、利用未成年人乞讨。

▶理解与适用

本条是对原《未成年人保护法》第四十一条进行的修改。与原法条相比，修改的主要内容包括：（1）增加规定禁止非法收养未成年人；（2）增加规定禁止对未成年人实施性骚扰；（3）增加规定禁止胁迫、引诱、教唆未成年人参加黑社会性质组织或者从事违法犯罪活动；（4）将原法条第二款中关于禁止组织未成年人进行有害其身心健康的表演等活动的规定调整至第六十一条。之所以这样修改，主要考虑到非法收养未成年人、对未成年人实施性骚扰和胁迫、引诱、教唆未成年人参加黑社会性质组织或者从事违法犯罪活动的行为严重侵犯未成年人的权益，在实践中逐渐增多并引起了社会公众的广泛关注。为回应社会关切，保护未成年人合法权益，本条增加规定了禁止实施的严重侵害未成年人权益的行为。

[禁止拐卖未成年人]

拐卖未成年人即刑法中规定的拐卖儿童，是指以出卖为目的，使用欺骗、引诱、威胁、绑架等手段，将儿童拐骗、绑架、收买、贩卖、接送或者中转的违法犯罪行为。拐卖儿童会严重侵害未成年人的人身安全，摧残儿童的身心健康，破坏儿童的家庭和社会治安秩序，严重影响社会安定，必须加以严厉打击和惩处。《刑法》第二百四十条第一款规定，拐卖儿童的，处五年以上十年以下有期徒刑，并处罚金；情节严重的，处十年以上有期徒刑或者无期徒刑，并处罚金或者没收财产；情节特别严重的，处死刑，并处没收财产。《刑法》第二百四十条第一款还具体列举了适用上述刑罚的六种拐卖儿童的严重情形，即（1）拐卖妇女、儿童集团的首要分子；（2）拐卖妇女、儿童三人以上的；（3）以出卖为目的，使用暴力、胁迫或者麻醉方法绑架儿童的；（4）以出卖为目的，偷盗婴幼儿的；（5）造成被拐卖的儿童或者其亲属重伤、死亡或者其他严重后果的；（6）将儿童卖往境外的。

[禁止绑架未成年人]

绑架未成年人，是指以勒索财物为目的或者出于其他目的，将未成年人作为人质，使用暴力、胁迫或者麻醉等方法强行掳走未成年人，非法限制其人身自由的犯罪行为。绑架未成年人以追求非法利益为目的，直接对未成年人的人身权利和其他权利进行严重侵害，社会影响极其恶劣，社会危险性极大，必须予以严惩。根据《刑法》第二百三十九条第一款和第二款的规定，应处十年以上有期徒刑或者无期徒刑，并处罚金或者没收财产；情节较轻的，处五年以上十年以下有期徒刑，并处罚金；致使被绑架人死亡或者杀害被绑架人的，处死刑，并处没收财产。以勒索财物为目的偷盗不满一周岁的婴儿或者偷盗一周岁以上不满六周岁的幼儿的行为，也视为劫持行为，以绑架论。值得注意的是，如果以出卖为目的，使用暴力、胁迫或者麻醉方法绑架未成年人的，则以拐卖妇女、儿童罪论处。

[禁止虐待未成年人]

虐待未成年人，是指行为人经常以打骂、冻饿、禁闭、有病不给治疗、强迫过度劳动或限制自由、凌辱人格等各种方法，对未成年人进行肉体上、精神上迫害、折磨、摧残的行为。虐待行为区别于偶尔打骂或者偶尔的体罚行为的明显特点是，虐待行为往往是经常甚至一贯进行的，具有相对连续性。虐待家庭成员，情节恶劣的，依照《刑法》第二百六十条规定构成虐待罪，处二年以下有期徒刑、拘役或者管制，致使被害人重伤、死亡的，处二年以上七年以下有期徒刑。情节恶劣，具体是指虐待的动机卑鄙、手段凶残；虐待年老、年幼、病残的家庭成员；长期虐待家庭成员屡教不改的等。

[禁止非法收养未成年人]

我国《民法典》规定了收养需要满足的条件。被收养的未成年人的条件为：（1）丧失父母的孤儿；（2）查找不到生父母的未成年人；（3）生父母有特殊困难无力抚养的子女。下列公民、组织可以作送养人：（1）孤儿的监护人；（2）儿童福利机构；（3）有特殊困难无力抚养子女的生父母，但须双方共同送养，生父母一方不明或者查找不到的可以单方送养。收养人应当具备下列条件：（1）无子女或者只有一名子女；（2）有抚养、教育和保护被收养人的能力；（3）未患有在医学上认为不应当收养子女的疾病；（4）无不利于被收养人健康成长的违法犯罪记录；（5）年满三十周岁；（6）有子女的收养人只能收养一名子女；（7）有配偶者收养子女，须夫妻共同收养，无配偶者收养异性子女的，收养人与被收养人的年龄应当相差四十周岁以上。《民法典》第一千零四十四条第二款规定，禁止借收养名义买卖未成年人。

[禁止对未成年人实施性侵害]

常见的对未成年人实施的性侵害有强奸、强制猥亵妇女或者猥亵儿童等行为。其中强奸，是指行为人违背妇女意志使用暴力、胁迫或者其他手段，强行与妇女发生性交的行为。如果受害人是不满十四周岁的幼女，则不论被害人是否同意，只要与幼女发生性关系即构成强奸罪。强制猥亵十四周岁以上不满十八周岁的未成年女性，构成强制猥亵妇女罪。强制猥亵妇女，是指违背妇女的意愿，采取暴力、胁迫或者其他方法，强制以脱光衣服、抠摸等淫秽下流的手段猥亵妇女。对不满十四周岁的儿童实施猥亵行为的，构成猥亵儿童罪。这里说的猥亵，主要是指以抠摸、指奸、鸡奸等淫秽下流的手段猥亵儿童的行为。考虑到不满十四周岁的儿童的认知能力，尤其是对性的认识能力很欠缺，为了保护儿童的身心健康，构成猥亵儿童罪并不要求以暴力、胁迫或者其他方法强制进行，只要对儿童实施了猥亵行为，就构成猥亵儿童罪。

[禁止对未成年人实施性骚扰]

针对未成年人的性侵犯行为种类逐渐增多，原条文中规定的"性侵害"已不足以涵盖对未成年人的性侵犯行为，本次修订时回应社会关切，增加规定禁止对未成年人实施性骚扰。性骚扰行为会影响受骚扰者的学习、工作和生活，侵害人格尊严、自由。《妇女权益保障法》第四十条规定，禁止对妇女实施性骚扰。《民法典》第一千零一十条规定，违背他人意愿，以言语、文字、图像、肢体行为等方式对他人实施性骚扰的，受害人有权依法请求行为人承担民事责任。对未成年人实施的性骚扰一般包括以下条件：（1）性骚扰的对象一般是中高年龄的未成年人。年龄较小的未成年人尚未形成性的意识，无法识别性骚扰行为，也难以对性骚扰行为有明确的意愿表达，或者产生厌恶、反感等情绪，对其进行的性侵犯行为一般认定为性侵害。（2）性骚扰的对象不分性别。既可以是男性，也可以是女性。（3）行为与性有关。行为人具有性意图，以获取性方面的生理或者心理满足为目的。（4）行为一般具有明确的针对性。性骚扰行为所针对的对象是具体的、明确的。（5）行为人主观上一般是故意的。

[禁止胁迫、引诱、教唆未成年人参加黑社会性质组织]

2020年4月，最高人民法院、最高人民检察院、公安部、司法部出台《关于依法严惩利用未成年人实施黑恶势力犯罪的意见》，其中规定胁迫、教唆、拉拢、引诱、欺骗、招募、吸收、介绍未成年人参加黑社会性质组织、恶势力犯罪集团、恶势力，或者实施黑恶势力违法犯罪活动的以及其他利用未成年人实施黑恶势力犯罪的，对黑社会性质组织、恶势力犯罪集团首要分子，按照集团所犯的全部罪行，从重处罚。对犯罪集团的骨干成员，按照其组织、指挥的犯罪，从重处罚。恶势力利用未成年人实施犯罪的，对起组织、策划、指挥作用的纠集者，恶势力共同犯罪中罪责严重的主犯，从重处罚。黑社会性质组织、恶势力犯罪集团、恶势力成员直接利用未成年人实施黑恶势力犯罪的，从重处罚。

根据《刑法》第二百九十四条的规定，黑社会性质的组织应当同时具备以下特征：（1）形成较稳定的犯罪组织，人数较多，有明确的组织者、领导者，骨干成员基本固定；（2）有组织地通过违法犯罪活动或者其他手段获取经济利益，具有一定的经济实力，以支持该组织的活动；（3）以暴力、威胁或者其他手段，有组织地多次进行违法犯罪活动，为非作恶，欺压、残害群众；（4）通过实施违法犯罪活动，或者利用国家工作人员的包庇或者纵容，称霸一方，在一定区域或者行业内，形成非法控制或者重大影响，严重破坏经济、社会生活秩序。

[禁止胁迫、引诱、教唆未成年人从事违法犯罪活动]

胁迫、引诱、教唆未成年人从事违法犯罪活动的，应当承担相应的法律责任。《刑法》第二十九条第一款规定，教唆他人犯罪的，应当按照他在共同犯罪中所起的作用处罚，教唆不满十八周岁的人犯罪的应当从重处罚。第二百六十二条之二规定，组织未成年人进行盗窃、诈骗、抢夺、敲诈勒索等违反治安管理活动的，处三年以下有期徒刑或者拘役，并处罚金；情节严重的，处三年以上七年以下有期徒刑，并处罚金。第三百零一条、第三百四十七条和第三百五十三条规定，引诱未成年人参加聚众淫乱活动的，利用、教唆未成年人走私、贩卖、运输、制造毒品或者向未成年人出售毒品的，引诱、教唆、欺骗或者强迫未成年人吸食、注射毒品的，从重处罚。

[禁止胁迫、诱骗、利用未成年人乞讨]

胁迫未成年人乞讨，是指行为人以立即实施暴力或其他有损身心健康的行为，如冻饿、罚跪等相要挟，逼迫未成年人进行乞讨的行为。诱骗未成年人乞讨，是指行为人利用未成年人的弱点或亲属等人身依附关系，或者以许愿、诱惑、欺骗等手段指使未成年人进行乞讨的行为。利用未成年人乞讨，是指行为人怀有个人私利，使用各种手段让未成年人自愿地按其要求进行乞讨的行为。违反本条规定的，可以依照《治安管理处罚法》第四十一条的规定予以处罚。以暴力、胁迫手段组织不满十四周岁的未成年人乞讨的，构成《刑法》第二百六十二条之一规定的组织未成年人乞讨罪。如果行为人故意伤害受其控制的未成年人，致其重伤、死亡的，则应以故意伤害罪或者故意杀人罪论处。

▶条文参见

《刑法》第29条、第236条、第236条之一、第237条、第239条、第240条、第260条、第262条之一、第262条之二、第301条、第347条、第353条；《民法典》第1010条；《最高人民法院、最高人民检察院、公安部、司法部关于依法严惩利用未成年人实施黑恶势力犯罪的意见》

第五十五条 对生产、销售用于未成年人产品的要求

生产、销售用于未成年人的食品、药品、玩具、用具和游戏游艺设备、游乐设施等，应当符合国家或者行业标准，不得危害未成年人的人身安全和身心健康。上述产品的生产者应当在显著位置标明注意事项，未标明注意事项的不得销售。

▶理解与适用

为进一步明确生产、销售用于未成年人产品的相关要求，本条对原法第三十五条进行了修改：（1）明确将游戏游艺设备列入法条；（2）将禁止性条款"不得有害于未成年的安全和健康"调整为"不得危害未成年人的人身安全和身心健康"；（3）明确生产者在生产环节，负有在显著位置标明注意事项的义务，销售者在销售环节负有审查义务，不得销售未标明注意事项的未成年人产品。

本条对生产者、销售者的提示义务作出规定，规定主要包含三个方面的内容：（1）生产者应当在所有用于未成年人产品的显著位置标明注意事项。本次修订提高了对生产者、销售者的要求，改变原"需要标明注意事项的，应当在显著位置标明"的规定，要求在所有用于未成年人产品的显著位置标明注意事项。（2）销售者对产品是否标明注意事项负有审查义务，销售者未履行审查义务，销售未标明注意事项的未成年人产品，应承担法律责任。（3）未成年人因未标明注意事项的产品致害，生产者和销售者按现行法律规定承担连带责任，一方赔偿后，可根据责任范围向另一方追偿。

▶条文参见

《产品质量法》第 26 条、第 27 条；《食品安全法》第 25 条、第 26 条；《娱乐场所管理条例》第 23 条；《娱乐场所管理办法》第 21 条；《游戏游艺设备管理办法》第 3 条

第五十六条　公共场所的安全保障义务

未成年人集中活动的公共场所应当符合国家或者行业安全标准，并采取相应安全保护措施。对可能存在安全风险的设施，应当定期进行维护，在显著位置设置安全警示标志并标明适龄范围和注意事项；必要时应当安排专门人员看管。

大型的商场、超市、医院、图书馆、博物馆、科技馆、游乐场、车站、码头、机场、旅游景区景点等场所运营单位应当设置搜寻走失未成年人的安全警报系统。场所运营单位接到求助后，应当立即启动安全警报系统，组织人员进行搜寻并向公安机关报告。

公共场所发生突发事件时，应当优先救护未成年人。

▶理解与适用

本条第一款、第二款是本次修订中新增加的内容；第三款是对原法第四十条的修改。

本条增加公共场所安全保障义务的规定，明确场所运营单位应当设置搜寻走失未成年人的安全警报系统，以及发生突发事件时优先救护未成年人。

本条第三款规定，公共场所发生突发事件时，应当优先救护未成年人，这也是对未成年人给予优先保护的具体体现。需要注意的是，这种优先救护是相对于成年人在同等紧迫程度和救助条件下实施的。

▶条文参见

《消费者权益保护法》第18条；《民法典》第1198条

旅馆、宾馆、酒店等住宿经营者接待未成年人入住，或者接待未成年人和成年人共同入住时，应当询问父母或者其他监护人的联系方式、入住人员的身份关系等有关情况；发现有违法犯罪嫌疑的，应当立即向公安机关报告，并及时联系未成年人的父母或者其他监护人。

▶理解与适用

[住宿经营者的询问义务]

住宿经营者在接待没有成年人陪同的未成年人入住（包括单个未成年人入住和两个以上未成年人共同入住）和接待未成年人和成年人共同入住时，均负有询问义务。只要有未成年人入住，住宿经营者就应当询问未成年人的父母或者其他监护人的联系方式；对于两个以上未成年人共同入住或者未成年人与成年人共同入住的，住宿经营者应当询问入住人员的身份关系。除询问上述内容外，住宿经营者还应当根据实际情况，询问有关情况，比如住宿经营者发现未成年人醉酒或者入住人员神色慌张等情形时，应当提高注意义务，除询问监护人联系方式、相互关系外，还可询问住宿原因、监护人是否知情、所在学校及其教师的联系方式等有关情况，通过观察入住人员能否作出合理答复，来确定是否有异常情况并进一步判断是否应向公安机关报告或者联系其监护人。

[住宿经营者的报告和联系义务]

《治安管理处罚法》第五十六条第二款规定，旅馆业的工作人员明知住宿的旅客是犯罪嫌疑人或者被公安机关通缉的人员，不向公安机关报告的，处二百元以上五百元以下罚款；情节严重的，处五日以下拘留，可以并处五百元以下罚款。2020年5月最高人民检察院、国家监察委员会、教育部、公安部等九部门印发的《关于建立侵害未成年人案件强制报告制度的意见（试行）》第二条和第三条的规定，旅馆、宾馆及其从业人员在工作中发现未成年人遭受或者疑似遭受不法侵害以及面临不法侵害危险的，应当立即向公安机关报案或举报。

关于住宿经营者的联系义务，为加强对未成年人的安全保护，本条除要求住宿经营者在发现违法犯罪嫌疑后立即向公安机关报告外，还要求住宿经营者应当及时联系未成年人的父母或者其他监护人。

▶条文参见

《治安管理处罚法》第56条；《旅馆业治安管理办法》第6条、第9条；《关于建立侵害未成年人案件强制报告制度的意见（试行）》第2条、第3条

| 第五十八条 | 不适宜未成年人活动场所设置与服务的限制 |

学校、幼儿园周边不得设置营业性娱乐场所、酒吧、互联网上网服务营业场所等不适宜未成年人活动的场所。营业性歌舞娱乐场所、酒吧、互联网上网服务营业场所等不适宜未成年人活动场所的经营者，不得允许未成年人进入；游艺娱乐场所设置的电子游戏设备，除国家法定节假日外，不得向未成年人提供。经营者应当在显著位置设置未成年人禁入、限入标志；对难以判明是否是未成年人的，应当要求其出示身份证件。

▶理解与适用

本次修订在原有法律法规基础上，进一步对不适宜未成年人活动场所的设置作出严格限制，明确学校、幼儿园周边不得设置营业性娱乐场所、酒吧、互联网上网服务营业场所等不适宜未成年人活动的场所。相比修改前，限制的范围进一步扩大：（1）考虑到幼儿身心更易遭受不良影响，将"中小学校园周边"扩大为"学校、幼儿园周边"；（2）针对实践中酒吧对未

成年人产生的不良影响，在不适宜未成年人活动的场所中增加"酒吧"。考虑到各地具体情况不同，本次修订没有进一步明确"周边"的范围有多大，仍由行政法规或者地方性法规作出配套规定。

学校、幼儿园周边不得设置营业性娱乐场所、酒吧、互联网上网服务营业场所等场所，当然更不应允许未成年人进入。不得设置的义务主体在政府有关部门，不得允许未成年人进入的义务主体则是场所的经营者。根据《娱乐场所管理条例》《互联网上网服务营业场所管理条例》的相关规定，歌舞娱乐场所不得接纳未成年人。除国家法定节假日外，游艺娱乐场所设置的电子游戏机不得向未成年人提供。互联网上网服务营业场所经营单位不得接纳未成年人进入营业场所。

为了确保限制接待未成年人的规定能够得到落实，有关法律法规对经营者规定了提示义务和身份核实义务。《互联网上网服务营业场所管理条例规定》第二十一条、第二十三条规定，场所经营单位应当在营业场所入口处的显著位置悬挂未成年人禁入标志，应当对上网消费者的身份证等有效证件进行核对、登记，并记录有关上网信息。在已有规定和实践经验基础上，本条进一步作出完善：（1）增加限入标志的规定，与在国家法定节假日游艺娱乐场所设置的电子游戏机可以向未成年人提供相协调。经营者应当在显著位置设置未成年人禁入、限入标志，标志摆放位置应当易于被发现和注意到，标志本身应当醒目、字体清晰、内容明确。尺寸大小、字体和内容，不仅便于成年人认识，也要考虑未成年人特点，便于未成年人清楚认识。（2）对于难以判明是否是未成年人的，应当要求其出示身份证件。经营者可以根据有无身份证以及身份证的年龄判断其是否已成年。

▶条文参见

《娱乐场所管理条例》第7条、第23条、第30条；《娱乐场所管理办法》第 2 条、第 6 条、第 21 条、第 24 条;《互联网上网服务营业场所管理条例》第 9 条、第 21 条、第 23 条

第五十九条　对未成年人禁售烟、酒和彩票

学校、幼儿园周边不得设置烟、酒、彩票销售网点。禁止向未成年人销售烟、酒、彩票或者兑付彩票奖金。烟、酒和彩票经营者应当在显著位置设置不向未成年人销售烟、酒或者彩票的标志;对难以判明是否是未成年人的,应当要求其出示身份证件。

任何人不得在学校、幼儿园和其他未成年人集中活动的公共场所吸烟、饮酒。

▶理解与适用

本条对原法第三十七条作了修改,主要包括:(1)增加学校周边不得设置烟、酒、彩票销售网点的规定;(2)增加禁止向未成年人销售彩票或者兑付彩票奖金的规定;(3)完善未成年人集中活动场所禁烟、禁酒的规定。

为了确保禁止向未成年人销售烟、酒、彩票或者兑付彩票奖金的规定能够得到落实,法律法规规定了经营者应当履行有关提示义务和身份核实义务:(1)烟、酒和彩票经营者应当在显著位置设置不向未成年人销售烟、酒或者彩票的标志。相关标志应当放置在显著位置,同时标志本身的设计、字样和内容也应当是醒目、清晰和明确的。显著位置和标志明确的判断标准,不仅要适合成年人,还要考虑未成年人特点,能够让未成年人产生清楚认识。(2)对难以判明是不是未成年人的,应当要求其出示身份证件,核实是否属于未成年人。需要注意的是,经营者无论是在线下销售还是在互联网上销售,都负有相应的提示义务和身份核实义务。

▶条文参见

《烟草专卖法》第 2 条、第 5 条；《彩票管理条例》第 18 条、第 26 条

第六十条　禁止向未成年人提供、销售危险物品

禁止向未成年人提供、销售管制刀具或者其他可能致人严重伤害的器具等物品。经营者难以判明购买者是否是未成年人的，应当要求其出示身份证件。

▶理解与适用

根据本条规定，禁止向未成年人提供的危险物品范围包括以下两类：

1. 管制刀具。根据公安部 2007 年印发的《管制刀具认定标准》的规定，凡符合下列标准之一的，可以认定为管制刀具：（1）匕首，即带有刀柄、刀格和血槽，刀尖角度小于 60 度的单刃、双刃或多刃尖刀；（2）三棱刮刀，即具有三个刀刃的机械加工用刀具；（3）带有自锁装置的弹簧刀（跳刀），即刀身展开或弹出后，可被刀柄内的弹簧或卡锁固定自锁的折叠刀具；（4）其他相类似的单刃、双刃、三棱尖刀，即刀尖角度小于 60 度，刀身长度超过 150 毫米的各类单刃、双刃和多刃刀具；（5）其他刀尖角度大于 60 度，刀身长度超过 220 毫米的各类单刃、双刃和多刃刀具。未开刀刃且刀尖倒角半径 r 大于 2.5 毫米的各类武术、工艺、礼品等刀具不属于管制刀具范畴。少数民族使用的藏刀、腰刀、靴刀、马刀等刀具的管制范围认定标准，由少数民族自治区（自治州、自治县）人民政府公安机关参照本标准制定。

2. 其他可能致人严重伤害的器具等物品。除了实践中较为多发的管制刀具外，本条未对其他危险物品进行列举，只作了概括性规定。对于未成年人而言，社会生活中还有很多不宜持有、使用的危险物品，在具体把握上，应坚持以下标准：（1）可

能致人严重伤害，即该物品具有相当的危险性，对未成人自身或者他人都可能产生严重伤害。如果只是可能产生轻微伤害，例如未成年人使用的铅笔刀、圆规等，不能认定为本条规定的危险物品。（2）不适宜未成年人使用，即在用途、使用方法等方面不适合未成年人。其他危险物品通常也是社会生活中可能接触到的物品，有可能是国家管制的物品，也可能是没有管制的物品。（3）具体形态上可能多样，包括刀具、弓弩、铲镐等器具，也有可能是呈液态或者气态的危险化学品等。

特别需要注意的是，在信息化高速发展和网络购物普及的今天，非法向未成年人提供、销售管制刀具或者其他可能致人严重伤害器具的行为，越来越多地发生在互联网上。不论是线上还是线下，提供、销售管制刀具或者其他可能致人严重伤害器具都应当符合国家有关规定，不得违法向未成年人提供或者销售。

▶条文参见

《刑法》第130条；《治安管理处罚法》第32条；《管制刀具认定标准》一、二、三；《互联网危险物品信息发布管理规定》第3条、第9条

第六十一条 劳动保护

任何组织或者个人不得招用未满十六周岁未成年人，国家另有规定的除外。

营业性娱乐场所、酒吧、互联网上网服务营业场所等不适宜未成年人活动的场所不得招用已满十六周岁的未成年人。

招用已满十六周岁未成年人的单位和个人应当执行国家在工种、劳动时间、劳动强度和保护措施等方面的规定，不得安排其从事过重、有毒、有害等危害未成年人身心健康的劳动或者危险作业。

任何组织或者个人不得组织未成年人进行危害其身心健康的表演等活动。经未成年人的父母或者其他监护人同意，未成年人参与演出、节目制作等活动，活动组织方应当根据国家有关规定，保障未成年人合法权益。

▶理解与适用

本条第一款从保护未成年人身心健康的角度出发，再次明确规定任何组织或者个人不得招用未满十六周岁的未成年人。考虑到文艺、体育等特殊行业，需要从小培养专业的人才，《劳动法》对招用十六周岁以下的未成年人作出了例外规定，明确文艺、体育和特种工艺单位可以招用未满十六周岁的未成年人，但必须依照国家有关规定，履行审批手续，并保障其接受义务教育的权利。《禁止使用童工规定》进一步细化了招用特殊未成年人的规定，明确文艺、体育和特种工艺单位确需招用未满十六周岁的文艺工作者、运动员和艺徒时，须报经县级以上含县级劳动保障部门批准。其中文艺工作者，是指专门从事表演艺术工作的人员；运动员，是指专门从事某项体育运动训练和参加比赛的人员；艺徒，是指在杂技、戏曲以及工艺美术等领域中从师学艺的人员。除了以上三类人员外，用人单位招用未满十六周岁的未成年人均属于违法行为。本条第一款中"国家另有规定的除外"的规定，就是表明招用未满十六周岁的未成年人必须严格按照法律、行政法规和规章等国家层面的规定执行，不允许地方作出例外的规定。

根据《劳动法》的规定，未成年工，是指年满十六周岁未满十八周岁的劳动者。根据本条第二款的规定，营业性娱乐场所、酒吧、互联网上网服务营业场所等不适宜未成年人活动的场所不得招用已满十六周岁的未成年人。根据本法第五十八条的规定，学校周边不得设置营业性歌舞娱乐场所、酒吧、互联网上网服务营业场所等不适宜未成年人活动的场所。营业性歌舞娱乐场所、酒吧、互联网上网服务营业场所等不适宜未成年人活动场所的经营者，不得允许未成年人进入。游艺娱乐场所设置的电子游戏设备，除国家法定节假日外，不得向未成年人提供。对于未成年人禁止进入或者限制进入的场所，当然不能招用未成年人在这些场所工作。

本条第四款明确规定，任何组织或者个人不得组织未成年人进行危害其身心健康的表演等活动。经未成年人的父母或者其他监护人同意，未成年人参与演出、节目制作等活动，活动组织方应当根据国家有关规定，保障未成年人的合法权益。为了加强未成年人参加影视节目制作方面的管理，2019年3月，国家广播电视总局出台了《未成年人节目管理规定》对未成年人参与广播电视节目和网络视听节目制作进行了细化的规定，明确不得以恐吓、诱骗或者收买等方式迫使、引诱未成年人参与节目制作。不得制作、传播利用未成年人或者未成年人角色进行商业宣传的非广告类节目。制作未成年人节目应当保障参与制作的未成年人人身和财产安全以及充足的学习和休息时间。邀请未成年人参与节目制作，其服饰、表演应当符合未成年人年龄特征和时代特点，不得诱导未成年人谈论名利、情爱等话题。未成年人节目不得宣扬童星效应或者包装、炒作明星子女。未成年人节目制作过程中，不得泄露或者质问、引诱未成年人泄露个人及其近亲属的隐私信息，不得要求未成年人表达超过其判断能力的观点。

▶条文参见

《劳动法》第15条、第58条、第64条、第65条；《禁止使用童工规定》；《未成年工特殊保护规定》；《未成年人节目管理规定》

第六十二条 从业查询

密切接触未成年人的单位招聘工作人员时，应当向公安机关、人民检察院查询应聘者是否具有性侵害、虐待、拐卖、暴力伤害等违法犯罪记录；发现其具有前述行为记录的，不得录用。

密切接触未成年人的单位应当每年定期对工作人员是否具有上述违法犯罪记录进行查询。通过查询或者其他方式发现其工作人员具有上述行为的，应当及时解聘。

▶理解与适用

本条是关于密切接触未成年人单位工作人员违法犯罪记录从业查询的规定。本法基于最大限度保护未成年人的需要，规定所有密切接触未成年人的单位均为查询义务主体，包括：中小学校、幼儿园等教育机构；校外培训机构；未成年人救助保护机构、儿童福利机构等未成年人安置、救助机构；婴幼儿照护和未成年人早期教育服务机构；校外托管、临时看护机构；家政服务机构；为未成年人提供医疗服务的医疗机构；其他对未成年人负有教育、培训、监护、救助、看护、医疗等职责的企业事业单位、社会组织等。

入职查询的时机是招聘工作人员时，对象是拟招聘的工作人员。招聘包括多个环节，目前实践中有关单位和地方的规定通常使用"入职前""拟录用"等表述，确保该人员只有在经过查询确认没有问题的情况下才可以入职工作。对于本条规定的"工作人员"的范围，应当从有利于保护未成年人的角度从宽认定。无论是正式员工还是劳务派遣员工，无论是管理层人员还是普通员工，无论是长期的还是临时的，无论是否存在严格法律意义上的劳动关系，均属于本条规定的"工作人员"。

查询途径是向公安机关、人民检察院查询。查询内容为应聘者是否具有性侵害、虐待、拐卖、暴力伤害等违法犯罪记录。

这些违法犯罪行为并不要求是针对未成年人实施的。

需要注意的是，性侵害违法犯罪行为范围应当从宽理解，包括违反《治安管理处罚法》、《刑法》等规定的涉及性侵害的多种违法犯罪行为。

本条第二款规定，密切接触未成年人的单位应当每年定期对工作人员是否具有上述违法犯罪记录进行查询。根据该规定，用人单位每年对工作人员的情况查询至少一次。通过查询发现工作人员具有相关违法犯罪行为的，应当及时解聘。除了查询，用人单位在日常管理中主动发现或基于他人举报或告知而发现工作人员存在相关违法犯罪行为的，也应当及时解聘。出于最大限度保护未成年人的需要，在发现相关违法犯罪行为时应立即解聘，即使由于办理解聘手续需要一定程序和时间，也应当立即停止该工作人员的工作，避免其和未成年人接触。本条规定的解聘是特别法规定的法定解聘事由，不受劳动合同法某些条件的约束。

▶条文参见

《最高人民检察院、教育部、公安部关于建立教职员工准入查询性侵违法犯罪信息制度的意见》；《最高人民法院、最高人民检察院、公安部、司法部关于依法惩治性侵害未成年人犯罪的意见》

第六十三条 通信自由和通信秘密

任何组织或者个人不得隐匿、毁弃、非法删除未成年人的信件、日记、电子邮件或者其他网络通讯内容。

除下列情形外，任何组织或者个人不得开拆、查阅未成年人的信件、日记、电子邮件或者其他网络通讯内容：

（一）无民事行为能力未成年人的父母或者其他监护人代未成年人开拆、查阅；

（二）因国家安全或者追查刑事犯罪依法进行检查；

（三）紧急情况下为了保护未成年人本人的人身安全。

▶理解与适用

通信自由和通信秘密是公民的重要权利。《宪法》第四十条中规定，中华人民共和国公民的通信自由和通信秘密受法律的保护。《民法典》规定自然人享有隐私权。任何组织或者个人不得以刺探、侵扰、泄露、公开等方式侵害他人的隐私权。除法律另有规定或者权利人明确同意外，任何组织或者个人不得处理他人的私密信息。

本条对原法第三十九条进行了修改：（1）将保护未成年人隐私与民法典的规定相衔接，且前置放在未成年人保护法总则中规定，凸显隐私保护的重要性；（2）在禁止行为中增加不得"非法删除"，并在保护内容中增加"其他网络通讯内容"；（3）在不得开拆、查阅未成年人相关通讯的例外情形中增加"因国家安全"依法进行检查和"紧急情况下为了保护未成年人本人的人身安全"的规定。

▶条文参见

《宪法》第40条；《民法典》第110条、第111条

第五章　网络保护

第六十四条　**网络素养**

国家、社会、学校和家庭应当加强未成年人网络素养宣传教育，培养和提高未成年人的网络素养，增强未成年人科学、文明、安全、合理使用网络的意识和能力，保障未成年人在网络空间的合法权益。

▶理解与适用

本条中的网络素养涵盖上网技能、信息识别能力、网络安全以及自我保护意识和能力、网络空间文明素养等多个方面。

第六十五条　健康网络内容创作与传播

国家鼓励和支持有利于未成年人健康成长的网络内容的创作与传播，鼓励和支持专门以未成年人为服务对象、适合未成年人身心健康特点的网络技术、产品、服务的研发、生产和使用。

第六十六条　监督检查和执法

网信部门及其他有关部门应当加强对未成年人网络保护工作的监督检查，依法惩处利用网络从事危害未成年人身心健康的活动，为未成年人提供安全、健康的网络环境。

第六十七条　可能影响健康的网络信息

网信部门会同公安、文化和旅游、新闻出版、电影、广播电视等部门根据保护不同年龄阶段未成年人的需要，确定可能影响未成年人身心健康网络信息的种类、范围和判断标准。

▶理解与适用

本条是本次修改新增加的内容。主要内容包括：（1）明确负责的部门为网信部门会同公安等相关部门；（2）涉及的信息为可能影响未成年人身心健康网络信息；（3）需要确定的内容为可能影响未成年人身心健康网络信息的种类、范围和判断标准。

根据本法的规定，对于"可能影响未成年人身心健康"的信息并非完全禁止出版、发布、传播，而是规定应当以显著方式作出适当提示，这样便于未成年人及其监护人等识别相关内容从而采取一定的措施避免让不适宜接触的未成年人接触到。这样既实现了对未成年人的保护，避免其接触不良信息，也确保不同年龄段未成年人特别是高年龄段的未成年人，不因过于严格的标准影响其正常获取本来适宜其获取的信息，还充分考虑了网络产品和服务提供者在信息发布、传播等方面的权益。具体年龄阶段的划分由相关部门结合法律规定以及实践情况来确定。需要确定的内容包括可能影响未成年人身心健康网络信息的种类、范围和判断标准，这些内容的确定需要符合实际情况，具有明确性和可操作性，便于各方面理解和掌握。

第六十八条　沉迷网络的预防和干预

　　新闻出版、教育、卫生健康、文化和旅游、网信等部门应当定期开展预防未成年人沉迷网络的宣传教育，监督网络产品和服务提供者履行预防未成年人沉迷网络的义务，指导家庭、学校、社会组织互相配合，采取科学、合理的方式对未成年人沉迷网络进行预防和干预。

　　任何组织或者个人不得以侵害未成年人身心健康的方式对未成年人沉迷网络进行干预。

▶理解与适用

　　网络沉迷有时也称为网络成瘾。沉迷，是指对某种物质、习惯或行为产生强迫性的、不受控制的依赖，并且达到了一旦中断就会产生严重的情感、精神或心理反应的程度。

　　目前，法律、法规等关于网络产品和服务提供者预防未成年人沉迷网络的义务，主要有以下几个方面：进行实名认证、适龄提醒，要求产品或服务本身不能故意包含有诱导沉迷的设计，不得提供不适合未成年人接触的内容，对用户在线时段和时长等进行限制，要求为监护人提供便利便于监护人采取相关干预措施等。例如，2019 年《国家新闻出版署关于防止未成年人沉迷网络游戏的通知》中规定，实行网络游戏用户账号实名注册制度，严格控制未成年人使用网络游戏时段和时长，规范向未成年人提供付费服务，探索实施适龄提示制度等内容。2019 年国家互联网信息办公室、文化和旅游部、国家广播电视总局制定的《网络音视频信息服务管理规定》中规定，网络音视频信息服务提供者应当落实信息内容安全管理主体责任，配备与服务规模相适应的专业人员，建立健全用户注册、信息发布审核、未成年人保护等制度。《教育部等六部门关于联合开展未成年人网络环境专项治理行动的通知》中提出，重点对未落实网络游戏用户账号实名注册制度、控制未成年人使用网络游戏时段时长、规范向未成年人提供付费和打赏服务等方面要求的网络游戏企业或平台进行全面整治。进一步推动网络直播和视频平台开发使用青少年网络防沉迷模式，完善实名实人验证、功能限制、时长限定、内容审核、算法推荐等运行机制。

▶条文参见

《网络音视频信息服务管理规定》第7条；《教育部办公厅关于做好预防中小学生沉迷网络教育引导工作的紧急通知》；《国家新闻出版署关于防止未成年人沉迷网络游戏的通知》

第六十九条 网络保护软件

学校、社区、图书馆、文化馆、青少年宫等场所为未成年人提供的互联网上网服务设施，应当安装未成年人网络保护软件或者采取其他安全保护技术措施。

智能终端产品的制造者、销售者应当在产品上安装未成年人网络保护软件，或者以显著方式告知用户未成年人网络保护软件的安装渠道和方法。

▶理解与适用

本条第二款规定，智能终端产品的制造者和销售者应当在产品上安装未成年人网络保护软件，或者以显著方式告知用户未成年人网络保护软件的安装渠道和方法。可以从以下几个方面来理解该规定：

（1）关于"智能终端产品"的范围。本条规定的目的是保护未成年人免受网络侵害，智能终端产品是未成年人上网的载体，因此要求智能终端产品生产者和销售者承担安装网络保护软件等义务。结合未成年人保护法的立法目的和智能终端产品的实际情况，本条规定的"智能终端产品"并不是绝对涵盖所有的智能终端产品，而主要是指与未成年人网络保护有关的智能终端产品，需要结合实际情况来确定。

（2）规定智能终端产品的制造者和销售者承担相关义务，并非要求两者都同时采取安装网络保护软件等措施，而是说两者要确保法律规定的义务得到履行，具体如何操作也可以两者沟通协商确定，但这种沟通协商确定的义务分配不能对抗他人。如果销售出去的智能终端产品上没有相关的安全措施，生产者和销售者就违反了法律规定，两者需要依法承担法律责任。

（3）关于具体的义务内容，可以选择安装未成年人网络保护软件，也可以选择以显著方式告知用户未成年人网络保护软件的安装渠道和方法。安装的未成年人网络保护软件应当是与智能终端产品相匹配、能切实发挥作用的。告知的网络保护软件的安装渠道和方法也应当是便于用户操作和切实可行的。

▶条文参见

《互联网上网服务营业场所管理条例》第21条

| 第七十条 | 学校对未成年学生沉迷网络的预防和处理 |

学校应当合理使用网络开展教学活动。未经学校允许，未成年学生不得将手机等智能终端产品带入课堂，带入学校的应当统一管理。

学校发现未成年学生沉迷网络的，应当及时告知其父母或者其他监护人，共同对未成年学生进行教育和引导，帮助其恢复正常的学习生活。

第七十一条　监护人的网络保护义务

　　未成年人的父母或者其他监护人应当提高网络素养，规范自身使用网络的行为，加强对未成年人使用网络行为的引导和监督。

　　未成年人的父母或者其他监护人应当通过在智能终端产品上安装未成年人网络保护软件、选择适合未成年人的服务模式和管理功能等方式，避免未成年人接触危害或者可能影响其身心健康的网络信息，合理安排未成年人使用网络的时间，有效预防未成年人沉迷网络。

第七十二条　个人信息处理规定以及更正权、删除权

　　信息处理者通过网络处理未成年人个人信息的，应当遵循合法、正当和必要的原则。处理不满十四周岁未成年人个人信息的，应当征得未成年人的父母或者其他监护人同意，但法律、行政法规另有规定的除外。

　　未成年人、父母或者其他监护人要求信息处理者更正、删除未成年人个人信息的，信息处理者应当及时采取措施予以更正、删除，但法律、行政法规另有规定的除外。

▶理解与适用

　　一般而言，信息处理者处理个人信息时，需告知信息主体并征得其同意。但是由于未成年人认知能力的欠缺和特殊保护的需要，对未成年人特别是低龄未成年人个人信息的处理有特殊要求。本法规定，处理不满十四周岁未成年人个人信息的，应当征得未成年人的父母或者其他监护人同意。同时，为与个人信息处理的其他合法性基础相衔接，作了"法律、行政法规另有规定的除外"的例外性规定。

　　本条中"处理"的概念范围与《民法典》第一千零三十五

72

条第三款中"处理"的概念范围一致，并不限于个人信息的使用行为，还包括个人信息的收集、存储、加工、传输、提供、公开等行为。

第七十三条　私密信息的提示和保护义务

网络服务提供者发现未成年人通过网络发布私密信息的，应当及时提示，并采取必要的保护措施。

▶理解与适用

关于个人信息的定义，我国《网络安全法》首先以法律条文的形式对个人信息作了概括和列举式规定。民法典在网络安全法定义的基础上，对个人信息定义作了完善，对具体列举类型作了补充规定，即个人信息是以电子或者其他方式记录的能够单独或者与其他信息结合识别特定自然人的各种信息，包括自然人的姓名、出生日期、身份证件号码、生物识别信息、住址、电话号码、电子邮箱、健康信息、行踪信息等。该定义中个人信息的核心要件是可识别性，即个人信息是能够识别、确定特定个人身份的信息。识别包括直接识别和间接识别。所谓直接识别，是指通过该信息可以直接确认某一自然人的身份，不需要其他信息的辅助，如某人的身份证号码、基因信息等；所谓间接识别，是指通过该信息虽不能直接确定某人的身份，但可以借助其他信息确定某人的身份。任何可以直接或者间接识别特定自然人的信息都是个人信息。

私密信息，是指通过特定形式体现出来的有关自然人的病历、财产状况、身体缺陷、遗传特征、档案材料、生理识别信息、行踪信息等个人情况。私密信息同样具有可识别性特征，其属于个人信息，但同时私密信息又是信息主体不愿为他人所知晓的信息，是隐私权保护的范畴。《民法典》第一千零三十二条第二款明确规定，隐私是自然人的私人生活安宁和不愿为他人知晓的私密空间、私密活动、私密信息。相较于一般个人信息，私密信息可能涉及该自然人的财产状况、其社交状况、生理状况，还可能涉及其身世经历等情况。由于私密信息所具有的强识别性和隐私属性，需要加大保护力度。因此，对于私密信息的处理，法律作了特别规定，《民法典》第一千零三十三条第五项规定，除法律另有规定或者权利人明确同意外，任何组织或者个人不得处理他人的私密信息。根据上述规定，不同于处理一般个人信息，处理他人的私密信息要想获得合法性，除法律的明确授权外，必须经过权利人明确同意，而处理非私密个人信息则可以是默示同意，而不一定需要明示同意。网络服务提供者在发现未成年人通过网络发布私密信息的情况下，应当及时进行提示，目的就是通过网络服务提供者的提示使未成年人注意和认识到其正在发布的信息属于私密信息，以及发布私密信息可能造成的后果。只有在对上述情况有清楚认识后，未成年人才可能主动对上述信息进行删除或者采取其他处理措施。

第七十四条　预防网络沉迷的一般性规定

网络产品和服务提供者不得向未成年人提供诱导其沉迷的产品和服务。

网络游戏、网络直播、网络音视频、网络社交等网络服务提供者应当针对未成年人使用其服务设置相应的时间管理、权限管理、消费管理等功能。

以未成年人为服务对象的在线教育网络产品和服务，不得插入网络游戏链接，不得推送广告等与教学无关的信息。

第七十五条　网络游戏服务提供者的义务

网络游戏经依法审批后方可运营。

国家建立统一的未成年人网络游戏电子身份认证系统。网络游戏服务提供者应当要求未成年人以真实身份信息注册并登录网络游戏。

网络游戏服务提供者应当按照国家有关规定和标准，对游戏产品进行分类，作出适龄提示，并采取技术措施，不得让未成年人接触不适宜的游戏或者游戏功能。

网络游戏服务提供者不得在每日二十二时至次日八时向未成年人提供网络游戏服务。

▶理解与适用

本条对网络游戏审批、网络游戏服务提供者的实名认证、适龄提示、时间管理等义务作了规定。

▶条文参见

《网络安全法》第 24 条第 2 款；《国家新闻出版署关于防止未成年人沉迷网络游戏的通知》

第七十六条　网络直播服务提供者的义务

网络直播服务提供者不得为未满十六周岁的未成年人提供网络直播发布者账号注册服务；为年满十六周岁的未成年人提供网络直播发布者账号注册服务时，应当对其身份信息进行认证，并征得其父母或者其他监护人同意。

▶理解与适用

本条以十六周岁为界限，对网络直播服务提供者在面向未满十六周岁的未成年人和年满十六周岁的未成年人提供网络主播账号注册服务时作了不同的要求：对于未满十六周岁的未成年人，网络直播服务提供者一律不得为其提供网络直播发布者账号注册服务；对于年满十六周岁的未成年人，网络直播服务提供者可允许其注册成为网络直播发布者，但注册前应对未成年人的身份信息进行认证，并应取得未成年人的父母或者其他监护人同意。

▶条文参见

　　《民法典》第 18 条;《互联网直播服务管理规定》第 12 条第 1 款;《网络表演经营活动管理办法》第 9 条

第七十七条　禁止实施网络欺凌

　　任何组织或者个人不得通过网络以文字、图片、音视频等形式,对未成年人实施侮辱、诽谤、威胁或者恶意损害形象等网络欺凌行为。

　　遭受网络欺凌的未成年人及其父母或者其他监护人有权通知网络服务提供者采取删除、屏蔽、断开链接等措施。网络服务提供者接到通知后,应当及时采取必要的措施制止网络欺凌行为,防止信息扩散。

▶理解与适用

　　[网络欺凌的形式]

　　本条第一款将网络欺凌的形式界定为"通过网络以文字、图片、音视频等形式",即认为网络欺凌主要表现为网络欺凌者借助网络信息技术和设备,通过即时通讯、聊天室、电子邮件、网络论坛和网络媒体等以发布文字、图片、音视频等形式对未成年人实施欺凌,各种线下欺凌不属于本条规制的对象。

　　[网络欺凌的类型]

　　关于网络欺凌的主要类型,本条第一款主要列举了四种类型:(1)侮辱,指对未成年人进行辱骂或者公然贬损未成年人的人格,破坏未成年人的名誉;(2)诽谤,指在网上散布捏造或者夸大的事实故意损害未成年人名誉的行为;(3)威胁,指向未成年人发送使其感到心理畏惧、恐慌的信息,以达到控制、胁迫或者勒索未成年人等目的;(4)恶意损害形象,是指对未成年人的照片、视频等进行恶意编辑并传播。需要说明的是,本条并未将网络欺凌行为界定为"重复性"的欺凌行为。网络信息易复制、传播快的特点,使网络欺凌本身就很有可能发生重复伤害,一次网络欺凌行为可能造成不同的用户反复查看、评论或者转发,从而导致目标对象不断遭受羞辱等伤害,因此结合学生欺凌的概念,并未将网络欺凌行为界定为"重复或者多次"的欺凌行为。

本条第二款规定,遭受网络欺凌的未成年人及其父母或者其他监护人有权通知网络服务提供者采取删除、屏蔽、断开链接等措施。考虑到未成年人认识能力和行为能力存在欠缺的实际情况,为更好地保护未成年人免受网络欺凌行为的伤害,将"权利人"扩大为"未成年人及其父母或者其他监护人"。

▶条文参见

《网络安全法》第47条;《民法典》第1195条

第七十八条　接受投诉、举报

网络产品和服务提供者应当建立便捷、合理、有效的投诉和举报渠道,公开投诉、举报方式等信息,及时受理并处理涉及未成年人的投诉、举报。

第七十九条　投诉、举报权

任何组织或者个人发现网络产品、服务含有危害未成年人身心健康的信息,有权向网络产品和服务提供者或者网信、公安等部门投诉、举报。

第八十条　对用户行为的安全管理义务

网络服务提供者发现用户发布、传播可能影响未成年人身心健康的信息且未作显著提示的,应当作出提示或者通知用户予以提示;未作出提示的,不得传输相关信息。

网络服务提供者发现用户发布、传播含有危害未成年人身心健康内容的信息的,应当立即停止传输相关信息,采取删除、屏蔽、断开链接等处置措施,保存有关记录,并向网信、公安等部门报告。

网络服务提供者发现用户利用其网络服务对未成年人实施违法犯罪行为的，应当立即停止向该用户提供网络服务，保存有关记录，并向公安机关报告。

▶ 理解与适用

依据本条第一款的规定，网络服务提供者发现用户发布、传播可能影响未成年人身心健康的信息且未作显著提示的，应当履行以下义务：（1）作出提示，至于提示的方式，网络服务提供者可选择自行作出提示，或者通知用户，由用户作出提示；（2）对于网络服务提供者和用户均未作出提示的可能影响未成年人身心健康的信息，网络服务提供者不得允许用户通过其网络服务将该信息传播给他人。

依据本条第二款的规定，网络服务提供者发现用户发布、传播含有危害未成年人身心健康内容的信息的，应当履行以下义务：（1）立即停止传输相关信息，阻止违法信息通过其所提供的网络服务传播给他人；（2）根据其提供服务的类型和技术能力，采取相应删除、屏蔽、断开链接等处置措施，防止未成年人继续浏览、复制等相关信息；（3）保存有关记录，为依法追究信息发布者、传播者的责任提供依据；（4）根据违法信息的内容和性质，向网信、公安等部门报告。

▶ 条文参见

《全国人民代表大会常务委员会关于加强网络信息保护的决定》第5条；《网络安全法》第12条、第47条；《网络信息内容生态治理规定》第10条

第六章 政府保护

第八十一条　政府、基层自治组织未成年人保护工作的落实主体

县级以上人民政府承担未成年人保护协调机制具体工作的职能部门应当明确相关内设机构或者专门人员，负责承担未成年人保护工作。

乡镇人民政府和街道办事处应当设立未成年人保护工作站或者指定专门人员，及时办理未成年人相关事务；支持、指导居民委员会、村民委员会设立专人专岗，做好未成年人保护工作。

▶条文参见

《民政部关于进一步健全农村留守儿童和困境儿童关爱服务体系的意见》

第八十二条　家庭教育指导服务

各级人民政府应当将家庭教育指导服务纳入城乡公共服务体系，开展家庭教育知识宣传，鼓励和支持有关人民团体、企业事业单位、社会组织开展家庭教育指导服务。

▶条文参见

《中共中央、国务院关于进一步加强和改进未成年人思想道德建设的若干意见》；《国务院关于印发中国妇女发展纲要和中国儿童发展纲要的通知》；《教育部关于加强家庭教育工作的指导意见》

第八十三条　政府保障未成年人受教育的权利

各级人民政府应当保障未成年人受教育的权利，并采取措施保障留守未成年人、困境未成年人、残疾未成年人接受义务教育。

对尚未完成义务教育的辍学未成年学生，教育行政部门应当责令父母或者其他监护人将其送入学校接受义务教育。

▶条文参见

《残疾人教育条例》

第八十四条　发展托育、学前教育事业

各级人民政府应当发展托育、学前教育事业，办好婴幼儿照护服务机构、幼儿园，支持社会力量依法兴办母婴室、婴幼儿照护服务机构、幼儿园。

县级以上地方人民政府及其有关部门应当培养和培训婴幼儿照护服务机构、幼儿园的保教人员，提高其职业道德素质和业务能力。

第八十五条　职业教育及职业技能培训

各级人民政府应当发展职业教育，保障未成年人接受职业教育或者职业技能培训，鼓励和支持人民团体、企业事业单位、社会组织为未成年人提供职业技能培训服务。

第八十六条　残疾未成年人接受教育的权利

各级人民政府应当保障具有接受普通教育能力、能适应校园生活的残疾未成年人就近在普通学校、幼儿园接受教育；保障不具有接受普通教育能力的残疾未成年人在特殊教育学校、幼儿园接受学前教育、义务教育和职业教育。

各级人民政府应当保障特殊教育学校、幼儿园的办学、办园条件，鼓励和支持社会力量举办特殊教育学校、幼儿园。

▶条文参见

《残疾人保障法》第 24 条、第 25 条；《残疾人教育条例》第二章

第八十七条 政府保障校园安全

地方人民政府及其有关部门应当保障校园安全，监督、指导学校、幼儿园等单位落实校园安全责任，建立突发事件的报告、处置和协调机制。

▶理解与适用

当学校、幼儿园发生重特大突发事件时，地方政府要在第一时间启动相应的应急处理预案，统一领导，及时动员和组织救援，进行事故调查、开展责任认定及善后处理，并及时回应社会关切。发生重大自然灾害、公共安全事故时，应当优先组织对受影响学校、幼儿园开展救援。在校内及校外教育教学活动中发生安全事故时，学校、幼儿园应当及时组织教职工参与抢险、救助和防护，保障未成年人的身体健康和人身安全。当发生未成年人学生伤亡事故时，学校、幼儿园也应当按照《学生伤害事故处理办法》规定的原则和程序等，及时实施救助，并进行妥善处理。

▶条文参见

《中小学幼儿园安全管理办法》；《学生伤害事故处理办法》；《关于加强中小学幼儿园安全风险防控体系建设的意见》

第八十八条　政府保障校园周边安全

公安机关和其他有关部门应当依法维护校园周边的治安和交通秩序，设置监控设备和交通安全设施，预防和制止侵害未成年人的违法犯罪行为。

▶条文参见

《中小学幼儿园安全管理办法》第50条；《中小学与幼儿园校园周边道路交通设施设置规范》；《关于加强中小学幼儿园安全风险防控体系建设的意见》

第八十九条　未成年人活动场所建设和维护、学校文化体育设施的免费或者优惠开放

地方人民政府应当建立和改善适合未成年人的活动场所和设施，支持公益性未成年人活动场所和设施的建设和运行，鼓励社会力量兴办适合未成年人的活动场所和设施，并加强管理。

地方人民政府应当采取措施，鼓励和支持学校在国家法定节假日、休息日及寒暑假期将文化体育设施对未成年人免费或者优惠开放。

地方人民政府应当采取措施，防止任何组织或者个人侵占、破坏学校、幼儿园、婴幼儿照护服务机构等未成年人活动场所的场地、房屋和设施。

▶条文参见

《教育法》第72条；《中共中央、国务院关于进一步加强和改进未成年人思想道德建设的若干意见》；《中共中央办公厅、国务院办公厅关于加强青少年学生活动场所建设和管理工作的通知》

卫生保健、传染病防治和心理健康

　　各级人民政府及其有关部门应当对未成年人进行卫生保健和营养指导，提供卫生保健服务。

　　卫生健康部门应当依法对未成年人的疫苗预防接种进行规范，防治未成年人常见病、多发病，加强传染病防治和监督管理，做好伤害预防和干预，指导和监督学校、幼儿园、婴幼儿照护服务机构开展卫生保健工作。

　　教育行政部门应当加强未成年人的心理健康教育，建立未成年人心理问题的早期发现和及时干预机制。卫生健康部门应当做好未成年人心理治疗、心理危机干预以及精神障碍早期识别和诊断治疗等工作。

第九十一条 对困境未成年人实施分类保障

　　各级人民政府及其有关部门对困境未成年人实施分类保障，采取措施满足其生活、教育、安全、医疗康复、住房等方面的基本需要。

▶理解与适用

　　本条是新增加的内容。困境未成年人是未成年人中的弱势群体，将困境未成年人分类保障工作纳入法律规定，有助于进一步推进和完善困境未成年人保护救助体系建设，实现困境未成年人保障有法可依。

　　困境未成年人主要包括以下五类：（1）孤儿。主要指失去父母或查找不到生父母的未满十八周岁的未成年人。（2）监护人监护缺失的儿童。主要包括父母双方长期服刑在押或强制戒毒的儿童；父母一方死亡或失踪（人民法院宣判或公安机关证明），另一方因上述情况无法履行抚养义务和监护职责的儿童。（3）监护人无力履行监护职责的儿童。主要包括父母双方重残（2级以上残疾，下同）、重病的儿童；父母一方死亡或失踪，另一方因重残或重病无力抚养的儿童。（4）重残、重病及流浪儿童。主要包括重残儿童；患重大疾病儿童，如艾滋病病毒感染、白血病、先天性心脏病、尿毒症、恶性肿瘤等重大疾病，以及医保政策规定的住院和门诊费用1年中自费部分超过2万元的疾病；长期在外流浪儿童。（5）其他需要帮助的儿童。包括受侵害和虐待的儿童、单亲家庭儿童、失足未成年人、家庭生活困难的留守儿童等。对不同类型的困境未成年人，国家采取不同的保护政策，分类施策、精准保护。《国务院关于加强困境儿童保障工作的意见》规定，针对困境儿童监护、生活、教育、医疗、康复、服务和安全保护等方面的突出问题，应根据困境儿童自身、家庭情况分类施策，促进困境儿童健康成长。

▶条文参见

《国务院关于加强农村留守儿童关爱保护工作的意见》；《国务院关于加强困境儿童保障工作的意见》；《民政部关于规范生父母有特殊困难无力抚养的子女和社会散居孤儿收养工作的意见》

第九十二条　民政部门临时监护

具有下列情形之一的，民政部门应当依法对未成年人进行临时监护：

（一）未成年人流浪乞讨或者身份不明，暂时查找不到父母或者其他监护人；

（二）监护人下落不明且无其他人可以担任监护人；

（三）监护人因自身客观原因或者因发生自然灾害、事故灾难、公共卫生事件等突发事件不能履行监护职责，导致未成年人监护缺失；

（四）监护人拒绝或者怠于履行监护职责，导致未成年人处于无人照料的状态；

（五）监护人教唆、利用未成年人实施违法犯罪行为，未成年人需要被带离安置；

（六）未成年人遭受监护人严重伤害或者面临人身安全威胁，需要被紧急安置；

（七）法律规定的其他情形。

▶理解与适用

本条是对原法第四十三条的修改，主要是结合了实践中的需要，完善了应当由民政部门进行临时监护的情形，避免出现监护的空档期，以更充分地保护未成年人的合法权益。

《民法典》规定的临时监护制度，适用于两种情况：第一种情况是在需要确定监护人时，各方面对监护人的确定有争议的，在有关单位指定监护人前先确定临时监护人。根据《民法典》第三十一条的规定，对监护人的确定有争议的，由被监护人住所地的居民委员会、村民委员会或者民政部门指定监护人，在根据规定指定监护人前，被监护人的人身权利、财产权利以及其他合法权益处于无人保护状态的，由被监护人住所地的居民委员会、村民委员会、法律规定的有关组织或者民政部门担任临时监护人。第二种情况是人民法院撤销监护人资格，需要安排必要的临时监护措施。根据《民法典》第三十六条的规定，监护人有实施严重损害被监护人身心健康的行为等情形的，人民法院根据有关个人或者组织的申请，撤销其监护人资格，安排必要的临时监护措施，并按照最有利于被监护人的原则依法指定监护人。

本次未成年人保护法修改进一步完善了临时监护制度：（1）增加了需要临时监护的情形。（2）突出强调民政部门承担临时监护职责。需要指出的是，《未成年人保护法》关于民政部门进行临时监护的规定，和《民法典》关于居民委员会、村民委员会、法律规定的有关组织等担任临时监护人的规定并不冲突。出现未成年人需要临时监护的情形的，民政部门应当积极依法履行相关职责，承担起临时监护责任。居民委员会、村民委员会、法律规定的有关组织可以依法承担临时监护职责，但是在其不担任监护人的情况下，民政部门也应承担起临时监护责任。

▶条文参见

《民法典》第31条、第34条、第36条；《社会救助暂行办法》第50条；《城市生活无着的流浪乞讨人员救助管理办法》第5条；《国务院关于加强困境儿童保障工作的意见》；《最高人民法院、最高人民检察院、公安部、民政部关于依法处理监护人侵害未成年人权益行为若干问题的意见》

| 第九十三条 | 临时监护的具体方式 |

对临时监护的未成年人，民政部门可以采取委托亲属抚养、家庭寄养等方式进行安置，也可以交由未成年人救助保护机构或者儿童福利机构进行收留、抚养。

临时监护期间，经民政部门评估，监护人重新具备履行监护职责条件的，民政部门可以将未成年人送回监护人抚养。

▶理解与适用

本条对原法第四十三条进行了修改。在临时监护方式上，原法主要是强调县级以上人民政府及其民政部门应当设立救助场所，在救助场所内进行临时监护。近年来，我国不断探索、完善临时监护方式，本次修法时也进行了完善，规定临时监护方式还包括委托亲属抚养、家庭寄养等。另外，对于将未成年人送回监护人的问题，原法规定救助场所要"及时通知其父母或者其他监护人领回"，本次修改增加规定了民政部门的评估程序，充分体现了国家对未成年人高度负责的态度。

▶条文参见

《国务院关于加强困境儿童保障工作的意见》；《家庭寄养管理办法》

第九十四条　长期监护的法定情形

具有下列情形之一的，民政部门应当依法对未成年人进行长期监护：

（一）查找不到未成年人的父母或者其他监护人；

（二）监护人死亡或者被宣告死亡且无其他人可以担任监护人；

（三）监护人丧失监护能力且无其他人可以担任监护人；

（四）人民法院判决撤销监护人资格并指定由民政部门担任监护人；

（五）法律规定的其他情形。

▶理解与适用

本条是新增加的内容。本次修订，从未成年人保护工作的实际出发，在现有民事监护制度框架下，增加了民政部门在法定情形下承担未成年人长期监护职责的规定，从法律层面建立未成年人国家长期监护制度。

未成年人保护法将民政部门承担未成年人长期监护的法定情形分为五种：

1. 查找不到未成年人的父母或者其他监护人

根据《儿童福利机构管理办法》的有关规定，无法查明、查找不到未成年人父母或其他监护人的主要有三类儿童群体，（1）无法查明父母或其他监护人的被遗弃儿童；（2）无法查明父母或其他监护人的打拐解救儿童；（3）超过三个月仍无法查明父母或其他监护人的流浪乞讨儿童。民政部门对这三类无法查明或查找不到父母或者其他监护人的未成年人，按照国家相关规定承担长期监护职责。

2. 监护人死亡或者被宣告死亡且无其他人可以担任监护人

《民法典》第二十七条第二款规定，未成年人的父母已经死亡或者没有监护能力的，由祖父母、外祖父母、兄、姐、其他经未成年人住所地的居民委员会、村民委员会或民政部门同意的愿意担任监护人的个人或组织按顺序担任。本条在《民法典》规定的基础上，对未成年人父母以及其他现任监护人死亡或宣告死亡，无其他可以担任监护人的情形，规定了民政部门承担国家长期监护职责。

3. 监护人丧失监护能力且无其他人可以担任监护人

未成年人的父母或其他现任监护人虽没有死亡或者被宣告死亡，但丧失监护能力，无法承担未成年人的监护职责，在无其他人担任监护人的情况下，民政部门承担兜底性监护职责。根据法律规定，监护人具有监护能力首先要具有完全民事行为能力。至于如何判断是否具有监护能力的其他条件，在实践中情况比较复杂，需要综合考虑多种因素根据具体情况判断。

4. 人民法院判决撤销监护人资格并指定由民政部门担任监护人

《民法典》第三十六条规定，监护人实施严重损害被监护人身心健康的行为；怠于履行监护职责或者无法履行监护职责且拒绝将监护职责部分或者全部委托给他人，导致被监护人处于危困状态；实施严重侵害被监护人合法权益的其他行为时，人民法院根据有关个人或者组织的申请，撤销监护人资格，并按照最有利于被监护人的原则依法指定监护人。如果人民法院依法撤销未成年人监护人资格并指定民政部门担任监护人，意味着人民法院经过审理，认为民政部门担任未成年人的监护人最有利于未成年人，指定监护关系成立，民政部门从被指定之日起承担国家监护职责。

5. 法律规定的其他情形

未成年人保护工作，包括未成年人的国家监护制度，随着社会的发展而不断完善，并可能产生其他需要国家长期监护的情形，本条将第五种情形规定为兜底性开放条款。

需要注意的是，本条是对未成年人政府保护职责的规定，居民委员会、村民委员会是基层群众自治组织，不属于政府部门，所以没有将其纳入政府长期监护的规定中。本条规定没有排除《民法典》第三十二条"具备监护职责条件的被监护人住所地的居民委员会、村民委员会担任"等相关规定的适用。在未成年人没有具有监护资格的监护人时，应优先考虑由民政部门承担长期监护职责。同时，值得说明的是，考虑到实践中未成年人没有具有监护资格监护人的情况比较复杂，有的是父母死亡成为孤儿，有的是父母长期服刑或者一方死亡一方失踪，在大部分情况下，居民委员会和村民委员会因自身力量较弱等原因很难承担监护职责，《民法典》第三十二条规定也要求民政部门承担主要的长期监护职责，这与本条规定的精神是相吻合的。

▶条文参见

《民法典》第 26 条、第 28 条、第 31 条、第 32 条、第 34条、第 36 条

第九十五条　民政部门长期监护未成年人的收养

民政部门进行收养评估后，可以依法将其长期监护的未成年人交由符合条件的申请人收养。收养关系成立后，民政部门与未成年人的监护关系终止。

第九十六条　民政部门承担国家监护职责的政府支持和机构建设

民政部门承担临时监护或者长期监护职责的，财政、教育、卫生健康、公安等部门应当根据各自职责予以配合。

县级以上人民政府及其民政部门应当根据需要设立未成年人救助保护机构、儿童福利机构，负责收留、抚养由民政部门监护的未成年人。

第九十七条 建设全国统一的未成年人保护热线，支持社会力量共建未成年人保护平台

县级以上人民政府应当开通全国统一的未成年人保护热线，及时受理、转介侵犯未成年人合法权益的投诉、举报；鼓励和支持人民团体、企业事业单位、社会组织参与建设未成年人保护服务平台、服务热线、服务站点，提供未成年人保护方面的咨询、帮助。

第九十八条 违法犯罪人员信息查询系统

国家建立性侵害、虐待、拐卖、暴力伤害等违法犯罪人员信息查询系统，向密切接触未成年人的单位提供免费查询服务。

▶理解与适用

本条是新增加的内容。在立法过程中的考虑主要是：本次修订在"社会保护"一章中创设了密切接触未成年人行业的从业查询及禁止制度。该制度的运行需要国家公权力机关的配合，本法规定国家建立性侵害、虐待、拐卖、暴力伤害等违法犯罪人员信息查询系统，为密切接触未成年人的单位免费提供查询服务的法定责任，确保新创设的制度可操作、能落实。

第九十九条 培育、引导和规范社会力量参与未成年人保护工作

地方人民政府应当培育、引导和规范有关社会组织、社会工作者参与未成年人保护工作，开展家庭教育指导服务，为未成年人的心理辅导、康复救助、监护及收养评估等提供专业服务。

► 条文参见

《关于进一步健全农村留守儿童和困境儿童关爱服务体系的意见》

第七章 司法保护

第一百条　司法机关职责

公安机关、人民检察院、人民法院和司法行政部门应当依法履行职责，保障未成年人合法权益。

► 理解与适用

本条将原法第五十条中的"在司法活动中保护未成年人的合法权益"修改为"保障未成年人的合法权益"。主要考虑是：目前，司法机关开展未成年人司法保护工作不再局限于司法活动过程中，在办理案件之外积极延伸司法保护范围，配合政府部门、学校等共同做好未成年人保护工作。

第一百零一条　专门机构、专门人员及评价考核标准

公安机关、人民检察院、人民法院和司法行政部门应当确定专门机构或者指定专门人员，负责办理涉及未成年人案件。办理涉及未成年人案件的人员应当经过专门培训，熟悉未成年人身心特点。专门机构或者专门人员中，应当有女性工作人员。

公安机关、人民检察院、人民法院和司法行政部门应当对上述机构和人员实行与未成年人保护工作相适应的评价考核标准。

第一百零二条　未成年人案件中语言、表达方式

公安机关、人民检察院、人民法院和司法行政部门办理涉及未成年人案件，应当考虑未成年人身心特点和健康成长的需要，使用未成年人能够理解的语言和表达方式，听取未成年人的意见。

第一百零三条　个人信息保护

公安机关、人民检察院、人民法院、司法行政部门以及其他组织和个人不得披露有关案件中未成年人的姓名、影像、住所、就读学校以及其他可能识别出其身份的信息，但查找失踪、被拐卖未成年人等情形除外。

▶理解与适用

为进一步强化完善对未成年人隐私和个人信息的保护，本条对原法第五十八条作了修改，修改内容主要有以下几点：（1）明确责任主体；（2）明确保护对象包括所有案件涉及的未成年人；（3）补充完善不得披露的内容；（4）增加例外性规定。

公安机关、人民检察院、人民法院和司法行政部门在办理涉及未成年人案件过程中，往往掌握许多关于未成年人家庭背景、居住地址、就读学校、档案材料、财产状况等个人信息，应当谨慎履行职责、严守保密纪律，严格控制未成年人身份信息的知悉范围，切实保护未成年人隐私和个人信息。司法机关在对外公开案件文书、编写典型案例等时，应注意删去或者模糊化处理未成年人的身份信息，最高人民法院、最高人民检察院等部门颁布的有关文件对此作了较为详细的规定。

除司法机关外，还有一些组织和个人可能接触到案件中涉及未成年人的有关信息。未成年人的亲属，未成年人所在学校、单位、居住地的基层组织或者未成年人保护组织的代表，法律援助承办人员，媒体从业人员等，均属于本条规定的责任主体。

大多数关于未成年人隐私权和个人信息保护的现行规定，是针对犯罪案件的未成年被告人或被害人。本次未成年人保护法修订将保护对象从"犯罪案件"涉及的未成年人扩展到所有类型案件涉及的未成年人，为未成年人司法保护提供了更为完善的法制保障。

未成年人身份信息表现形式较为多样，并不限于姓名、影像、住所、就读学校等内容，因而法律上作了兜底性规定，将所有"可能识别出未成年人身份的信息"均列入禁止披露范围之内，最大限度地保护未成年人的隐私和个人信息。

第一百零四条 法律援助、司法救助

对需要法律援助或者司法救助的未成年人，法律援助机构或者公安机关、人民检察院、人民法院和司法行政部门应当给予帮助，依法为其提供法律援助或者司法救助。

法律援助机构应当指派熟悉未成年人身心特点的律师为未成年人提供法律援助服务。

法律援助机构和律师协会应当对办理未成年人法律援助案件的律师进行指导和培训。

▶条文参见

《未成年人法律援助服务指引（试行)》

第一百零五条 检察监督

人民检察院通过行使检察权，对涉及未成年人的诉讼活动等依法进行监督。

第一百零六条 公益诉讼

未成年人合法权益受到侵犯，相关组织和个人未代为提起诉讼的，人民检察院可以督促、支持其提起诉讼；涉及公共利益的，人民检察院有权提起公益诉讼。

第一百零七条　继承权、受遗赠权和受抚养权保护

人民法院审理继承案件，应当依法保护未成年人的继承权和受遗赠权。

人民法院审理离婚案件，涉及未成年子女抚养问题的，应当尊重已满八周岁未成年子女的真实意愿，根据双方具体情况，按照最有利于未成年子女的原则依法处理。

▶理解与适用

对继承案件中未成年人继承权和受遗赠权的保护，应注意以下方面：

1. 未成年人具有民事权利能力，依法享有继承权。自然人从出生时起到死亡时止，具有民事权利能力，依法享有民事权利，承担民事义务。未成年人是无民事行为能力人或者限制民事行为能力人的，由其监护人代理被监护人实施民事法律行为，保护被监护人的人身权利、财产权利以及其他合法权益等，包括依法行使继承权、受遗赠权。监护人应当按照最有利于被监护人的原则履行监护职责。监护人除为维护被监护人利益外，不得处分被监护人的财产；未成年人的监护人履行监护职责，在作出与被监护人利益有关的决定时，应当根据被监护人的年龄和智力状况，尊重被监护人的真实意愿。未成年人的监护人应当按照《民法典》第一千一百二十四条的规定，及时代为行使继承权、受遗赠权。

2. 男女平等地享有继承权。自然人有无继承权与性别没有任何关系，继承顺序不因男女而有区别，适用于男性的继承顺序同样适用于女性。在继承份额上，如果没有法律规定的多分、少分或者不分遗产的情形，同一顺序的继承人继承遗产的份额，一般应当均等，不以男女性别不同作为划分遗产的依据。实践中，一些地区由于传统习俗等原因，存在女性未成年人继承权未得到充分保护的现象，应依法予以纠正。

94

3. 未成年人依法受到特别照顾。《民法典》第一千一百三十条第二款规定，对生活有特殊困难又缺乏劳动能力的继承人，分配遗产时，应当予以照顾；第一千一百四十一条规定，遗嘱应当为缺乏劳动能力又没有生活来源的继承人保留必要的遗产份额。通常情况下未成年人缺乏劳动能力且无经济来源，其学习、生活等方面需要较多费用，需要得到特别照顾的，可以在分配遗产时适当予以多分。

4. 关于未成年子女的范围。《民法典》继承编中规定，本编所称子女包括婚生子女、非婚生子女、养子女和有扶养关系的继子女，本编所称父母，包括生父母、养父母和有扶养关系的继父母，本编所称兄弟姐妹，包括同父母的兄弟姐妹、同父异母或者同母异父的兄弟姐妹、养兄弟姐妹、有扶养关系的继兄弟姐妹。在处理涉及未成年人的继承案件时，应准确适用以上规定，依法平等保护未成年人的合法权益。

5. 关于胎儿权益保护。《民法典》第十六条中规定，涉及遗产继承、接受赠与等胎儿利益保护的，胎儿视为具有民事权利能力。第一千一百五十五条规定，遗产分割时，应当保留胎儿的继承份额。胎儿娩出时是死体的，保留的份额按照法定继承办理。

6. 父母离异后的继承权问题。父母离婚后，未成年子女仍依法享有对父母双方的遗产继承权。

▶条文参见

《民法典》第 1084 条、第 1124 条、第 1127 条、第 1128 条、第 1130 条、第 1033 条、第 1141 条、第 1152 条、第 1155 条

第一百零八条 人身安全保护令、撤销监护人资格

未成年人的父母或者其他监护人不依法履行监护职责或者严重侵犯被监护的未成年人合法权益的，人民法院可以根据有关人员或者单位的申请，依法作出人身安全保护令或者撤销监护人资格。

被撤销监护人资格的父母或者其他监护人应当依法继续负担抚养费用。

▶理解与适用

[撤销监护人资格]

撤销监护资格，需以监护人存在不依法履行监护职责或者严重侵犯被监护的未成年人合法权益为前提。监护人不依法履行监护职责或者严重侵犯被监护的未成年人合法权益的具体情形，有关法律、司法解释等作了规定。《民法典》第三十六条第一款规定，监护人有下列情形之一的，人民法院根据有关个人或者组织的申请，撤销其监护人资格：（1）实施严重损害被监护人身心健康的行为；（2）怠于履行监护职责，或者无法履行监护职责且拒绝将监护职责部分或者全部委托给他人，导致被监护人处于危困状态；（3）实施严重侵害被监护人合法权益的其他行为。2014年，《最高人民法院、最高人民检察院、公安部和民政部关于依法处理监护人侵害未成年人权益行为若干问题的意见》第三十五条规定，被申请人有下列情形之一的，人民法院可以判决撤销其监护人资格：（1）性侵害、出卖、遗弃、虐待、暴力伤害未成年人，严重损害未成年人身心健康的；（2）将未成年人置于无人监管和照看的状态，导致未成年人面临死亡或者严重伤害危险，经教育不改的；（3）拒不履行监护职责长达六个月以上，导致未成年人流离失所或者生活无着的；（4）有吸毒、赌博、长期酗酒等恶习无法正确履行监护职责或者因服刑等原因无法履行监护职责，且拒绝将监护职责部分或者全部委托给他人，致使未成年人处于困境或者危险状态的；（5）胁迫、诱骗、利用未成年人乞讨，经公安机关和未成年人救助保护机构等部门三次以上批评教育拒不改正，严重影响未成年人正常生活和学习的；（6）教唆、利用未成年人实施违法犯罪行为，情节恶劣的；（7）有其他严重侵害未成年人合法权益行为的。

关于申请撤销监护人资格的主体，根据《民法典》第三十六条的规定，有权申请撤销监护人资格的主体范围包括其他依法具有监护资格的人，居民委员会、村民委员会、学校、医疗机构、妇女联合会、残疾人联合会、未成年人保护组织、依法设立的老年人组织、民政部门等。以上所述的个人和民政部门以外的组织未及时向人民法院申请撤销监护人资格的，民政部门应当向人民法院申请。

关于撤销监护人资格案件的审理和判后安置，《最高人民法院、最高人民检察院、公安部、民政部关于依法处理监护人侵害未成年人权益行为若干问题的意见》中规定，人民法院审理撤销监护人资格案件，比照民事诉讼法规定的特别程序进行，在一个月内审理结案。有特殊情况需要延长的，由本院院长批准。人民法院应当全面审查调查评估报告等证据材料，听取被申请人、有表达能力的未成年人以及村（居）民委员会、学校、邻居等的意见。人民法院根据案件需要可以聘请适当的社会人士对未成年人进行社会观护，并可以引入心理疏导和测评机制，组织专业社会工作者、儿童心理问题专家等专业人员参与诉讼，为未成年人和被申请人提供心理辅导和测评服务。

判决撤销监护人资格时，未成年人有其他监护人的，应当由其他监护人承担监护职责。其他监护人应采取措施避免未成年人继续受到侵害。没有其他监护人的，人民法院根据最有利于未成年人的原则，在有关人员和单位中指定监护人。指定个人担任监护人的，应当综合考虑其意愿、品行、身体状况、经济条件、与未成年人的生活情感联系以及有表达能力的未成年人的意愿等。没有合适人员和其他单位担任监护人的，人民法院应当指定民政部门担任监护人，由其所属儿童福利机构收留抚养。

［发出人身安全保护令］

本次修订对原法第五十三条作了修改，增加了人民法院可以依法作出人身安全保护令的规定。关于人身安全保护令制度，《反家庭暴力法》第四章作了专章规定。家庭关系中，未成年人处于被监护状态，其遭受监护人的暴力或暴力威胁时，自救能力往往不足。本次未成年人保护法修订借鉴吸纳了《反家庭暴力法》关于人身安全保护令的规定，进一步完善了未成年人司法保护措施。

《反家庭暴力法》规定，当事人因遭受家庭暴力或者面临家庭暴力的现实危险，向人民法院申请人身安全保护令的，人民法院应当受理；当事人是无民事行为能力人、限制民事行为能力人，或者因受到强制、威吓等原因无法申请人身安全保护令的，其近亲属、公安机关、妇女联合会、居民委员会、村民委员会、救助管理机构可以代为申请。人民法院根据有关个人和单位的申请对未成年人作出人身安全保护令，应符合"遭受家庭暴力或者面临家庭暴力现实危险"的条件。人身安全保护令的内容包括禁止被申请人实施家庭暴力，禁止被申请人骚扰、跟踪、接触申请人及其相关近亲属，责令被申请人迁出申请人住所以及保护申请人人身安全的其他措施。人民法院作出人身安全保护令后，应当送达申请人、被申请人、公安机关以及居民委员会、村民委员会等有关组织。人身安全保护令由人民法院执行，公安机关以及居民委员会、村民委员会等应当协助执行。

除《反家庭暴力法》外，其他相关文件也对人身安全保护令作了规定。如《最高人民法院、最高人民检察院、公安部、民政部关于依法处理监护人侵害未成年人权益行为若干问题的意见》对人民法院作出人身安全保护裁定作了详细规定，并规定了被申请人拒不履行人身安全保护裁定的法律责任。被申请人拒不履行人身安全保护裁定，危及未成年人及其临时照料人人身安全或者扰乱未成年人救助保护机构工作秩序的，未成年人、未成年人救助保护机构或者其他临时照料人有权向公安机关报告，由公安机关依法处理。被申请人有其他拒不履行人身安全保护裁定行为的，未成年人、未成年人救助保护机构或者其他临时照料人有权向人民法院报告，人民法院根据民事诉讼法的规定，视情节轻重处以罚款、拘留；构成犯罪的，依法追究刑事责任。2020 年 5 月，最高人民检察院、国家监察委员会等部门联合颁布的《关于建立侵害未成年人案件强制报告制度的意见（试行)》规定，公安机关、妇联、居民委员会、村民委员会、救助管理机构、未成年人救助保护机构发现未成年人遭受家庭暴力或面临家庭暴力的现实危险，可以依法向人民法院代为申请人身安全保护令。

▶条文参见

《民法典》第 36 条；《反家庭暴力法》

第一百零九条　社会调查

人民法院审理离婚、抚养、收养、监护、探望等案件涉及未成年人的，可以自行或者委托社会组织对未成年人的相关情况进行社会调查。

第一百一十条　法定代理人、合适成年人到场

公安机关、人民检察院、人民法院讯问未成年犯罪嫌疑人、被告人，询问未成年被害人、证人，应当依法通知其法定代理人或者其成年亲属、所在学校的代表等合适成年人到场，并采取适当方式，在适当场所进行，保障未成年人的名誉权、隐私权和其他合法权益。

人民法院开庭审理涉及未成年人案件，未成年被害人、证人一般不出庭作证；必须出庭的，应当采取保护其隐私的技术手段和心理干预等保护措施。

▶理解与适用

［法定代理人、合适成年人到场制度］

根据《刑事诉讼法》的规定，对于未成年人刑事案件，在

讯问和审判的时候，应当通知未成年犯罪嫌疑人、被告人的法定代理人到场。无法通知、法定代理人不能到场或者法定代理人是共犯的，也可以通知未成年犯罪嫌疑人、被告人的其他成年亲属，所在学校、单位、居住地基层组织或者未成年人保护组织的代表到场，并将有关情况记录在案。《刑事诉讼法》虽未正式引用"合适成年人"的概念，但实质上已将合适成年人参与制度的内容正式入法。为与2012年修改后的《刑事诉讼法》保持一致，《未成年人保护法》进一步明确和完善了合适成年人到场制度，第一次在法律中明确"合适成年人"的概念。

合适成年人，主要指未成年犯罪嫌疑人、被告人、被害人、证人的法定代理人以外的其他成年亲属，所在学校、单位、居住地基层组织或者未成年人保护组织的代表。司法实践中，近亲属之外的合适成年人一般由熟悉未成年人身心特点，掌握一定未成年人心理、教育或者法律知识，具有较强社会责任感，并经过必要培训的社工、共青团干部、教师、居住地基层组织的代表、律师及其他热心未成年人保护工作的人员担任。所在地政府部门或者未成年人保护委员会等组织组建了青少年社工或者合适成年人队伍的，应当从社工或者确定的合适成年人名册中选择确定。公安机关、人民检察院、人民法院应当加强与有关单位的沟通协调，制作合适成年人名册，健全运行管理机制，并开展相关培训，建立起一支稳定的合适成年人队伍。

根据本条规定，通知法定代理人、合适成年人到场的情形主要分为两种：（1）公安机关、人民检察院、人民法院讯问未成年犯罪嫌疑人、被告人；（2）询问未成年被害人、证人。一般情况下，公安机关、人民检察院、人民法院应当首先通知未成年人的法定代理人到场。当出现特定情形时，公安机关、人民检察院、人民法院应当通知合适成年人到场。根据《刑事诉讼法》的规定和实践中出现的情况，这些情形主要包括：（1）无法通知法定代理人。主要指法定代理人已经死亡、宣告失踪或者无监护能力，因身份、住址或联系方式不明无法通知等情形。

（2）虽然已经通知，但法定代理人因故不能到场。主要指因路途遥远或者其他原因无法及时到场、经通知明确拒绝到场、未成年人有正当理由拒绝法定代理人到场、到场可能影响未成年人真实陈述等情形。（3）法定代理人是共犯，到场可能发生串供等妨碍讯问、询问和审判活动。通知法定代理人以外的合适成年人到场，司法机关工作人员应当将法定代理人不能到场的原因、相关人员到场的具体情况等信息在讯问笔录、询问笔录、庭审笔录中予以记载和说明。需要注意的是，法定代理人不能或者不宜到场的情形消失后，公安机关、人民检察院、人民法院应当及时通知法定代理人到场。

▶条文参见

《刑事诉讼法》第281条；《人民检察院刑事诉讼规则》第465条、第468条；《关于适用认罪认罚从宽制度的指导意见》；《未成年人刑事检察工作指引（试行)》第二章第三节、第三章、第四章

第一百一十一条　特定未成年被害人司法保护

公安机关、人民检察院、人民法院应当与其他有关政府部门、人民团体、社会组织互相配合，对遭受性侵害或者暴力伤害的未成年被害人及其家庭实施必要的心理干预、经济救助、法律援助、转学安置等保护措施。

▶理解与适用

性侵害和暴力伤害对未成年人及其家庭往往会造成经济、生活、心理等方面的严重影响。作为办案机关的公安机关、人民检察院、人民法院，有责任也有义务会同有关方面对这部分未成年人及其家庭采取特殊的保护措施。本条是新增加的内容，主要明确了对遭受性侵害或者暴力伤害的未成年被害人及其家庭进行保护的义务主体，以及具体的经济救助等保护措施。

根据有关规定，未成年被害人具备特定情形、符合特定条

件的，办案机关应当告知未成年被害人及其法定代理人或者其他近亲属有权申请司法救助，这些情形和条件主要包括：受到犯罪侵害急需救治，无力承担医疗救治费用的；因遭受犯罪侵害导致受伤或者财产遭受重大损失，造成生活困难或者学业难以为继的；赔偿责任人死亡或者没有赔偿能力，不能履行赔偿责任，或者虽履行部分赔偿责任，但不足以解决未成年被害人生活困难的；办案机关认为应当救助的其他情形。

未成年被害人及其法定代理人或者其他近亲属提出司法救助申请的，办案部门应当及时将有关材料转交负责经济救助的部门办理。对于符合救助条件但未成年被害人及其法定代理人或者其他近亲属未提出申请的，办案部门可以主动启动救助程序，收集相关材料，提出救助意见，移送负责经济救助的部门办理。办案部门还可以根据未成年被害人的特殊困难及本地实际情况，协调有关部门按照社会救助相关规定进行救助。未成年被害人家庭符合最低生活保障条件或者本人未满十六周岁，符合特困供养人员条件的，办案部门可以帮助未成年被害人向有关部门提出申请。

▶条文参见

《最高人民检察院关于加强新时代未成年人检察工作的意见》；《未成年人刑事检察工作指引（试行）》第二章第一节、第五节、第七节

第一百一十二条　同步录音录像等保护措施

公安机关、人民检察院、人民法院办理未成年人遭受性侵害或者暴力伤害案件，在询问未成年被害人、证人时，应当采取同步录音录像等措施，尽量一次完成；未成年被害人、证人是女性的，应当由女性工作人员进行。

▶理解与适用

为尽量避免不同办案机关及部门对未成年被害人、证人多

次询问，避免未成年被害人、证人重复犯罪场景，造成二次伤害，在修改《未成年人保护法》时新增本条规定，明确了对部分案件未成年被害人、证人进行询问时，应当采取同步录音录像等措施。同时，明确规定询问遭受性侵害的女性未成年被害人，应当由女性工作人员进行。

▶条文参见

《最高人民检察院关于加强新时代未成年人检察工作的意见》；《未成年人刑事检察工作指引（试行)》第130条、第132条

第一百一十三条　违法犯罪未成年人的保护方针和原则

对违法犯罪的未成年人，实行教育、感化、挽救的方针，坚持教育为主、惩罚为辅的原则。

对违法犯罪的未成年人依法处罚后，在升学、就业等方面不得歧视。

▶理解与适用

本条是对原法第五十四条、第五十七条第三款的修改。将原法第五十四条第二款关于违法犯罪的未成年人依法从轻、减轻或者免除处罚删去。同时，将原法第五十七条第三款的内容修改后作为本条第二款。

对违法犯罪的未成年人的处罚适当与否，不仅关系到犯罪的未成年人的前途，而且还会产生巨大的社会影响，其意义超出对犯罪的未成年人处罚本身。对违法犯罪的未成年人适用刑罚是对其所犯罪行的惩罚，但更主要的是通过对其违法犯罪行为的追究，达到教育、感化和挽救的目的。

贯彻教育、感化、挽救的方针和教育为主、惩罚为辅的原则，需要注意以下几个问题：第一，上述方针和原则不仅仅体现在刑事审判和刑罚执行环节，而应贯穿于刑事诉讼的全过程。例如，在侦查阶段，公安机关对被羁押的未成年人应当与成年

人分押分管。对未成年人刑事案件的侦查、审查工作，由专门办案人员或者侧重办理未成年人刑事案件的人员进行。对未成年犯罪嫌疑人，在讯问中应进行耐心细致的教育，注意了解未成年人作案的动机和成因等。在检察机关提起公诉阶段，应加强同有关部门的联系，充分了解案件情况，对符合条件的未成年犯罪嫌疑人作出附条件不起诉的决定。人民检察院还要加强对侦查活动、审判活动和未成年人羁押场所的监督，保证准确执行法律，保障未成年人的合法权益。第二，坚持教育、感化、挽救的方针，必须处理好惩罚与教育的关系。对犯罪的未成年人进行教育、感化和挽救，并不意味着对其犯罪行为的纵容和不处罚。既要与成年人犯罪区别对待，尽可能多地给予未成年犯罪人改过自新的机会，同时也要防止对犯罪未成年人盲目减轻处罚，甚至不处罚的错误做法。对那些社会危害严重、主观恶性大的犯罪未成年人，也要在法律规定的原则和范围内予以必要的惩罚，以发挥刑罚的教育功能。

第一百一十四条　司法机关对未尽保护职责单位的监督

公安机关、人民检察院、人民法院和司法行政部门发现有关单位未尽到未成年人教育、管理、救助、看护等保护职责的，应当向该单位提出建议。被建议单位应当在一个月内作出书面回复。

第一百一十五条　司法机关开展未成年人法治宣传教育

公安机关、人民检察院、人民法院和司法行政部门应当结合实际，根据涉及未成年人案件的特点，开展未成年人法治宣传教育工作。

社会组织、社会工作者参与未成年人司法保护

国家鼓励和支持社会组织、社会工作者参与涉及未成年人案件中未成年人的心理干预、法律援助、社会调查、社会观护、教育矫治、社区矫正等工作。

第八章 法律责任

第一百一十七条 **违反强制报告义务的法律责任**

违反本法第十一条第二款规定，未履行报告义务造成严重后果的，由上级主管部门或者所在单位对直接负责的主管人员和其他直接责任人员依法给予处分。

▶ **理解与适用**

本条规定的违法行为是未按照本法第十一条第二款的规定履行强制报告义务，即国家机关、居民委员会、村民委员会、密切接触未成年人的单位及其工作人员，在工作中发现未成年人身心健康受到侵害、疑似受到侵害或者面临其他危险情形的，未及时向公安、民政、教育等有关部门报告。这些违法行为属于不作为，依据本条进行处理的前提是未履行报告义务造成严重后果。严重后果既包括因侵害未成年人的情形或者危险情形对未成年人造成了严重的侵害后果，也包括因这些侵害情形或者危险情形在社会上造成恶劣影响。处分包括批评、警告、记过、降级等。情节特别严重的，对有相关资格、资质的人员，还可以暂停其相应的职务或者业务活动。

根据本法第一百二十九条的规定，实践中负有强制报告义务的单位未履行强制报告义务造成严重后果的，还可能构成犯罪，在此情况下还要依法追究刑事责任。相关单位或者单位主管人员阻止工作人员报告的，予以从重处罚。此外，根据有关规定，对于行使公权力的公职人员长期不重视强制报告工作，不按规定落实强制报告制度要求的，根据其情节、后果等情况，监察机关应当依法对相关单位和失职失责人员进行问责，对涉嫌职务违法犯罪的依法调查处理。

▶条文参见

《未成年人保护法》第 11 条第 2 款；《关于建立侵害未成年人案件强制报告制度的意见（试行)》

第一百一十八条 　监护人不履行监护职责或者侵犯未成年人合法权益的法律责任

未成年人的父母或者其他监护人不依法履行监护职责或者侵犯未成年人合法权益的，由其居住地的居民委员会、村民委员会予以劝诫、制止；情节严重的，居民委员会、村民委员会应当及时向公安机关报告。

公安机关接到报告或者公安机关、人民检察院、人民法院在办理案件过程中发现未成年人的父母或者其他监护人存在上述情形的，应当予以训诫，并可以责令其接受家庭教育指导。

第一百一十九条 　学校等机构及其教职员工的法律责任

学校、幼儿园、婴幼儿照护服务等机构及其教职员工违反本法第二十七条、第二十八条、第三十九条规定的，由公安、教育、卫生健康、市场监督管理等部门按照职责分工责令改正；拒不改正或者情节严重的，对直接负责的主管人员和其他直接责任人员依法给予处分。

第一百二十条 　未给予免费或者优惠待遇的法律责任

违反本法第四十四条、第四十五条、第四十七条规定，未给予未成年人免费或者优惠待遇的，由市场监督管理、文化和旅游、交通运输等部门按照职责分工责令限期改正，给予警告；拒不改正的，处一万元以上十万元以下罚款。

第一百二十一条 制作、复制、出版、发布、传播危害未成年人出版物的法律责任

违反本法第五十条、第五十一条规定的，由新闻出版、广播电视、电影、网信等部门按照职责分工责令限期改正，给予警告，没收违法所得，可以并处十万元以下罚款；拒不改正或者情节严重的，责令暂停相关业务、停产停业或者吊销营业执照、吊销相关许可证，违法所得一百万元以上的，并处违法所得一倍以上十倍以下的罚款，没有违法所得或者违法所得不足一百万元的，并处十万元以上一百万元以下罚款。

第一百二十二条 场所运营单位和住宿经营者的法律责任

场所运营单位违反本法第五十六条第二款规定、住宿经营者违反本法第五十七条规定的，由市场监督管理、应急管理、公安等部门按照职责分工责令限期改正，给予警告；拒不改正或者造成严重后果的，责令停业整顿或者吊销营业执照、吊销相关许可证，并处一万元以上十万元以下罚款。

第一百二十三条 营业性娱乐场所等经营者的法律责任

相关经营者违反本法第五十八条、第五十九条第一款、第六十条规定的，由文化和旅游、市场监督管理、烟草专卖、公安等部门按照职责分工责令限期改正，给予警告，没收违法所得，可以并处五万元以下罚款；拒不改正或者情节严重的，责令停业整顿或者吊销营业执照、吊销相关许可证，可以并处五万元以上五十万元以下罚款。

第一百二十四条　公共场所吸烟、饮酒的法律责任

违反本法第五十九条第二款规定，在学校、幼儿园和其他未成年人集中活动的公共场所吸烟、饮酒的，由卫生健康、教育、市场监督管理等部门按照职责分工责令改正，给予警告，可以并处五百元以下罚款；场所管理者未及时制止的，由卫生健康、教育、市场监督管理等部门按照职责分工给予警告，并处一万元以下罚款。

第一百二十五条　未按规定招用、使用未成年人的法律责任

违反本法第六十一条规定的，由文化和旅游、人力资源和社会保障、市场监督管理等部门按照职责分工责令限期改正，给予警告，没收违法所得，可以并处十万元以下罚款；拒不改正或者情节严重的，责令停产停业或者吊销营业执照、吊销相关许可证，并处十万元以上一百万元以下罚款。

第一百二十六条　密切接触未成年人单位的法律责任

密切接触未成年人的单位违反本法第六十二条规定，未履行查询义务，或者招用、继续聘用具有相关违法犯罪记录人员的，由教育、人力资源和社会保障、市场监督管理等部门按照职责分工责令限期改正，给予警告，并处五万元以下罚款；拒不改正或者造成严重后果的，责令停业整顿或者吊销营业执照、吊销相关许可证，并处五万元以上五十万元以下罚款，对直接负责的主管人员和其他直接责任人员依法给予处分。

第一百二十七条　网络产品和服务提供者等的法律责任

信息处理者违反本法第七十二条规定，或者网络产品和服务提供者违反本法第七十三条、第七十四条、第七十五条、第七十六条、第七十七条、第八十条规定的，由公安、网信、电信、新闻出版、广播电视、文化和旅游等有关部门按照职责分工责令改正，给予警告，没收违法所得，违法所得一百万元以上的，并处违法所得一倍以上十倍以下罚款，没有违法所得或者违法所得不足一百万元的，并处十万元以上一百万元以下罚款，对直接负责的主管人员和其他责任人员处一万元以上十万元以下罚款；拒不改正或者情节严重的，并可以责令暂停相关业务、停业整顿、关闭网站、吊销营业执照或者吊销相关许可证。

第一百二十八条　国家机关工作人员渎职的法律责任

国家机关工作人员玩忽职守、滥用职权、徇私舞弊，损害未成年人合法权益的，依法给予处分。

第一百二十九条　民事责任、治安管理处罚和刑事责任

违反本法规定，侵犯未成年人合法权益，造成人身、财产或者其他损害的，依法承担民事责任。

违反本法规定，构成违反治安管理行为的，依法给予治安管理处罚；构成犯罪的，依法追究刑事责任。

第九章 附 则

第一百三十条 相关概念的含义

本法中下列用语的含义：

（一）密切接触未成年人的单位，是指学校、幼儿园等教育机构；校外培训机构；未成年人救助保护机构、儿童福利机构等未成年人安置、救助机构；婴幼儿照护服务机构、早期教育服务机构；校外托管、临时看护机构；家政服务机构；为未成年人提供医疗服务的医疗机构；其他对未成年人负有教育、培训、监护、救助、看护、医疗等职责的企业事业单位、社会组织等。

（二）学校，是指普通中小学、特殊教育学校、中等职业学校、专门学校。

（三）学生欺凌，是指发生在学生之间，一方蓄意或者恶意通过肢体、语言及网络等手段实施欺压、侮辱，造成另一方人身伤害、财产损失或者精神损害的行为。

第一百三十一条 外国人、无国籍未成年人的保护

对中国境内未满十八周岁的外国人、无国籍人，依照本法有关规定予以保护。

第一百三十二条 施行日期

本法自 2021 年 6 月 1 日起施行。

中华人民共和国刑法（节录）

（1979 年 7 月 1 日第五届全国人民代表大会第二次会议通过 1997 年 3 月 14 日第八届全国人民代表大会第五次会议修订 根据 1998 年 12 月 29 日第九届全国人民代表大会常务委员会第六次会议通过的《全国人民代表大会常务委员会关于惩治骗购外汇、逃汇和非法买卖外汇犯罪的决定》、1999 年 12 月 25 日第九届全国人民代表大会常务委员会第十三次会议通过的《中华人民共和国刑法修正案》、2001 年 8 月 31 日第九届全国人民代表大会常务委员会第二十三次会议通过的《中华人民共和国刑法修正案（二）》、2001 年 12 月 29 日第九届全国人民代表大会常务委员会第二十五次会议通过的《中华人民共和国刑法修正案（三）》、2002 年 12 月 28 日第九届全国人民代表大会常务委员会第三十一次会议通过的《中华人民共和国刑法修正案（四）》、2005 年 2 月 28 日第十届全国人民代表大会常务委员会第十四次会议通过的《中华人民共和国刑法修正案（五）》、2006 年 6 月 29 日第十届全国人民代表大会常务委员会第二十二次会议通过的《中华人民共和国刑法修正案（六）》、2009 年 2 月 28 日第十一届全国人民代表大会常务委员会第七次会议通过的《中华人民共和国刑法修正案（七）》、2009 年 8 月 27 日第十一届全国人民代表大会常务委员会第十次会议通过的《全国人民代表大会常务委员会关于修改部分法律的决定》、2011 年 2 月 25 日第十一届全国人民代表大会常务委员会第十九次会议通过的《中华人民共和国刑法修正案（八）》、2015 年 8 月 29 日第十二届全国人民代表大会常务委员会第十六次会议通过的《中华人民共和国刑法修正案（九）》、2017 年 11 月 4 日第十二届全国人民代表大会常务委员会第三十次会议通过的《中华人民共和国刑法修正案（十）》和 2020 年 12 月 26 日第十三

届全国人民代表大会常务委员会第二十四次会议通过的《中华人民共和国刑法修正案（十一）》修正)①

……

第二章 犯　　罪

第一节　犯罪和刑事责任

第十三条　一切危害国家主权、领土完整和安全，分裂国家、颠覆人民民主专政的政权和推翻社会主义制度，破坏社会秩序和经济秩序，侵犯国有财产或者劳动群众集体所有的财产，侵犯公民私人所有的财产，侵犯公民的人身权利、民主权利和其他权利，以及其他危害社会的行为，依照法律应当受刑罚处罚的，都是犯罪，但是情节显著轻微危害不大的，不认为是犯罪。

第十四条　明知自己的行为会发生危害社会的结果，并且希望或者放任这种结果发生，因而构成犯罪的，是故意犯罪。

故意犯罪，应当负刑事责任。

第十五条　应当预见自己的行为可能发生危害社会的结果，因为疏忽大意而没有预见，或者已经预见而轻信能够避免，以致发生这种结果的，是过失犯罪。

过失犯罪，法律有规定的才负刑事责任。

第十六条　行为在客观上虽然造成了损害结果，但是不是出于故意或者过失，而是由于不能抗拒或者不能预见的原因所引起的，不是犯罪。

第十七条　已满十六周岁的人犯罪，应当负刑事责任。

已满十四周岁不满十六周岁的人，犯故意杀人、故意伤害致人重伤或者死亡、强奸、抢劫、贩卖毒品、放火、爆炸、投放危险物质罪的，应当负刑事责任。

已满十二周岁不满十四周岁的人，犯故意杀人、故意伤害罪，致

---

① 刑法、历次刑法修正案、涉及修改刑法的决定的施行日期，分别依据各法律所规定的施行日期确定。

112

人死亡或者以特别残忍手段致人重伤造成严重残疾，情节恶劣，经最高人民检察院核准追诉的，应当负刑事责任。

对依照前三款规定追究刑事责任的不满十八周岁的人，应当从轻或者减轻处罚。

因不满十六周岁不予刑事处罚的，责令其父母或者其他监护人加以管教；在必要的时候，依法进行专门矫治教育。

第十七条之一 已满七十五周岁的人故意犯罪的，可以从轻或者减轻处罚；过失犯罪的，应当从轻或者减轻处罚。

第十八条 精神病人在不能辨认或者不能控制自己行为的时候造成危害结果，经法定程序鉴定确认的，不负刑事责任，但是应当责令他的家属或者监护人严加看管和医疗；在必要的时候，由政府强制医疗。

间歇性的精神病人在精神正常的时候犯罪，应当负刑事责任。

尚未完全丧失辨认或者控制自己行为能力的精神病人犯罪的，应当负刑事责任，但是可以从轻或者减轻处罚。

醉酒的人犯罪，应当负刑事责任。

第十九条 又聋又哑的人或者盲人犯罪，可以从轻、减轻或者免除处罚。

第二十条 为了使国家、公共利益、本人或者他人的人身、财产和其他权利免受正在进行的不法侵害，而采取的制止不法侵害的行为，对不法侵害人造成损害的，属于正当防卫，不负刑事责任。

正当防卫明显超过必要限度造成重大损害的，应当负刑事责任，但是应当减轻或者免除处罚。

对正在进行行凶、杀人、抢劫、强奸、绑架以及其他严重危及人身安全的暴力犯罪，采取防卫行为，造成不法侵害人伤亡的，不属于防卫过当，不负刑事责任。

第二十一条 为了使国家、公共利益、本人或者他人的人身、财产和其他权利免受正在发生的危险，不得已采取的紧急避险行为，造成损害的，不负刑事责任。

紧急避险超过必要限度造成不应有的损害的，应当负刑事责任，但是应当减轻或者免除处罚。

第一款中关于避免本人危险的规定，不适用于职务上、业务上负有特定责任的人。

第二节 犯罪的预备、未遂和中止

第二十二条 为了犯罪，准备工具、制造条件的，是犯罪预备。

对于预备犯，可以比照既遂犯从轻、减轻处罚或者免除处罚。

第二十三条 已经着手实行犯罪，由于犯罪分子意志以外的原因而未得逞的，是犯罪未遂。

对于未遂犯，可以比照既遂犯从轻或者减轻处罚。

第二十四条 在犯罪过程中，自动放弃犯罪或者自动有效地防止犯罪结果发生的，是犯罪中止。

对于中止犯，没有造成损害的，应当免除处罚；造成损害的，应当减轻处罚。

第三节 共 同 犯 罪

第二十五条 共同犯罪是指二人以上共同故意犯罪。

二人以上共同过失犯罪，不以共同犯罪论处；应当负刑事责任的，按照他们所犯的罪分别处罚。

第二十六条 组织、领导犯罪集团进行犯罪活动的或者在共同犯罪中起主要作用的，是主犯。

三人以上为共同实施犯罪而组成的较为固定的犯罪组织，是犯罪集团。

对组织、领导犯罪集团的首要分子，按照集团所犯的全部罪行处罚。

对于第三款规定以外的主犯，应当按照其所参与的或者组织、指挥的全部犯罪处罚。

第二十七条 在共同犯罪中起次要或者辅助作用的，是从犯。

对于从犯，应当从轻、减轻处罚或者免除处罚。

第二十八条 对于被胁迫参加犯罪的，应当按照他的犯罪情节减轻处罚或者免除处罚。

第二十九条 教唆他人犯罪的，应当按照他在共同犯罪中所起的作用处罚。教唆不满十八周岁的人犯罪的，应当从重处罚。

如果被教唆的人没有犯被教唆的罪，对于教唆犯，可以从轻或者减轻处罚。

......

第四章 侵犯公民人身权利、民主权利罪

第二百三十二条 故意杀人的，处死刑、无期徒刑或者十年以上有期徒刑；情节较轻的，处三年以上十年以下有期徒刑。

第二百三十三条 过失致人死亡的，处三年以上七年以下有期徒刑；情节较轻的，处三年以下有期徒刑。本法另有规定的，依照规定。

第二百三十四条 故意伤害他人身体的，处三年以下有期徒刑、拘役或者管制。

犯前款罪，致人重伤的，处三年以上十年以下有期徒刑；致人死亡或者以特别残忍手段致人重伤造成严重残疾的，处十年以上有期徒刑、无期徒刑或者死刑。本法另有规定的，依照规定。

第二百三十四条之一 组织他人出卖人体器官的，处五年以下有期徒刑，并处罚金；情节严重的，处五年以上有期徒刑，并处罚金或者没收财产。

未经本人同意摘取其器官，或者摘取不满十八周岁的人的器官，或者强迫、欺骗他人捐献器官的，依照本法第二百三十四条、第二百三十二条的规定定罪处罚。

违背本人生前意愿摘取其尸体器官，或者本人生前未表示同意，违反国家规定，违背其近亲属意愿摘取其尸体器官的，依照本法第三百零二条的规定定罪处罚。

第二百三十五条 过失伤害他人致人重伤的，处三年以下有期徒刑或者拘役。本法另有规定的，依照规定。

第二百三十六条 以暴力、胁迫或者其他手段强奸妇女的，处三年以上十年以下有期徒刑。

奸淫不满十四周岁的幼女的，以强奸论，从重处罚。

强奸妇女、奸淫幼女，有下列情形之一的，处十年以上有期徒刑、无期徒刑或者死刑：

（一）强奸妇女、奸淫幼女情节恶劣的；

（二）强奸妇女、奸淫幼女多人的；

（三）在公共场所当众强奸妇女、奸淫幼女的；

（四）二人以上轮奸的；

（五）奸淫不满十周岁的幼女或者造成幼女伤害的；

（六）致使被害人重伤、死亡或者造成其他严重后果的。

第二百三十六条之一 对已满十四周岁不满十六周岁的未成年女性负有监护、收养、看护、教育、医疗等特殊职责的人员，与该未成年女性发生性关系的，处三年以下有期徒刑；情节恶劣的，处三年以上十年以下有期徒刑。

有前款行为，同时又构成本法第二百三十六条规定之罪的，依照处罚较重的规定定罪处罚。

第二百三十七条 以暴力、胁迫或者其他方法强制猥亵他人或者侮辱妇女的，处五年以下有期徒刑或者拘役。

聚众或者在公共场所当众犯前款罪的，或者有其他恶劣情节的，处五年以上有期徒刑。

猥亵儿童的，处五年以下有期徒刑；有下列情形之一的，处五年以上有期徒刑：

（一）猥亵儿童多人或者多次的；

（二）聚众猥亵儿童的，或者在公共场所当众猥亵儿童，情节恶劣的；

（三）造成儿童伤害或者其他严重后果的；

（四）猥亵手段恶劣或者有其他恶劣情节的。

第二百三十八条 非法拘禁他人或者以其他方法非法剥夺他人人身自由的，处三年以下有期徒刑、拘役、管制或者剥夺政治权利。具有殴打、侮辱情节的，从重处罚。

犯前款罪，致人重伤的，处三年以上十年以下有期徒刑；致人死亡的，处十年以上有期徒刑。使用暴力致人伤残、死亡的，依照本法第二百三十四条、第二百三十二条的规定定罪处罚。

为索取债务非法扣押、拘禁他人的，依照前两款的规定处罚。

国家机关工作人员利用职权犯前三款罪的，依照前三款的规定从重处罚。

第二百三十九条 以勒索财物为目的绑架他人的，或者绑架他人作为人质的，处十年以上有期徒刑或者无期徒刑，并处罚金或者没收财产；情节较轻的，处五年以上十年以下有期徒刑，并处罚金。

犯前款罪，杀害被绑架人的，或者故意伤害被绑架人，致人重伤、死亡的，处无期徒刑或者死刑，并处没收财产。

以勒索财物为目的偷盗婴幼儿的，依照前两款的规定处罚。

第二百四十条 拐卖妇女、儿童的，处五年以上十年以下有期徒刑，并处罚金；有下列情形之一的，处十年以上有期徒刑或者无期徒刑，并处罚金或者没收财产；情节特别严重的，处死刑，并处没收财产：

（一）拐卖妇女、儿童集团的首要分子；

（二）拐卖妇女、儿童三人以上的；

（三）奸淫被拐卖的妇女的；

（四）诱骗、强迫被拐卖的妇女卖淫或者将被拐卖的妇女卖给他人迫使其卖淫的；

（五）以出卖为目的，使用暴力、胁迫或者麻醉方法绑架妇女、儿童的；

（六）以出卖为目的，偷盗婴幼儿的；

（七）造成被拐卖的妇女、儿童或者其亲属重伤、死亡或者其他严重后果的；

（八）将妇女、儿童卖往境外的。

拐卖妇女、儿童是指以出卖为目的，有拐骗、绑架、收买、贩卖、接送、中转妇女、儿童的行为之一的。

第二百四十一条 收买被拐卖的妇女、儿童的，处三年以下有期徒刑、拘役或者管制。

收买被拐卖的妇女，强行与其发生性关系的，依照本法第二百三十六条的规定定罪处罚。

收买被拐卖的妇女、儿童，非法剥夺、限制其人身自由或者有伤害、侮辱等犯罪行为的，依照本法的有关规定定罪处罚。

收买被拐卖的妇女、儿童，并有第二款、第三款规定的犯罪行为的，依照数罪并罚的规定处罚。

收买被拐卖的妇女、儿童又出卖的，依照本法第二百四十条的规定定罪处罚。

收买被拐卖的妇女、儿童，对被买儿童没有虐待行为，不阻碍对其进行解救的，可以从轻处罚；按照被买妇女的意愿，不阻碍其返回原居住地的，可以从轻或者减轻处罚。

第二百四十二条 以暴力、威胁方法阻碍国家机关工作人员解救被收买的妇女、儿童的，依照本法第二百七十七条的规定定罪处罚。

聚众阻碍国家机关工作人员解救被收买的妇女、儿童的首要分子，处五年以下有期徒刑或者拘役；其他参与者使用暴力、威胁方法的，依照前款的规定处罚。

第二百四十三条 捏造事实诬告陷害他人，意图使他人受刑事追究，情节严重的，处三年以下有期徒刑、拘役或者管制；造成严重后果的，处三年以上十年以下有期徒刑。

国家机关工作人员犯前款罪的，从重处罚。

不是有意诬陷，而是错告，或者检举失实的，不适用前两款的规定。

第二百四十四条 以暴力、威胁或者限制人身自由的方法强迫他人劳动的，处三年以下有期徒刑或者拘役，并处罚金；情节严重的，处三年以上十年以下有期徒刑，并处罚金。

明知他人实施前款行为，为其招募、运送人员或者有其他协助强迫他人劳动行为的，依照前款的规定处罚。

单位犯前两款罪的，对单位判处罚金，并对其直接负责的主管人员和其他直接责任人员，依照第一款的规定处罚。

第二百四十四条之一 违反劳动管理法规，雇用未满十六周岁的未成年人从事超强度体力劳动的，或者从事高空、井下作业的，或者在爆炸性、易燃性、放射性、毒害性等危险环境下从事劳动，情节严重的，对直接责任人员，处三年以下有期徒刑或者拘役，并处罚金；情节特别严重的，处三年以上七年以下有期徒刑，并处罚金。

有前款行为，造成事故，又构成其他犯罪的，依照数罪并罚的规定处罚。

……

第二百五十二条 隐匿、毁弃或者非法开拆他人信件，侵犯公民通信自由权利，情节严重的，处一年以下有期徒刑或者拘役。

第二百五十三条 邮政工作人员私自开拆或者隐匿、毁弃邮件、电报的，处二年以下有期徒刑或者拘役。

犯前款罪而窃取财物的，依照本法第二百六十四条的规定定罪从重处罚。

第二百五十三条之一 违反国家有关规定，向他人出售或者提供公民个人信息，情节严重的，处三年以下有期徒刑或者拘役，并处或者单处罚金；情节特别严重的，处三年以上七年以下有期徒刑，并处罚金。

违反国家有关规定，将在履行职责或者提供服务过程中获得的公民个人信息，出售或者提供给他人的，依照前款的规定从重处罚。

窃取或者以其他方法非法获取公民个人信息的，依照第一款的规定处罚。

单位犯前三款罪的，对单位判处罚金，并对其直接负责的主管人员和其他直接责任人员，依照各该款的规定处罚。

……

第二百六十条　虐待家庭成员，情节恶劣的，处二年以下有期徒刑、拘役或者管制。

犯前款罪，致使被害人重伤、死亡的，处二年以上七年以下有期徒刑。

第一款罪，告诉的才处理，但被害人没有能力告诉，或者因受到强制、威吓无法告诉的除外。

第二百六十条之一　对未成年人、老年人、患病的人、残疾人等负有监护、看护职责的人虐待被监护、看护的人，情节恶劣的，处三年以下有期徒刑或者拘役。

单位犯前款罪的，对单位判处罚金，并对其直接负责的主管人员和其他直接责任人员，依照前款的规定处罚。

有第一款行为，同时构成其他犯罪的，依照处罚较重的规定定罪处罚。

第二百六十一条　对于年老、年幼、患病或者其他没有独立生活能力的人，负有扶养义务而拒绝扶养，情节恶劣的，处五年以下有期徒刑、拘役或者管制。

第二百六十二条　拐骗不满十四周岁的未成年人，脱离家庭或者监护人的，处五年以下有期徒刑或者拘役。

第二百六十二条之一　以暴力、胁迫手段组织残疾人或者不满十四周岁的未成年人乞讨的，处三年以下有期徒刑或者拘役，并处罚金；情节严重的，处三年以上七年以下有期徒刑，并处罚金。

第二百六十二条之二　组织未成年人进行盗窃、诈骗、抢夺、敲诈勒索等违反治安管理活动的，处三年以下有期徒刑或者拘役，并处罚金；情节严重的，处三年以上七年以下有期徒刑，并处罚金。

……

第二百九十二条 聚众斗殴的，对首要分子和其他积极参加的，处三年以下有期徒刑、拘役或者管制；有下列情形之一的，对首要分子和其他积极参加的，处三年以上十年以下有期徒刑：

（一）多次聚众斗殴的；

（二）聚众斗殴人数多，规模大，社会影响恶劣的；

（三）在公共场所或者交通要道聚众斗殴，造成社会秩序严重混乱的；

（四）持械聚众斗殴的。

聚众斗殴，致人重伤、死亡的，依照本法第二百三十四条、第二百三十二条的规定定罪处罚。

第二百九十三条 有下列寻衅滋事行为之一，破坏社会秩序的，处五年以下有期徒刑、拘役或者管制：

（一）随意殴打他人，情节恶劣的；

（二）追逐、拦截、辱骂、恐吓他人，情节恶劣的；

（三）强拿硬要或者任意损毁、占用公私财物，情节严重的；

（四）在公共场所起哄闹事，造成公共场所秩序严重混乱的。

纠集他人多次实施前款行为，严重破坏社会秩序的，处五年以上十年以下有期徒刑，可以并处罚金。

第二百九十三条之一 有下列情形之一，催收高利放贷等产生的非法债务，情节严重的，处三年以下有期徒刑、拘役或者管制，并处或者单处罚金：

（一）使用暴力、胁迫方法的；

（二）限制他人人身自由或者侵入他人住宅的；

（三）恐吓、跟踪、骚扰他人的。

第二百九十四条 组织、领导黑社会性质的组织的，处七年以上有期徒刑，并处没收财产；积极参加的，处三年以上七年以下有期徒刑，可以并处罚金或者没收财产；其他参加的，处三年以下有期徒刑、拘役、管制或者剥夺政治权利，可以并处罚金。

境外的黑社会组织的人员到中华人民共和国境内发展组织成员的，处三年以上十年以下有期徒刑。

国家机关工作人员包庇黑社会性质的组织，或者纵容黑社会性质的组织进行违法犯罪活动的，处五年以下有期徒刑；情节严重的，处五年以上有期徒刑。

犯前三款罪又有其他犯罪行为的，依照数罪并罚的规定处罚。

黑社会性质的组织应当同时具备以下特征：

（一）形成较稳定的犯罪组织，人数较多，有明确的组织者、领导者，骨干成员基本固定；

（二）有组织地通过违法犯罪活动或者其他手段获取经济利益，具有一定的经济实力，以支持该组织的活动；

（三）以暴力、威胁或者其他手段，有组织地多次进行违法犯罪活动，为非作恶，欺压、残害群众；

（四）通过实施违法犯罪活动，或者利用国家工作人员的包庇或者纵容，称霸一方，在一定区域或者行业内，形成非法控制或者重大影响，严重破坏经济、社会生活秩序。

第二百九十五条　传授犯罪方法的，处五年以下有期徒刑、拘役或者管制；情节严重的，处五年以上十年以下有期徒刑；情节特别严重的，处十年以上有期徒刑或者无期徒刑。

第二百九十六条　举行集会、游行、示威，未依照法律规定申请或者申请未获许可，或者未按照主管机关许可的起止时间、地点、路线进行，又拒不服从解散命令，严重破坏社会秩序的，对集会、游行、示威的负责人和直接责任人员，处五年以下有期徒刑、拘役、管制或者剥夺政治权利。

第二百九十七条　违反法律规定，携带武器、管制刀具或者爆炸物参加集会、游行、示威的，处三年以下有期徒刑、拘役、管制或者剥夺政治权利。

第二百九十八条　扰乱、冲击或者以其他方法破坏依法举行的集会、游行、示威，造成公共秩序混乱的，处五年以下有期徒刑、拘役、管制或者剥夺政治权利。

第二百九十九条　在公共场合，故意以焚烧、毁损、涂划、玷污、践踏等方式侮辱中华人民共和国国旗、国徽的，处三年以下有期徒刑、拘役、管制或者剥夺政治权利。

在公共场合，故意篡改中华人民共和国国歌歌词、曲谱，以歪曲、贬损方式奏唱国歌，或者以其他方式侮辱国歌，情节严重的，依照前款的规定处罚。

第二百九十九条之一　侮辱、诽谤或者以其他方式侵害英雄烈士的名誉、荣誉，损害社会公共利益，情节严重的，处三年以下有期徒刑、拘役、管制或者剥夺政治权利。

第三百条　组织、利用会道门、邪教组织或者利用迷信破坏国家法律、行政法规实施的，处三年以上七年以下有期徒刑，并处罚金；情节特别严重的，处七年以上有期徒刑或者无期徒刑，并处罚金或者没收财产；情节较轻的，处三年以下有期徒刑、拘役、管制或者剥夺政治权利，并处或者单处罚金。

组织、利用会道门、邪教组织或者利用迷信蒙骗他人，致人重伤、死亡的，依照前款的规定处罚。

犯第一款罪又有奸淫妇女、诈骗财物等犯罪行为的，依照数罪并罚的规定处罚。

第三百零一条　聚众进行淫乱活动的，对首要分子或者多次参加的，处五年以下有期徒刑、拘役或者管制。

引诱未成年人参加聚众淫乱活动的，依照前款的规定从重处罚。

……

中华人民共和国民法典（节录）

（2020 年 5 月 28 日第十三届全国人民代表大会第三次会议通过　2020 年 5 月 28 日中华人民共和国主席令第 45 号公布　自 2021 年 1 月 1 日起施行）

……

第二章　自　然　人

第一节　民事权利能力和民事行为能力

第十三条　自然人从出生时起到死亡时止，具有民事权利能力，依法享有民事权利，承担民事义务。

第十四条　自然人的民事权利能力一律平等。

第十五条　自然人的出生时间和死亡时间，以出生证明、死亡证明记载的时间为准；没有出生证明、死亡证明的，以户籍登记或者其他有效身份登记记载的时间为准。有其他证据足以推翻以上记载时间的，以该证据证明的时间为准。

第十六条　涉及遗产继承、接受赠与等胎儿利益保护的，胎儿视为具有民事权利能力。但是，胎儿娩出时为死体的，其民事权利能力自始不存在。

第十七条　十八周岁以上的自然人为成年人。不满十八周岁的自然人为未成年人。

第十八条　成年人为完全民事行为能力人，可以独立实施民事法律行为。

十六周岁以上的未成年人，以自己的劳动收入为主要生活来源的，视为完全民事行为能力人。

第十九条　八周岁以上的未成年人为限制民事行为能力人，实施民事法律行为由其法定代理人代理或者经其法定代理人同意、追认；但是，可以独立实施纯获利益的民事法律行为或者与其年龄、智力相适应的民事法律行为。

第二十条　不满八周岁的未成年人为无民事行为能力人，由其法定代理人代理实施民事法律行为。

第二十一条　不能辨认自己行为的成年人为无民事行为能力人，由其法定代理人代理实施民事法律行为。

八周岁以上的未成年人不能辨认自己行为的，适用前款规定。

第二十二条　不能完全辨认自己行为的成年人为限制民事行为能力人，实施民事法律行为由其法定代理人代理或者经其法定代理人同意、追认；但是，可以独立实施纯获利益的民事法律行为或者与其智力、精神健康状况相适应的民事法律行为。

第二十三条　无民事行为能力人、限制民事行为能力人的监护人是其法定代理人。

第二十四条　不能辨认或者不能完全辨认自己行为的成年人，其利害关系人或者有关组织，可以向人民法院申请认定该成年人为无民事行为能力人或者限制民事行为能力人。

被人民法院认定为无民事行为能力人或者限制民事行为能力人的，

经本人、利害关系人或者有关组织申请，人民法院可以根据其智力、精神健康恢复的状况，认定该成年人恢复为限制民事行为能力人或者完全民事行为能力人。

本条规定的有关组织包括：居民委员会、村民委员会、学校、医疗机构、妇女联合会、残疾人联合会、依法设立的老年人组织、民政部门等。

第二十五条 自然人以户籍登记或者其他有效身份登记记载的居所为住所；经常居所与住所不一致的，经常居所视为住所。

第二节 监 护

第二十六条 父母对未成年子女负有抚养、教育和保护的义务。

成年子女对父母负有赡养、扶助和保护的义务。

第二十七条 父母是未成年子女的监护人。

未成年人的父母已经死亡或者没有监护能力的，由下列有监护能力的人按顺序担任监护人：

（一）祖父母、外祖父母；

（二）兄、姐；

（三）其他愿意担任监护人的个人或者组织，但是须经未成年人住所地的居民委员会、村民委员会或者民政部门同意。

第二十八条 无民事行为能力或者限制民事行为能力的成年人，由下列有监护能力的人按顺序担任监护人：

（一）配偶；

（二）父母、子女；

（三）其他近亲属；

（四）其他愿意担任监护人的个人或者组织，但是须经被监护人住所地的居民委员会、村民委员会或者民政部门同意。

第二十九条 被监护人的父母担任监护人的，可以通过遗嘱指定监护人。

第三十条 依法具有监护资格的人之间可以协议确定监护人。协议确定监护人应当尊重被监护人的真实意愿。

第三十一条 对监护人的确定有争议的，由被监护人住所地的居民委员会、村民委员会或者民政部门指定监护人，有关当事人对指定不服的，可以向人民法院申请指定监护人；有关当事人也可以直接向人民法院申请指定监护人。

居民委员会、村民委员会、民政部门或者人民法院应当尊重被监护人的真实意愿，按照最有利于被监护人的原则在依法具有监护资格的人中指定监护人。

依据本条第一款规定指定监护人前，被监护人的人身权利、财产权利以及其他合法权益处于无人保护状态的，由被监护人住所地的居民委员会、村民委员会、法律规定的有关组织或者民政部门担任临时监护人。

监护人被指定后，不得擅自变更；擅自变更的，不免除被指定的监护人的责任。

第三十二条 没有依法具有监护资格的人的，监护人由民政部门担任，也可以由具备履行监护职责条件的被监护人住所地的居民委员会、村民委员会担任。

第三十三条 具有完全民事行为能力的成年人，可以与其近亲属、其他愿意担任监护人的个人或者组织事先协商，以书面形式确定自己的监护人，在自己丧失或者部分丧失民事行为能力时，由该监护人履行监护职责。

第三十四条 监护人的职责是代理被监护人实施民事法律行为，保护被监护人的人身权利、财产权利以及其他合法权益等。

监护人依法履行监护职责产生的权利，受法律保护。

监护人不履行监护职责或者侵害被监护人合法权益的，应当承担法律责任。

因发生突发事件等紧急情况，监护人暂时无法履行监护职责，被监护人的生活处于无人照料状态的，被监护人住所地的居民委员会、村民委员会或者民政部门应当为被监护人安排必要的临时生活照料措施。

第三十五条 监护人应当按照最有利于被监护人的原则履行监护职责。监护人除为维护被监护人利益外，不得处分被监护人的财产。

未成年人的监护人履行监护职责，在作出与被监护人利益有关的决定时，应当根据被监护人的年龄和智力状况，尊重被监护人的真实意愿。

成年人的监护人履行监护职责，应当最大程度地尊重被监护人的真实意愿，保障并协助被监护人实施与其智力、精神健康状况相适应的民事法律行为。对被监护人有能力独立处理的事务，监护人不得干涉。

第三十六条　监护人有下列情形之一的，人民法院根据有关个人或者组织的申请，撤销其监护人资格，安排必要的临时监护措施，并按照最有利于被监护人的原则依法指定监护人：

（一）实施严重损害被监护人身心健康的行为；

（二）怠于履行监护职责，或者无法履行监护职责且拒绝将监护职责部分或者全部委托给他人，导致被监护人处于危困状态；

（三）实施严重侵害被监护人合法权益的其他行为。

本条规定的有关个人、组织包括：其他依法具有监护资格的人、居民委员会、村民委员会、学校、医疗机构、妇女联合会、残疾人联合会、未成年人保护组织、依法设立的老年人组织、民政部门等。

前款规定的个人和民政部门以外的组织未及时向人民法院申请撤销监护人资格的，民政部门应当向人民法院申请。

第三十七条　依法负担被监护人抚养费、赡养费、扶养费的父母、子女、配偶等，被人民法院撤销监护人资格后，应当继续履行负担的义务。

第三十八条　被监护人的父母或者子女被人民法院撤销监护人资格后，除对被监护人实施故意犯罪的外，确有悔改表现的，经其申请，人民法院可以在尊重被监护人真实意愿的前提下，视情况恢复其监护人资格，人民法院指定的监护人与被监护人的监护关系同时终止。

第三十九条　有下列情形之一的，监护关系终止：

（一）被监护人取得或者恢复完全民事行为能力；

（二）监护人丧失监护能力；

（三）被监护人或者监护人死亡；

（四）人民法院认定监护关系终止的其他情形。

监护关系终止后，被监护人仍然需要监护的，应当依法另行确定监护人。

……

第七章　代　　理

第一节　一　般　规　定

第一百六十一条　民事主体可以通过代理人实施民事法律行为。

依照法律规定、当事人约定或者民事法律行为的性质，应当由本人亲自实施的民事法律行为，不得代理。

第一百六十二条　代理人在代理权限内，以被代理人名义实施的民事法律行为，对被代理人发生效力。

第一百六十三条　代理包括委托代理和法定代理。

委托代理人按照被代理人的委托行使代理权。法定代理人依照法律的规定行使代理权。

第一百六十四条　代理人不履行或者不完全履行职责，造成被代理人损害的，应当承担民事责任。

代理人和相对人恶意串通，损害被代理人合法权益的，代理人和相对人应当承担连带责任。

……

第四编　人　格　权

第一章　一　般　规　定

第九百八十九条　本编调整因人格权的享有和保护产生的民事关系。

第九百九十条　人格权是民事主体享有的生命权、身体权、健康权、姓名权、名称权、肖像权、名誉权、荣誉权、隐私权等权利。

除前款规定的人格权外，自然人享有基于人身自由、人格尊严产生的其他人格权益。

第九百九十一条　民事主体的人格权受法律保护，任何组织或者个人不得侵害。

第九百九十二条　人格权不得放弃、转让或者继承。

第九百九十三条　民事主体可以将自己的姓名、名称、肖像等许可他人使用，但是依照法律规定或者根据其性质不得许可的除外。

第九百九十四条　死者的姓名、肖像、名誉、荣誉、隐私、遗体等受到侵害的，其配偶、子女、父母有权依法请求行为人承担民事责任；死者没有配偶、子女且父母已经死亡的，其他近亲属有权依法请求行为人承担民事责任。

第九百九十五条　人格权受到侵害的，受害人有权依照本法和其他法律的规定请求行为人承担民事责任。受害人的停止侵害、排除妨碍、消除危险、消除影响、恢复名誉、赔礼道歉请求权，不适用诉讼时效的规定。

第九百九十六条　因当事人一方的违约行为，损害对方人格权并造成严重精神损害，受损害方选择请求其承担违约责任的，不影响受损害方请求精神损害赔偿。

第九百九十七条　民事主体有证据证明行为人正在实施或者即将实施侵害其人格权的违法行为，不及时制止将使其合法权益受到难以弥补的损害的，有权依法向人民法院申请采取责令行为人停止有关行为的措施。

第九百九十八条　认定行为人承担侵害除生命权、身体权和健康权外的人格权的民事责任，应当考虑行为人和受害人的职业、影响范围、过错程度，以及行为的目的、方式、后果等因素。

第九百九十九条　为公共利益实施新闻报道、舆论监督等行为的，可以合理使用民事主体的姓名、名称、肖像、个人信息等；使用不合理侵害民事主体人格权的，应当依法承担民事责任。

第一千条　行为人因侵害人格权承担消除影响、恢复名誉、赔礼道歉等民事责任的，应当与行为的具体方式和造成的影响范围相当。

行为人拒不承担前款规定的民事责任的，人民法院可以采取在报刊、网络等媒体上发布公告或者公布生效裁判文书等方式执行，产生的费用由行为人负担。

第一千零一条　对自然人因婚姻家庭关系等产生的身份权利的保护，适用本法第一编、第五编和其他法律的相关规定；没有规定的，可以根据其性质参照适用本编人格权保护的有关规定。

……

第五编　婚姻家庭

第一章　一般规定

第一千零四十条　本编调整因婚姻家庭产生的民事关系。

第一千零四十一条 婚姻家庭受国家保护。

实行婚姻自由、一夫一妻、男女平等的婚姻制度。

保护妇女、未成年人、老年人、残疾人的合法权益。

第一千零四十二条 禁止包办、买卖婚姻和其他干涉婚姻自由的行为。禁止借婚姻索取财物。

禁止重婚。禁止有配偶者与他人同居。

禁止家庭暴力。禁止家庭成员间的虐待和遗弃。

第一千零四十三条 家庭应当树立优良家风，弘扬家庭美德，重视家庭文明建设。

夫妻应当互相忠实，互相尊重，互相关爱；家庭成员应当敬老爱幼，互相帮助，维护平等、和睦、文明的婚姻家庭关系。

第一千零四十四条 收养应当遵循最有利于被收养人的原则，保障被收养人和收养人的合法权益。

禁止借收养名义买卖未成年人。

第一千零四十五条 亲属包括配偶、血亲和姻亲。

配偶、父母、子女、兄弟姐妹、祖父母、外祖父母、孙子女、外孙子女为近亲属。

配偶、父母、子女和其他共同生活的近亲属为家庭成员。

……

第三章　家庭关系

……

第二节　父母子女关系和其他近亲属关系

第一千零六十七条 父母不履行抚养义务的，未成年子女或者不能独立生活的成年子女，有要求父母给付抚养费的权利。

成年子女不履行赡养义务的，缺乏劳动能力或者生活困难的父母，有要求成年子女给付赡养费的权利。

第一千零六十八条 父母有教育、保护未成年子女的权利和义务。未成年子女造成他人损害的，父母应当依法承担民事责任。

第一千零六十九条 子女应当尊重父母的婚姻权利，不得干涉父母离婚、再婚以及婚后的生活。子女对父母的赡养义务，不因父母的婚姻关系变化而终止。

第一千零七十条 父母和子女有相互继承遗产的权利。

第一千零七十一条 非婚生子女享有与婚生子女同等的权利，任何组织或者个人不得加以危害和歧视。

不直接抚养非婚生子女的生父或者生母，应当负担未成年子女或者不能独立生活的成年子女的抚养费。

第一千零七十二条 继父母与继子女间，不得虐待或者歧视。

继父或者继母和受其抚养教育的继子间的权利义务关系，适用本法关于父母子女关系的规定。

第一千零七十三条 对亲子关系有异议且有正当理由的，父或者母可以向人民法院提起诉讼，请求确认或者否认亲子关系。

对亲子关系有异议且有正当理由的，成年子女可以向人民法院提起诉讼，请求确认亲子关系。

第一千零七十四条 有负担能力的祖父母、外祖父母，对于父母已经死亡或者父母无力抚养的未成年孙子女、外孙子女，有抚养的义务。

有负担能力的孙子女、外孙子女，对于子女已经死亡或者子女无力赡养的祖父母、外祖父母，有赡养的义务。

第一千零七十五条 有负担能力的兄、姐，对于父母已经死亡或者父母无力抚养的未成年弟、妹，有扶养的义务。

由兄、姐扶养长大的有负担能力的弟、妹，对于缺乏劳动能力又缺乏生活来源的兄、姐，有扶养的义务。

......

第五章 收　养

第一节　收养关系的成立

第一千零九十三条 下列未成年人，可以被收养：

（一）丧失父母的孤儿；

（二）查找不到生父母的未成年人；

（三）生父母有特殊困难无力抚养的子女。

第一千零九十四条 下列个人、组织可以作送养人：

（一）孤儿的监护人；

（二）儿童福利机构；

（三）有特殊困难无力抚养子女的生父母。

第一千零九十五条 未成年人的父母均不具备完全民事行为能力且可能严重危害该未成年人的，该未成年人的监护人可以将其送养。

第一千零九十六条 监护人送养孤儿的，应当征得有抚养义务的人同意。有抚养义务的人不同意送养、监护人不愿意继续履行监护职责的，应当依照本法第一编的规定另行确定监护人。

第一千零九十七条 生父母送养子女，应当双方共同送养。生父母一方不明或者查找不到的，可以单方送养。

第一千零九十八条 收养人应当同时具备下列条件：

（一）无子女或者只有一名子女；

（二）有抚养、教育和保护被收养人的能力；

（三）未患有在医学上认为不应当收养子女的疾病；

（四）无不利于被收养人健康成长的违法犯罪记录；

（五）年满三十周岁。

第一千零九十九条 收养三代以内旁系同辈血亲的子女，可以不受本法第一千零九十三条第三项、第一千零九十四条第三项和第一千一百零二条规定的限制。

华侨收养三代以内旁系同辈血亲的子女，还可以不受本法第一千零九十八条第一项规定的限制。

第一千一百条 无子女的收养人可以收养两名子女；有子女的收养人只能收养一名子女。

收养孤儿、残疾未成年人或者儿童福利机构抚养的查找不到生父母的未成年人，可以不受前款和本法第一千零九十八条第一项规定的限制。

第一千一百零一条 有配偶者收养子女，应当夫妻共同收养。

第一千一百零二条 无配偶者收养异性子女的，收养人与被收养人的年龄应当相差四十周岁以上。

第一千一百零三条 继父或者继母经继子女的生父母同意，可以收养继子女，并可以不受本法第一千零九十三条第三项、第一千零九十四条第三项、第一千零九十八条和第一千一百条第一款规定的限制。

第一千一百零四条 收养人收养与送养人送养，应当双方自愿。收养八周岁以上未成年人的，应当征得被收养人的同意。

第一千一百零五条 收养应当向县级以上人民政府民政部门登记。收养关系自登记之日起成立。

收养查找不到生父母的未成年人的，办理登记的民政部门应当在登记前予以公告。

收养关系当事人愿意签订收养协议的，可以签订收养协议。

收养关系当事人各方或者一方要求办理收养公证的，应当办理收养公证。

县级以上人民政府民政部门应当依法进行收养评估。

第一千一百零六条 收养关系成立后，公安机关应当按照国家有关规定为被收养人办理户口登记。

第一千一百零七条 孤儿或者生父母无力抚养的子女，可以由生父母的亲属、朋友抚养；抚养人与被抚养人的关系不适用本章规定。

第一千一百零八条 配偶一方死亡，另一方送养未成年子女的，死亡一方的父母有优先抚养的权利。

第一千一百零九条 外国人依法可以在中华人民共和国收养子女。

外国人在中华人民共和国收养子女，应当经其所在国主管机关依照该国法律审查同意。收养人应当提供由其所在国有权机构出具的有关其年龄、婚姻、职业、财产、健康、有无受过刑事处罚等状况的证明材料，并与送养人签订书面协议，亲自向省、自治区、直辖市人民政府民政部门登记。

前款规定的证明材料应当经收养人所在国外交机关或者外交机关授权的机构认证，并经中华人民共和国驻该国使领馆认证，但是国家另有规定的除外。

第一千一百一十条 收养人、送养人要求保守收养秘密的，其他人应当尊重其意愿，不得泄露。

第二节　收养的效力

第一千一百一十一条 自收养关系成立之日起，养父母与养子女间的权利义务关系，适用本法关于父母子女关系的规定；养子女与养

132

父母的近亲属间的权利义务关系，适用本法关于子女与父母的近亲属关系的规定。

养子女与生父母以及其他近亲属间的权利义务关系，因收养关系的成立而消除。

第一千一百一十二条　养子女可以随养父或者养母的姓氏，经当事人协商一致，也可以保留原姓氏。

第一千一百一十三条　有本法第一编关于民事法律行为无效规定情形或者违反本编规定的收养行为无效。

无效的收养行为自始没有法律约束力。

第三节　收养关系的解除

第一千一百一十四条　收养人在被收养人成年以前，不得解除收养关系，但是收养人、送养人双方协议解除的除外。养子女八周岁以上的，应当征得本人同意。

收养人不履行抚养义务，有虐待、遗弃等侵害未成年养子女合法权益行为的，送养人有权要求解除养父母与养子女间的收养关系。送养人、收养人不能达成解除收养关系协议的，可以向人民法院提起诉讼。

第一千一百一十五条　养父母与成年养子女关系恶化、无法共同生活的，可以协议解除收养关系。不能达成协议的，可以向人民法院提起诉讼。

第一千一百一十六条　当事人协议解除收养关系的，应当到民政部门办理解除收养关系登记。

第一千一百一十七条　收养关系解除后，养子女与养父母以及其他近亲属间的权利义务关系即行消除，与生父母以及其他近亲属间的权利义务关系自行恢复。但是，成年养子女与生父母以及其他近亲属间的权利义务关系是否恢复，可以协商确定。

第一千一百一十八条　收养关系解除后，经养父母抚养的成年养子女，对缺乏劳动能力又缺乏生活来源的养父母，应当给付生活费。因养子女成年后虐待、遗弃养父母而解除收养关系的，养父母可以要求养子女补偿收养期间支出的抚养费。

生父母要求解除收养关系的，养父母可以要求生父母适当补偿收养期间支出的抚养费；但是，因养父母虐待、遗弃养子女而解除收养关系的除外。

第六编 继　承

第一章　一　般　规　定

第一千一百一十九条　本编调整因继承产生的民事关系。

第一千一百二十条　国家保护自然人的继承权。

第一千一百二十一条　继承从被继承人死亡时开始。

相互有继承关系的数人在同一事件中死亡，难以确定死亡时间的，推定没有其他继承人的人先死亡。都有其他继承人，辈份不同的，推定长辈先死亡；辈份相同的，推定同时死亡，相互不发生继承。

第一千一百二十二条　遗产是自然人死亡时遗留的个人合法财产。

依照法律规定或者根据其性质不得继承的遗产，不得继承。

第一千一百二十三条　继承开始后，按照法定继承办理；有遗嘱的，按照遗嘱继承或者遗赠办理；有遗赠扶养协议的，按照协议办理。

第一千一百二十四条　继承开始后，继承人放弃继承的，应当在遗产处理前，以书面形式作出放弃继承的表示；没有表示的，视为接受继承。

受遗赠人应当在知道受遗赠后六十日内，作出接受或者放弃受遗赠的表示；到期没有表示的，视为放弃受遗赠。

第一千一百二十五条　继承人有下列行为之一的，丧失继承权：

（一）故意杀害被继承人；

（二）为争夺遗产而杀害其他继承人；

（三）遗弃被继承人，或者虐待被继承人情节严重；

（四）伪造、篡改、隐匿或者销毁遗嘱，情节严重；

（五）以欺诈、胁迫手段迫使或者妨碍被继承人设立、变更或者撤回遗嘱，情节严重。

继承人有前款第三项至第五项行为，确有悔改表现，被继承人表示宽恕或者事后在遗嘱中将其列为继承人的，该继承人不丧失继承权。

受遗赠人有本条第一款规定行为的，丧失受遗赠权。

第二章 法定继承

第一千一百二十六条 继承权男女平等。

第一千一百二十七条 遗产按照下列顺序继承：

（一）第一顺序：配偶、子女、父母；

（二）第二顺序：兄弟姐妹、祖父母、外祖父母。

继承开始后，由第一顺序继承人继承，第二顺序继承人不继承；没有第一顺序继承人继承的，由第二顺序继承人继承。

本编所称子女，包括婚生子女、非婚生子女、养子女和有扶养关系的继子女。

本编所称父母，包括生父母、养父母和有扶养关系的继父母。

本编所称兄弟姐妹，包括同父母的兄弟姐妹、同父异母或者同母异父的兄弟姐妹、养兄弟姐妹、有扶养关系的继兄弟姐妹。

第一千一百二十八条 被继承人的子女先于被继承人死亡的，由被继承人的子女的直系晚辈血亲代位继承。

被继承人的兄弟姐妹先于被继承人死亡的，由被继承人的兄弟姐妹的子女代位继承。

代位继承人一般只能继承被代位继承人有权继承的遗产份额。

第一千一百二十九条 丧偶儿媳对公婆，丧偶女婿对岳父母，尽了主要赡养义务的，作为第一顺序继承人。

第一千一百三十条 同一顺序继承人继承遗产的份额，一般应当均等。

对生活有特殊困难又缺乏劳动能力的继承人，分配遗产时，应当予以照顾。

对被继承人尽了主要扶养义务或者与被继承人共同生活的继承人，分配遗产时，可以多分。

有扶养能力和有扶养条件的继承人，不尽扶养义务的，分配遗产时，应当不分或者少分。

继承人协商同意的，也可以不均等。

第一千一百三十一条　对继承人以外的依靠被继承人扶养的人，或者继承人以外的对被继承人扶养较多的人，可以分给适当的遗产。

第一千一百三十二条　继承人应当本着互谅互让、和睦团结的精神，协商处理继承问题。遗产分割的时间、办法和份额，由继承人协商确定；协商不成的，可以由人民调解委员会调解或者向人民法院提起诉讼。

……

第一千一百五十九条　分割遗产，应当清偿被继承人依法应当缴纳的税款和债务；但是，应当为缺乏劳动能力又没有生活来源的继承人保留必要的遗产。

第一千一百六十条　无人继承又无人受遗赠的遗产，归国家所有，用于公益事业；死者生前是集体所有制组织成员的，归所在集体所有制组织所有。

第一千一百六十一条　继承人以所得遗产实际价值为限清偿被继承人依法应当缴纳的税款和债务。超过遗产实际价值部分，继承人自愿偿还的不在此限。

继承人放弃继承的，对被继承人依法应当缴纳的税款和债务可以不负清偿责任。

第一千一百六十二条　执行遗赠不得妨碍清偿遗赠人依法应当缴纳的税款和债务。

第一千一百六十三条　既有法定继承又有遗嘱继承、遗赠的，由法定继承人清偿被继承人依法应当缴纳的税款和债务；超过法定继承遗产实际价值部分，由遗嘱继承人和受遗赠人按比例以所得遗产清偿。

第七编　侵权责任

第一章　一般规定

第一千一百六十四条　本编调整因侵害民事权益产生的民事关系。

第一千一百六十五条　行为人因过错侵害他人民事权益造成损害的，应当承担侵权责任。

依照法律规定推定行为人有过错，其不能证明自己没有过错的，应当承担侵权责任。

第一千一百六十六条　行为人造成他人民事权益损害，不论行为人有无过错，法律规定应当承担侵权责任的，依照其规定。

第一千一百六十七条　侵权行为危及他人人身、财产安全的，被侵权人有权请求侵权人承担停止侵害、排除妨碍、消除危险等侵权责任。

第一千一百六十八条　二人以上共同实施侵权行为，造成他人损害的，应当承担连带责任。

第一千一百六十九条　教唆、帮助他人实施侵权行为的，应当与行为人承担连带责任。

教唆、帮助无民事行为能力人、限制民事行为能力人实施侵权行为的，应当承担侵权责任；该无民事行为能力人、限制民事行为能力人的监护人未尽到监护职责的，应当承担相应的责任。

第一千一百七十条　二人以上实施危及他人人身、财产安全的行为，其中一人或者数人的行为造成他人损害，能够确定具体侵权人的，由侵权人承担责任；不能确定具体侵权人的，行为人承担连带责任。

第一千一百七十一条　二人以上分别实施侵权行为造成同一损害，每个人的侵权行为都足以造成全部损害的，行为人承担连带责任。

第一千一百七十二条　二人以上分别实施侵权行为造成同一损害，能够确定责任大小的，各自承担相应的责任；难以确定责任大小的，平均承担责任。

第一千一百七十三条　被侵权人对同一损害的发生或者扩大有过错的，可以减轻侵权人的责任。

第一千一百七十四条　损害是因受害人故意造成的，行为人不承担责任。

第一千一百七十五条　损害是因第三人造成的，第三人应当承担侵权责任。

第一千一百七十六条　自愿参加具有一定风险的文体活动，因其他参加者的行为受到损害的，受害人不得请求其他参加者承担侵权责任；但是，其他参加者对损害的发生有故意或者重大过失的除外。

活动组织者的责任适用本法第一千一百九十八条至第一千二百零一条的规定。

第一千一百七十七条 合法权益受到侵害，情况紧迫且不能及时获得国家机关保护，不立即采取措施将使其合法权益受到难以弥补的损害的，受害人可以在保护自己合法权益的必要范围内采取扣留侵权人的财物等合理措施；但是，应当立即请求有关国家机关处理。

受害人采取的措施不当造成他人损害的，应当承担侵权责任。

第一千一百七十八条 本法和其他法律对不承担责任或者减轻责任的情形另有规定的，依照其规定。

第二章 损害赔偿

第一千一百七十九条 侵害他人造成人身损害的，应当赔偿医疗费、护理费、交通费、营养费、住院伙食补助费等为治疗和康复支出的合理费用，以及因误工减少的收入。造成残疾的，还应当赔偿辅助器具费和残疾赔偿金；造成死亡的，还应当赔偿丧葬费和死亡赔偿金。

第一千一百八十条 因同一侵权行为造成多人死亡的，可以以相同数额确定死亡赔偿金。

第一千一百八十一条 被侵权人死亡的，其近亲属有权请求侵权人承担侵权责任。被侵权人为组织，该组织分立、合并的，承继权利的组织有权请求侵权人承担侵权责任。

被侵权人死亡的，支付被侵权人医疗费、丧葬费等合理费用的人有权请求侵权人赔偿费用，但是侵权人已经支付该费用的除外。

第一千一百八十二条 侵害他人人身权益造成财产损失的，按照被侵权人因此受到的损失或者侵权人因此获得的利益赔偿；被侵权人因此受到的损失以及侵权人因此获得的利益难以确定，被侵权人和侵权人就赔偿数额协商不一致，向人民法院提起诉讼的，由人民法院根据实际情况确定赔偿数额。

第一千一百八十三条 侵害自然人人身权益造成严重精神损害的，

被侵权人有权请求精神损害赔偿。

因故意或者重大过失侵害自然人具有人身意义的特定物造成严重精神损害的，被侵权人有权请求精神损害赔偿。

第一千一百八十四条 侵害他人财产的，财产损失按照损失发生时的市场价格或者其他合理方式计算。

第一千一百八十五条 故意侵害他人知识产权，情节严重的，被侵权人有权请求相应的惩罚性赔偿。

第一千一百八十六条 受害人和行为人对损害的发生都没有过错的，依照法律的规定由双方分担损失。

第一千一百八十七条 损害发生后，当事人可以协商赔偿费用的支付方式。协商不一致的，赔偿费用应当一次性支付；一次性支付确有困难的，可以分期支付，但是被侵权人有权请求提供相应的担保。

第三章 责任主体的特殊规定

第一千一百八十八条 无民事行为能力人、限制民事行为能力人造成他人损害的，由监护人承担侵权责任。监护人尽到监护职责的，可以减轻其侵权责任。

有财产的无民事行为能力人、限制民事行为能力人造成他人损害的，从本人财产中支付赔偿费用；不足部分，由监护人赔偿。

第一千一百八十九条 无民事行为能力人、限制民事行为能力人造成他人损害，监护人将监护职责委托给他人的，监护人应当承担侵权责任；受托人有过错的，承担相应的责任。

第一千一百九十条 完全民事行为能力人对自己的行为暂时没有意识或者失去控制造成他人损害有过错的，应当承担侵权责任；没有过错的，根据行为人的经济状况对受害人适当补偿。

完全民事行为能力人因醉酒、滥用麻醉药品或者精神药品对自己的行为暂时没有意识或者失去控制造成他人损害的，应当承担侵权责任。

……

第一千一百九十四条 网络用户、网络服务提供者利用网络侵害他人民事权益的，应当承担侵权责任。法律另有规定的，依照其规定。

第一千一百九十五条 网络用户利用网络服务实施侵权行为的，权利人有权通知网络服务提供者采取删除、屏蔽、断开链接等必要措施。通知应当包括构成侵权的初步证据及权利人的真实身份信息。

网络服务提供者接到通知后，应当及时将该通知转送相关网络用户，并根据构成侵权的初步证据和服务类型采取必要措施；未及时采取必要措施的，对损害的扩大部分与该网络用户承担连带责任。

权利人因错误通知造成网络用户或者网络服务提供者损害的，应当承担侵权责任。法律另有规定的，依照其规定。

第一千一百九十六条 网络用户接到转送的通知后，可以向网络服务提供者提交不存在侵权行为的声明。声明应当包括不存在侵权行为的初步证据及网络用户的真实身份信息。

网络服务提供者接到声明后，应当将该声明转送发出通知的权利人，并告知其可以向有关部门投诉或者向人民法院提起诉讼。网络服务提供者在转送声明到达权利人后的合理期限内，未收到权利人已经投诉或者提起诉讼通知的，应当及时终止所采取的措施。

第一千一百九十七条 网络服务提供者知道或者应当知道网络用户利用其网络服务侵害他人民事权益，未采取必要措施的，与该网络用户承担连带责任。

第一千一百九十八条 宾馆、商场、银行、车站、机场、体育场馆、娱乐场所等经营场所、公共场所的经营者、管理者或者群众性活动的组织者，未尽到安全保障义务，造成他人损害的，应当承担侵权责任。

因第三人的行为造成他人损害的，由第三人承担侵权责任；经营者、管理者或者组织者未尽到安全保障义务的，承担相应的补充责任。经营者、管理者或者组织者承担补充责任后，可以向第三人追偿。

第一千一百九十九条 无民事行为能力人在幼儿园、学校或者其他教育机构学习、生活期间受到人身损害的，幼儿园、学校或者其他教育机构应当承担侵权责任；但是，能够证明尽到教育、管理职责的，不承担侵权责任。

第一千二百条 限制民事行为能力人在学校或者其他教育机构学习、生活期间受到人身损害，学校或者其他教育机构未尽到教育、管理职责的，应当承担侵权责任。

第一千二百零一条 无民事行为能力人或者限制民事行为能力人在幼儿园、学校或者其他教育机构学习、生活期间，受到幼儿园、学校或者其他教育机构以外的第三人人身损害的，由第三人承担侵权责任；幼儿园、学校或者其他教育机构未尽到管理职责的，承担相应的补充责任。幼儿园、学校或者其他教育机构承担补充责任后，可以向第三人追偿。

……

未成年人学校保护规定

（2021年5月25日教育部第1次部务会议审议通过 2021年6月1日中华人民共和国教育部令第50号公布 自 2021年9月1日起施行）

第一章 总 则

第一条 为了落实学校保护职责，保障未成年人合法权益，促进未成年人德智体美劳全面发展、健康成长，根据《中华人民共和国教育法》《中华人民共和国未成年人保护法》等法律法规，制定本规定。

第二条 普通中小学、中等职业学校（以下简称学校）对本校未成年人（以下统称学生）在校学习、生活期间合法权益的保护，适用本规定。

第三条 学校应当全面贯彻国家教育方针，落实立德树人根本任务，弘扬社会主义核心价值观，依法办学、依法治校，履行学生权益保护法定职责，健全保护制度，完善保护机制。

第四条 学校学生保护工作应当坚持最有利于未成年人的原则，注重保护和教育相结合，适应学生身心健康发展的规律和特点；关心爱护每个学生，尊重学生权利，听取学生意见。

第五条 教育行政部门应当落实工作职责，会同有关部门健全学校学生保护的支持措施、服务体系，加强对学校学生保护工作的支持、指导、监督和评价。

第二章 一般保护

第六条 学校应当平等对待每个学生，不得因学生及其父母或者其他监护人（以下统称家长）的民族、种族、性别、户籍、职业、宗教信仰、教育程度、家庭状况、身心健康情况等歧视学生或者对学生进行区别对待。

第七条 学校应当落实安全管理职责，保护学生在校期间人身安全。学校不得组织、安排学生从事抢险救灾、参与危险性工作，不得安排学生参加商业性活动及其他不宜学生参加的活动。

学生在校内或者本校组织的校外活动中发生人身伤害事故的，学校应当依据有关规定妥善处理，及时通知学生家长；情形严重的，应当按规定向有关部门报告。

第八条 学校不得设置侵犯学生人身自由的管理措施，不得对学生在课间及其他非教学时间的正当交流、游戏、出教室活动等言行自由设置不必要的约束。

第九条 学校应当尊重和保护学生的人格尊严，尊重学生名誉，保护和培育学生的荣誉感、责任感，表彰、奖励学生做到公开、公平、公正；在教育、管理中不得使用任何贬损、侮辱学生及其家长或者所属特定群体的言行、方式。

第十条 学校采集学生个人信息，应当告知学生及其家长，并对所获得的学生及其家庭信息负有管理、保密义务，不得毁弃以及非法删除、泄露、公开、买卖。

学校在奖励、资助、申请贫困救助等工作中，不得泄露学生个人及其家庭隐私；学生的考试成绩、名次等学业信息，学校应当便利学生本人和家长知晓，但不得公开，不得宣传升学情况；除因法定事由，不得查阅学生的信件、日记、电子邮件或者其他网络通讯内容。

第十一条　学校应当尊重和保护学生的受教育权利，保障学生平等使用教育教学设施设备、参加教育教学计划安排的各种活动，并在学业成绩和品行上获得公正评价。

对身心有障碍的学生，应当提供合理便利，实施融合教育，给予特别支持；对学习困难、行为异常的学生，应当以适当方式教育、帮助，必要时，可以通过安排教师或者专业人员课后辅导等方式给予帮助或者支持。

学校应当建立留守学生、困境学生档案，配合政府有关部门做好关爱帮扶工作，避免学生因家庭因素失学、辍学。

第十二条　义务教育学校不得开除或者变相开除学生，不得以长期停课、劝退等方式，剥夺学生在校接受并完成义务教育的权利；对转入专门学校的学生，应当保留学籍，原决定机关决定转回的学生，不得拒绝接收。

义务教育学校应当落实学籍管理制度，健全辍学或者休学、长期请假学生的报告备案制度，对辍学学生应当及时进行劝返，劝返无效的，应当报告有关主管部门。

第十三条　学校应当按规定科学合理安排学生在校作息时间，保证学生有休息、参加文娱活动和体育锻炼的机会和时间，不得统一要求学生在规定的上课时间前到校参加课程教学活动。

义务教育学校不得占用国家法定节假日、休息日及寒暑假，组织学生集体补课；不得以集体补课等形式侵占学生休息时间。

第十四条　学校不得采用毁坏财物的方式对学生进行教育管理，对学生携带进入校园的违法违规物品，按规定予以暂扣的，应当统一管理，并依照有关规定予以处理。

学校不得违反规定向学生收费，不得强制要求或者设置条件要求学生及家长捐款捐物、购买商品或者服务，或者要求家长提供物质帮助、需支付费用的服务等。

第十五条　学校以发布、汇编、出版等方式使用学生作品，对外宣传或者公开使用学生个体肖像的，应当取得学生及其家长许可，并依法保护学生的权利。

第十六条　学校应当尊重学生的参与权和表达权，指导、支持学生参与学校章程、校规校纪、班级公约的制定，处理与学生权益相关的事务时，应当以适当方式听取学生意见。

第十七条 学校对学生实施教育惩戒或者处分学生的，应当依据有关规定，听取学生的陈述、申辩，遵循审慎、公平、公正的原则作出决定。

除开除学籍处分以外，处分学生应当设置期限，对受到处分的学生应当跟踪观察、有针对性地实施教育，确有改正的，到期应当予以解除。解除处分后，学生获得表彰、奖励及其他权益，不再受原处分影响。

第三章 专项保护

第十八条 学校应当落实法律规定建立学生欺凌防控和预防性侵害、性骚扰等专项制度，建立对学生欺凌、性侵害、性骚扰行为的零容忍处理机制和受伤害学生的关爱、帮扶机制。

第十九条 学校应当成立由校内相关人员、法治副校长、法律顾问、有关专家、家长代表、学生代表等参与的学生欺凌治理组织，负责学生欺凌行为的预防和宣传教育、组织认定、实施矫治、提供援助等。

学校应当定期针对全体学生开展防治欺凌专项调查，对学校是否存在欺凌等情形进行评估。

第二十条 学校应当教育、引导学生建立平等、友善、互助的同学关系，组织教职工学习预防、处理学生欺凌的相关政策、措施和方法，对学生开展相应的专题教育，并且应当根据情况给予相关学生家长必要的家庭教育指导。

第二十一条 教职工发现学生实施下列行为的，应当及时制止：

（一）殴打、脚踢、掌掴、抓咬、推撞、拉扯等侵犯他人身体或者恐吓威胁他人；

（二）以辱骂、讥讽、嘲弄、挖苦、起侮辱性绰号等方式侵犯他人人格尊严；

（三）抢夺、强拿硬要或者故意毁坏他人财物；

（四）恶意排斥、孤立他人，影响他人参加学校活动或者社会交往；

（五）通过网络或者其他信息传播方式捏造事实诽谤他人、散布谣言或者错误信息诋毁他人、恶意传播他人隐私。

学生之间，在年龄、身体或者人数等方面占优势的一方蓄意或者恶意对另一方实施前款行为，或者以其他方式欺压、侮辱另一方，造成人身伤害、财产损失或者精神损害的，可以认定为构成欺凌。

第二十二条　教职工应当关注因身体条件、家庭背景或者学习成绩等可能处于弱势或者特殊地位的学生，发现学生存在被孤立、排挤等情形的，应当及时干预。

教职工发现学生有明显的情绪反常、身体损伤等情形，应当及时沟通了解情况，可能存在被欺凌情形的，应当及时向学校报告。

学校应当教育、支持学生主动、及时报告所发现的欺凌情形，保护自身和他人的合法权益。

第二十三条　学校接到关于学生欺凌报告的，应当立即开展调查，认为可能构成欺凌的，应当及时提交学生欺凌治理组织认定和处置，并通知相关学生的家长参与欺凌行为的认定和处理。认定构成欺凌的，应当对实施或者参与欺凌行为的学生作出教育惩戒或者纪律处分，并对其家长提出加强管教的要求，必要时，可以由法治副校长、辅导员对学生及其家长进行训导、教育。

对违反治安管理或者涉嫌犯罪等严重欺凌行为，学校不得隐瞒，应当及时向公安机关、教育行政部门报告，并配合相关部门依法处理。

不同学校学生之间发生的学生欺凌事件，应当在主管教育行政部门的指导下建立联合调查机制，进行认定和处理。

第二十四条　学校应当建立健全教职工与学生交往行为准则、学生宿舍安全管理规定、视频监控管理规定等制度，建立预防、报告、处置性侵害、性骚扰工作机制。

学校应当采取必要措施预防并制止教职工以及其他进入校园的人员实施以下行为：

（一）与学生发生恋爱关系、性关系；

（二）抚摸、故意触碰学生身体特定部位等猥亵行为；

（三）对学生作出调戏、挑逗或者具有性暗示的言行；

（四）向学生展示传播包含色情、淫秽内容的信息、书刊、影片、音像、图片或者其他淫秽物品；

（五）持有包含淫秽、色情内容的视听、图文资料；

（六）其他构成性骚扰、性侵害的违法犯罪行为。

第四章　管理要求

第二十五条　学校应当制定规范教职工、学生行为的校规校纪。校规校纪应当内容合法、合理，制定程序完备，向学生及其家长公开，并按照要求报学校主管部门备案。

第二十六条　学校应当严格执行国家课程方案，按照要求开齐开足课程、选用教材和教学辅助资料。学校开发的校本课程或者引进的课程应当经过科学论证，并报主管教育行政部门备案。

学校不得与校外培训机构合作向学生提供有偿的课程或者课程辅导。

第二十七条　学校应当加强作业管理，指导和监督教师按照规定科学适度布置家庭作业，不得超出规定增加作业量，加重学生学习负担。

第二十八条　学校应当按照规定设置图书馆、班级图书角，配备适合学生认知特点、内容积极向上的课外读物，营造良好阅读环境，培养学生阅读习惯，提升阅读质量。

学校应当加强读物和校园文化环境管理，禁止含有淫秽、色情、暴力、邪教、迷信、赌博、恐怖主义、分裂主义、极端主义等危害未成年人身心健康内容的读物、图片、视听作品等，以及商业广告、有悖于社会主义核心价值观的文化现象进入校园。

第二十九条　学校应当建立健全安全风险防控体系，按照有关规定完善安全、卫生、食品等管理制度，提供符合标准的教育教学设施、设备等，制定自然灾害、突发事件、极端天气和意外伤害应急预案，配备相应设施并定期组织必要的演练。

学生在校期间学校应当对校园实行封闭管理，禁止无关人员进入校园。

第三十条　学校应当以适当方式教育、提醒学生及家长，避免学生使用兴奋剂或者镇静催眠药、镇痛剂等成瘾性药物；发现学生使用的，应当予以制止、向主管部门或者公安机关报告，并应当及时通知家长，但学生因治疗需要并经执业医师诊断同意使用的除外。

第三十一条　学校应当建立学生体质监测制度，发现学生出现营养不良、近视、肥胖、龋齿等倾向或者有导致体质下降的不良行为习惯，应当进行必要的管理、干预，并通知家长，督促、指导家长实施矫治。

学校应当完善管理制度，保障学生在课间、课后使用学校的体育运动场地、设施开展体育锻炼；在周末和节假日期间，按规定向学生和周边未成年人免费或者优惠开放。

第三十二条　学校应当建立学生心理健康教育管理制度，建立学生心理健康问题的早期发现和及时干预机制，按照规定配备专职或者兼职心理健康教育教师、建设心理辅导室，或者通过购买专业社工服务等多种方式为学生提供专业化、个性化的指导和服务。

有条件的学校，可以定期组织教职工进行心理健康状况测评，指导、帮助教职工以积极、乐观的心态对待学生。

第三十三条　学校可以禁止学生携带手机等智能终端产品进入学校或者在校园内使用；对经允许带入的，应当统一管理，除教学需要外，禁止带入课堂。

第三十四条　学校应当将科学、文明、安全、合理使用网络纳入课程内容，对学生进行网络安全、网络文明和防止沉迷网络的教育，预防和干预学生过度使用网络。

学校为学生提供的上网设施，应当安装未成年人上网保护软件或者采取其他安全保护技术措施，避免学生接触不适宜未成年人接触的信息；发现网络产品、服务、信息有危害学生身心健康内容的，或者学生利用网络实施违法活动的，应当立即采取措施并向有关主管部门报告。

第三十五条　任何人不得在校园内吸烟、饮酒。学校应当设置明显的禁止吸烟、饮酒的标识，并不得以烟草制品、酒精饮料的品牌冠名学校、教学楼、设施设备及各类教学、竞赛活动。

第三十六条　学校应当严格执行入职报告和准入查询制度，不得聘用有下列情形的人员：

（一）受到剥夺政治权利或者因故意犯罪受到有期徒刑以上刑事处

罚的；

（二）因卖淫、嫖娼、吸毒、赌博等违法行为受到治安管理处罚的；

（三）因虐待、性骚扰、体罚或者侮辱学生等情形被开除或者解聘的；

（四）实施其他被纳入教育领域从业禁止范围的行为的。

学校在聘用教职工或引入志愿者、社工等校外人员时，应当要求相关人员提交承诺书；对在聘人员应当按照规定定期开展核查，发现存在前款规定情形的人员应当及时解聘。

第三十七条　学校发现拟聘人员或者在职教职工存在下列情形的，应当对有关人员是否符合相应岗位要求进行评估，必要时可以安排有专业资质的第三方机构进行评估，并将相关结论作为是否聘用或者调整工作岗位、解聘的依据：

（一）有精神病史的；

（二）有严重酗酒、滥用精神类药物史的；

（三）有其他可能危害未成年人身心健康或者可能造成不良影响的身心疾病的。

第三十八条　学校应当加强对教职工的管理，预防和制止教职工实施法律、法规、规章以及师德规范禁止的行为。学校及教职工不得实施下列行为：

（一）利用管理学生的职务便利或者招生考试、评奖评优、推荐评价等机会，以任何形式向学生及其家长索取、收受财物或者接受宴请、其他利益；

（二）以牟取利益为目的，向学生推销或者要求、指定学生购买特定辅导书、练习册等教辅材料或者其他商品、服务；

（三）组织、要求学生参加校外有偿补课，或者与校外机构、个人合作向学生提供其他有偿服务；

（四）诱导、组织或者要求学生及其家长登录特定经营性网站，参与视频直播、网络购物、网络投票、刷票等活动；

（五）非法提供、泄露学生信息或者利用所掌握的学生信息牟取利益；

（六）其他利用管理学生的职权牟取不正当利益的行为。

第三十九条 学校根据《校车安全管理条例》配备、使用校车的，应当依法建立健全校车安全管理制度，向学生讲解校车安全乘坐知识，培养学生校车安全事故应急处理技能。

第四十条 学校应当定期巡查校园及周边环境，发现存在法律禁止在学校周边设立的营业场所、销售网点的，应当及时采取应对措施，并报告主管教育部门或者其他有关主管部门。

学校及其教职工不得安排或者诱导、组织学生进入营业性娱乐场所、互联网上网服务营业场所、电子游戏场所、酒吧等不适宜未成年人活动的场所；发现学生进入上述场所的，应当及时予以制止、教育，并向上述场所的主管部门反映。

第五章 保护机制

第四十一条 校长是学生学校保护的第一责任人。学校应当指定一名校领导直接负责学生保护工作，并明确具体的工作机构，有条件的，可以设立学生保护专员开展学生保护工作。学校应当为从事学生保护工作的人员接受相关法律、理论和技能的培训提供条件和支持，对教职工开展未成年人保护专项培训。

有条件的学校可以整合欺凌防治、纪律处分等组织、工作机制，组建学生保护委员会，统筹负责学生权益保护及相关制度建设。

第四十二条 学校要树立以生命关怀为核心的教育理念，利用安全教育、心理健康教育、环境保护教育、健康教育、禁毒和预防艾滋病教育等专题教育，引导学生热爱生命、尊重生命；要有针对性地开展青春期教育、性教育，使学生了解生理健康知识，提高防范性侵害、性骚扰的自我保护意识和能力。

第四十三条 学校应当结合相关课程要求，根据学生的身心特点和成长需求开展以宪法教育为核心、以权利与义务教育为重点的法治教育，培养学生树立正确的权利观念，并开展有针对性的预防犯罪教育。

第四十四条 学校可以根据实际组成由学校相关负责人、教师、法治副校长（辅导员）、司法和心理等方面专业人员参加的专业辅导工作机制，对有不良行为的学生进行矫治和帮扶；对有严重不良行为的学生，学校应当配合有关部门进行管教，无力管教或者管教无效的，可以依法向教育行政部门提出申请送专门学校接受专门教育。

第四十五条 学校在作出与学生权益有关的决定前，应当告知学生及其家长，听取意见并酌情采纳。

学校应当发挥学生会、少代会、共青团等学生组织的作用，指导、支持学生参与权益保护，对于情节轻微的学生纠纷或者其他侵害学生权益的情形，可以安排学生代表参与调解。

第四十六条 学校应当建立与家长有效联系机制，利用家访、家长课堂、家长会等多种方式与学生家长建立日常沟通。

学校应当建立学生重大生理、心理疾病报告制度，向家长及时告知学生身体及心理健康状况；学校发现学生身体状况或者情绪反应明显异常、突发疾病或者受到伤害的，应当及时通知学生家长。

第四十七条 学校和教职工发现学生遭受或疑似遭受家庭暴力、虐待、遗弃、长期无人照料、失踪等不法侵害以及面临不法侵害危险的，应当依照规定及时向公安、民政、教育等有关部门报告。学校应当积极参与、配合有关部门做好侵害学生权利案件的调查处理工作。

第四十八条 教职员工发现学生权益受到侵害，属于本职工作范围的，应当及时处理；不属于本职工作范围或者不能处理的，应当及时报告班主任或学校负责人；必要时可以直接向主管教育行政部门或者公安机关报告。

第四十九条 学生因遭受遗弃、虐待向学校请求保护的，学校不得拒绝、推诿，需要采取救助措施的，应当先行救助。

学校应当关心爱护学生，为身体或者心理受到伤害的学生提供相应的心理健康辅导、帮扶教育。对因欺凌造成身体或者心理伤害，无法在原班级就读的学生，学生家长提出调整班级请求，学校经评估认为有必要的，应当予以支持。

第六章 支持与监督

第五十条 教育行政部门应当积极探索与人民检察院、人民法院、公安、司法、民政、应急管理等部门以及从事未成年人保护工作的相关群团组织的协同机制，加强对学校学生保护工作的指导与监督。

第五十一条　教育行政部门应当会同有关部门健全教职工从业禁止人员名单和查询机制，指导、监督学校健全准入和定期查询制度。

第五十二条　教育行政部门可以通过政府购买服务的方式，组织具有相应资质的社会组织、专业机构及其他社会力量，为学校提供法律咨询、心理辅导、行为矫正等专业服务，为预防和处理学生权益受侵害的案件提供支持。

教育行政部门、学校在与有关部门、机构、社会组织及个人合作进行学生保护专业服务与支持过程中，应当与相关人员签订保密协议，保护学生个人及家庭隐私。

第五十三条　教育行政部门应当指定专门机构或者人员承担学生保护的监督职责，有条件的，可以设立学生保护专兼职监察员负责学生保护工作，处理或者指导处理学生欺凌、性侵害、性骚扰以及其他侵害学生权益的事件，会同有关部门落实学校安全区域制度，健全依法处理涉校纠纷的工作机制。

负责学生保护职责的人员应当接受专门业务培训，具备学生保护的必要知识与能力。

第五十四条　教育行政部门应当通过建立投诉举报电话、邮箱或其他途径，受理对学校或者教职工违反本规定或者其他法律法规、侵害学生权利的投诉、举报；处理过程中发现有关人员行为涉嫌违法犯罪的，应当及时向公安机关报案或者移送司法机关。

第五十五条　县级教育行政部门应当会同民政部门，推动设立未成年人保护社会组织，协助受理涉及学生权益的投诉举报、开展侵害学生权益案件的调查和处理，指导、支持学校、教职工、家长开展学生保护工作。

第五十六条　地方教育行政部门应当建立学生保护工作评估制度，定期组织或者委托第三方对管辖区域内学校履行保护学生法定职责情况进行评估，评估结果作为学校管理水平评价、校长考评考核的依据。

各级教育督导机构应当将学校学生保护工作情况纳入政府履行教育职责评价和学校督导评估的内容。

第七章　责任与处理

第五十七条　学校未履行未成年人保护法规定的职责，违反本规定侵犯学生合法权利的，主管教育行政部门应当责令改正，并视情节和后果，依照有关规定和权限分别对学校的主要负责人、直接责任人或者其他责任人员进行诫勉谈话、通报批评、给予处分或者责令学校给予处分；同时，可以给予学校 1 至 3 年不得参与相应评奖评优，不得获评各类示范、标兵单位等荣誉的处理。

第五十八条　学校未履行对教职工的管理、监督责任，致使发生教职工严重侵害学生身心健康的违法犯罪行为，或者有包庇、隐瞒不报，威胁、阻拦报案，妨碍调查、对学生打击报复等行为的，主管教育部门应当对主要负责人和直接责任人给予处分或者责令学校给予处分；情节严重的，应当移送有关部门查处，构成违法犯罪的，依法追究相应法律责任。因监管不力、造成严重后果而承担领导责任的校长，5 年内不得再担任校长职务。

第五十九条　学校未按本规定建立学生权利保护机制，或者制定的校规违反法律法规和本规定，由主管教育部门责令限期改正、给予通报批评；情节严重、影响较大或者逾期不改正的，可以对学校主要负责人和直接负责人给予处分或者责令学校给予处分。

第六十条　教职工违反本规定的，由学校或者主管教育部门依照事业单位人员管理、中小学教师管理的规定予以处理。

教职工实施第二十四条第二款禁止行为的，应当依法予以开除或者解聘；有教师资格的，由主管教育行政部门撤销教师资格，纳入从业禁止人员名单；涉嫌犯罪的，移送有关部门依法追究责任。

教职工违反第三十八条规定牟取不当利益的，应当责令退还所收费用或者所获利益，给学生造成经济损失的，应当依法予以赔偿，并视情节给予处分，涉嫌违法犯罪的移送有关部门依法追究责任。

学校应当根据实际，建立健全校内其他工作人员聘用和管理制度，对其他人员违反本规定的，根据情节轻重予以校内纪律处分直至予以解聘，涉嫌违反治安管理或者犯罪的，移送有关部门依法追究责任。

第六十一条 教育行政部门未履行对学校的指导、监督职责，管辖区域内学校出现严重侵害学生权益情形的，由上级教育行政部门、教育督导机构责令改正、予以通报批评，情节严重的依法追究主要负责人或者直接责任人的责任。

第八章 附　　则

第六十二条 幼儿园、特殊教育学校应当根据未成年人身心特点，依据本规定有针对性地加强在园、在校未成年人合法权益的保护，并参照本规定、结合实际建立保护制度。

幼儿园、特殊教育学校及其教职工违反保护职责，侵害在园、在校未成年人合法权益的，应当适用本规定从重处理。

第六十三条 本规定自 2021 年 9 月 1 日起施行。

中华人民共和国预防未成年人犯罪法

（1999 年 6 月 28 日第九届全国人民代表大会常务委员会第十次会议通过　根据 2012 年 10 月 26 日第十一届全国人民代表大会常务委员会第二十九次会议《关于修改〈中华人民共和国预防未成年人犯罪法〉的决定》修正　2020 年 12 月 26 日第十三届全国人民代表大会常务委员会第二十四次会议修订　2020 年 12 月 26 日中华人民共和国主席令第 64 号公布　自 2021 年 6 月 1 日起施行）

第一章 总　　则

第一条 为了保障未成年人身心健康，培养未成年人良好品行，有效预防未成年人违法犯罪，制定本法。

第二条 预防未成年人犯罪，立足于教育和保护未成年人相结合，坚持预防为主、提前干预，对未成年人的不良行为和严重不良行为及时进行分级预防、干预和矫治。

第三条　开展预防未成年人犯罪工作，应当尊重未成年人人格尊严，保护未成年人的名誉权、隐私权和个人信息等合法权益。

第四条　预防未成年人犯罪，在各级人民政府组织下，实行综合治理。

国家机关、人民团体、社会组织、企业事业单位、居民委员会、村民委员会、学校、家庭等各负其责、相互配合，共同做好预防未成年人犯罪工作，及时消除滋生未成年人违法犯罪行为的各种消极因素，为未成年人身心健康发展创造良好的社会环境。

第五条　各级人民政府在预防未成年人犯罪方面的工作职责是：

（一）制定预防未成年人犯罪工作规划；

（二）组织公安、教育、民政、文化和旅游、市场监督管理、网信、卫生健康、新闻出版、电影、广播电视、司法行政等有关部门开展预防未成年人犯罪工作；

（三）为预防未成年人犯罪工作提供政策支持和经费保障；

（四）对本法的实施情况和工作规划的执行情况进行检查；

（五）组织开展预防未成年人犯罪宣传教育；

（六）其他预防未成年人犯罪工作职责。

第六条　国家加强专门学校建设，对有严重不良行为的未成年人进行专门教育。专门教育是国民教育体系的组成部分，是对有严重不良行为的未成年人进行教育和矫治的重要保护处分措施。

省级人民政府应当将专门教育发展和专门学校建设纳入经济社会发展规划。县级以上地方人民政府成立专门教育指导委员会，根据需要合理设置专门学校。

专门教育指导委员会由教育、民政、财政、人力资源社会保障、公安、司法行政、人民检察院、人民法院、共产主义青年团、妇女联合会、关心下一代工作委员会、专门学校等单位，以及律师、社会工作者等人员组成，研究确定专门学校教学、管理等相关工作。

专门学校建设和专门教育具体办法，由国务院规定。

第七条　公安机关、人民检察院、人民法院、司法行政部门应当由专门机构或者经过专业培训、熟悉未成年人身心特点的专门人员负责预防未成年人犯罪工作。

第八条　共产主义青年团、妇女联合会、工会、残疾人联合会、关心下一代工作委员会、青年联合会、学生联合会、少年先锋队以及有关社会组织，应当协助各级人民政府及其有关部门、人民检察院和人民法院做好预防未成年人犯罪工作，为预防未成年人犯罪培育社会力量，提供支持服务。

第九条 国家鼓励、支持和指导社会工作服务机构等社会组织参与预防未成年人犯罪相关工作，并加强监督。

第十条 任何组织或者个人不得教唆、胁迫、引诱未成年人实施不良行为或者严重不良行为，以及为未成年人实施上述行为提供条件。

第十一条 未成年人应当遵守法律法规及社会公共道德规范，树立自尊、自律、自强意识，增强辨别是非和自我保护的能力，自觉抵制各种不良行为以及违法犯罪行为的引诱和侵害。

第十二条 预防未成年人犯罪，应当结合未成年人不同年龄的生理、心理特点，加强青春期教育、心理关爱、心理矫治和预防犯罪对策的研究。

第十三条 国家鼓励和支持预防未成年人犯罪相关学科建设、专业设置、人才培养及科学研究，开展国际交流与合作。

第十四条 国家对预防未成年人犯罪工作有显著成绩的组织和个人，给予表彰和奖励。

第二章　预防犯罪的教育

第十五条 国家、社会、学校和家庭应当对未成年人加强社会主义核心价值观教育，开展预防犯罪教育，增强未成年人的法治观念，使未成年人树立遵纪守法和防范违法犯罪的意识，提高自我管控能力。

第十六条 未成年人的父母或者其他监护人对未成年人的预防犯罪教育负有直接责任，应当依法履行监护职责，树立优良家风，培养未成年人良好品行；发现未成年人心理或者行为异常的，应当及时了解情况并进行教育、引导和劝诫，不得拒绝或者怠于履行监护职责。

第十七条 教育行政部门、学校应当将预防犯罪教育纳入学校教学计划，指导教职员工结合未成年人的特点，采取多种方式对未成年学生进行有针对性的预防犯罪教育。

第十八条　学校应当聘任从事法治教育的专职或者兼职教师，并可以从司法和执法机关、法学教育和法律服务机构等单位聘请法治副校长、校外法治辅导员。

第十九条　学校应当配备专职或者兼职的心理健康教育教师，开展心理健康教育。学校可以根据实际情况与专业心理健康机构合作，建立心理健康筛查和早期干预机制，预防和解决学生心理、行为异常问题。

学校应当与未成年学生的父母或者其他监护人加强沟通，共同做好未成年学生心理健康教育；发现未成年学生可能患有精神障碍的，应当立即告知其父母或者其他监护人送相关专业机构诊治。

第二十条　教育行政部门应当会同有关部门建立学生欺凌防控制度。学校应当加强日常安全管理，完善学生欺凌发现和处置的工作流程，严格排查并及时消除可能导致学生欺凌行为的各种隐患。

第二十一条　教育行政部门鼓励和支持学校聘请社会工作者长期或者定期进驻学校，协助开展道德教育、法治教育、生命教育和心理健康教育，参与预防和处理学生欺凌等行为。

第二十二条　教育行政部门、学校应当通过举办讲座、座谈、培训等活动，介绍科学合理的教育方法，指导教职员工、未成年学生的父母或者其他监护人有效预防未成年人犯罪。

学校应当将预防犯罪教育计划告知未成年学生的父母或者其他监护人。未成年学生的父母或者其他监护人应当配合学校对未成年学生进行有针对性的预防犯罪教育。

第二十三条　教育行政部门应当将预防犯罪教育的工作效果纳入学校年度考核内容。

第二十四条　各级人民政府及其有关部门、人民检察院、人民法院、共产主义青年团、少年先锋队、妇女联合会、残疾人联合会、关心下一代工作委员会等应当结合实际，组织、举办多种形式的预防未成年人犯罪宣传教育活动。有条件的地方可以建立青少年法治教育基地，对未成年人开展法治教育。

第二十五条　居民委员会、村民委员会应当积极开展有针对性的预防未成年人犯罪宣传活动，协助公安机关维护学校周围治安，及时掌握本辖区内未成年人的监护、就学和就业情况，组织、引导社区社会组织参与预防未成年人犯罪工作。

第二十六条　青少年宫、儿童活动中心等校外活动场所应当把预防犯罪教育作为一项重要的工作内容，开展多种形式的宣传教育活动。

第二十七条　职业培训机构、用人单位在对已满十六周岁准备就业的未成年人进行职业培训时，应当将预防犯罪教育纳入培训内容。

第三章　对不良行为的干预

第二十八条　本法所称不良行为，是指未成年人实施的不利于其健康成长的下列行为：

（一）吸烟、饮酒；

（二）多次旷课、逃学；

（三）无故夜不归宿、离家出走；

（四）沉迷网络；

（五）与社会上具有不良习性的人交往，组织或者参加实施不良行为的团伙；

（六）进入法律法规规定未成年人不宜进入的场所；

（七）参与赌博、变相赌博，或者参加封建迷信、邪教等活动；

（八）阅览、观看或者收听宣扬淫秽、色情、暴力、恐怖、极端等内容的读物、音像制品或者网络信息等；

（九）其他不利于未成年人身心健康成长的不良行为。

第二十九条　未成年人的父母或者其他监护人发现未成年人有不良行为的，应当及时制止并加强管教。

第三十条　公安机关、居民委员会、村民委员会发现本辖区内未成年人有不良行为的，应当及时制止，并督促其父母或者其他监护人依法履行监护职责。

第三十一条　学校对有不良行为的未成年学生，应当加强管理教育，不得歧视；对拒不改正或者情节严重的，学校可以根据情况予以处分或者采取以下管理教育措施：

（一）予以训导；

（二）要求遵守特定的行为规范；

（三）要求参加特定的专题教育；

（四）要求参加校内服务活动；

（五）要求接受社会工作者或者其他专业人员的心理辅导和行为干预；

（六）其他适当的管理教育措施。

第三十二条 学校和家庭应当加强沟通，建立家校合作机制。学校决定对未成年学生采取管理教育措施的，应当及时告知其父母或者其他监护人；未成年学生的父母或者其他监护人应当支持、配合学校进行管理教育。

第三十三条 未成年学生偷窃少量财物，或者有殴打、辱骂、恐吓、强行索要财物等学生欺凌行为，情节轻微的，可以由学校依照本法第三十一条规定采取相应的管理教育措施。

第三十四条 未成年学生旷课、逃学的，学校应当及时联系其父母或者其他监护人，了解有关情况；无正当理由的，学校和未成年学生的父母或者其他监护人应当督促其返校学习。

第三十五条 未成年人无故夜不归宿、离家出走的，父母或者其他监护人、所在的寄宿制学校应当及时查找，必要时向公安机关报告。

收留夜不归宿、离家出走未成年人的，应当及时联系其父母或者其他监护人、所在学校；无法取得联系的，应当及时向公安机关报告。

第三十六条 对夜不归宿、离家出走或者流落街头的未成年人，公安机关、公共场所管理机构等发现或者接到报告后，应当及时采取有效保护措施，并通知其父母或者其他监护人、所在的寄宿制学校，必要时应当护送其返回住所、学校；无法与其父母或者其他监护人、学校取得联系的，应当护送未成年人到救助保护机构接受救助。

第三十七条 未成年人的父母或者其他监护人、学校发现未成年人组织或者参加实施不良行为的团伙，应当及时制止；发现该团伙有违法犯罪嫌疑的，应当立即向公安机关报告。

第四章 对严重不良行为的矫治

第三十八条 本法所称严重不良行为，是指未成年人实施的有刑法规定、因不满法定刑事责任年龄不予刑事处罚的行为，以及严重危害社会的下列行为：

（一）结伙斗殴，追逐、拦截他人，强拿硬要或者任意损毁、占用公私财物等寻衅滋事行为；

（二）非法携带枪支、弹药或者弩、匕首等国家规定的管制器具；

（三）殴打、辱骂、恐吓，或者故意伤害他人身体；

（四）盗窃、哄抢、抢夺或者故意损毁公私财物；

（五）传播淫秽的读物、音像制品或者信息等；

（六）卖淫、嫖娼，或者进行淫秽表演；

（七）吸食、注射毒品，或者向他人提供毒品；

（八）参与赌博赌资较大；

（九）其他严重危害社会的行为。

第三十九条 未成年人的父母或者其他监护人、学校、居民委员会、村民委员会发现有人教唆、胁迫、引诱未成年人实施严重不良行为的，应当立即向公安机关报告。公安机关接到报告或者发现有上述情形的，应当及时依法查处；对人身安全受到威胁的未成年人，应当立即采取有效保护措施。

第四十条 公安机关接到举报或者发现未成年人有严重不良行为的，应当及时制止，依法调查处理，并可以责令其父母或者其他监护人消除或者减轻违法后果，采取措施严加管教。

第四十一条 对有严重不良行为的未成年人，公安机关可以根据具体情况，采取以下矫治教育措施：

（一）予以训诫；

（二）责令赔礼道歉、赔偿损失；

（三）责令具结悔过；

（四）责令定期报告活动情况；

（五）责令遵守特定的行为规范，不得实施特定行为、接触特定人员或者进入特定场所；

（六）责令接受心理辅导、行为矫治；

（七）责令参加社会服务活动；

（八）责令接受社会观护，由社会组织、有关机构在适当场所对未成年人进行教育、监督和管束；

（九）其他适当的矫治教育措施。

第四十二条　公安机关在对未成年人进行矫治教育时，可以根据需要邀请学校、居民委员会、村民委员会以及社会工作服务机构等社会组织参与。

未成年人的父母或者其他监护人应当积极配合矫治教育措施的实施，不得妨碍阻挠或者放任不管。

第四十三条　对有严重不良行为的未成年人，未成年人的父母或者其他监护人、所在学校无力管教或者管教无效的，可以向教育行政部门提出申请，经专门教育指导委员会评估同意后，由教育行政部门决定送入专门学校接受专门教育。

第四十四条　未成年人有下列情形之一的，经专门教育指导委员会评估同意，教育行政部门会同公安机关可以决定将其送入专门学校接受专门教育：

（一）实施严重危害社会的行为，情节恶劣或者造成严重后果；

（二）多次实施严重危害社会的行为；

（三）拒不接受或者配合本法第四十一条规定的矫治教育措施；

（四）法律、行政法规规定的其他情形。

第四十五条　未成年人实施刑法规定的行为、因不满法定刑事责任年龄不予刑事处罚的，经专门教育指导委员会评估同意，教育行政部门会同公安机关可以决定对其进行专门矫治教育。

省级人民政府应当结合本地的实际情况，至少确定一所专门学校按照分校区、分班级等方式设置专门场所，对前款规定的未成年人进行专门矫治教育。

前款规定的专门场所实行闭环管理，公安机关、司法行政部门负责未成年人的矫治工作，教育行政部门承担未成年人的教育工作。

第四十六条　专门学校应当在每个学期适时提请专门教育指导委员会对接受专门教育的未成年学生的情况进行评估。对经评估适合转回普通学校就读的，专门教育指导委员会应当向原决定机关提出书面建议，由原决定机关决定是否将未成年学生转回普通学校就读。

原决定机关决定将未成年学生转回普通学校的，其原所在学校不得拒绝接收；因特殊情况，不适宜转回原所在学校的，由教育行政部门安排转学。

第四十七条　专门学校应当对接受专门教育的未成年人分级分类

进行教育和矫治，有针对性地开展道德教育、法治教育、心理健康教育，并根据实际情况进行职业教育；对没有完成义务教育的未成年人，应当保证其继续接受义务教育。

专门学校的未成年学生的学籍保留在原学校，符合毕业条件的，原学校应当颁发毕业证书。

第四十八条 专门学校应当与接受专门教育的未成年人的父母或者其他监护人加强联系，定期向其反馈未成年人的矫治和教育情况，为父母或者其他监护人、亲属等看望未成年人提供便利。

第四十九条 未成年人及其父母或者其他监护人对本章规定的行政决定不服的，可以依法提起行政复议或者行政诉讼。

第五章 对重新犯罪的预防

第五十条 公安机关、人民检察院、人民法院办理未成年人刑事案件，应当根据未成年人的生理、心理特点和犯罪的情况，有针对性地进行法治教育。

对涉及刑事案件的未成年人进行教育，其法定代理人以外的成年亲属或者教师、辅导员等参与有利于感化、挽救未成年人的，公安机关、人民检察院、人民法院应当邀请其参加有关活动。

第五十一条 公安机关、人民检察院、人民法院办理未成年人刑事案件，可以自行或者委托有关社会组织、机构对未成年犯罪嫌疑人或者被告人的成长经历、犯罪原因、监护、教育等情况进行社会调查；根据实际需要并经未成年犯罪嫌疑人、被告人及其法定代理人同意，可以对未成年犯罪嫌疑人、被告人进行心理测评。

社会调查和心理测评的报告可以作为办理案件和教育未成年人的参考。

第五十二条 公安机关、人民检察院、人民法院对于无固定住所、无法提供保证人的未成年人适用取保候审的，应当指定合适成年人作为保证人，必要时可以安排取保候审的未成年人接受社会观护。

第五十三条 对被拘留、逮捕以及在未成年犯管教所执行刑罚的未成年人，应当与成年人分别关押、管理和教育。对未成年人的社区矫正，应当与成年人分别进行。

对有上述情形且没有完成义务教育的未成年人，公安机关、人民检察院、人民法院、司法行政部门应当与教育行政部门相互配合，保证其继续接受义务教育。

第五十四条 未成年犯管教所、社区矫正机构应当对未成年犯、未成年社区矫正对象加强法治教育，并根据实际情况对其进行职业教育。

第五十五条 社区矫正机构应当告知未成年社区矫正对象安置帮教的有关规定，并配合安置帮教工作部门落实或者解决未成年社区矫正对象的就学、就业等问题。

第五十六条 对刑满释放的未成年人，未成年犯管教所应当提前通知其父母或者其他监护人按时接回，并协助落实安置帮教措施。没有父母或者其他监护人、无法查明其父母或者其他监护人的，未成年犯管教所应当提前通知未成年人原户籍所在地或者居住地的司法行政部门安排人员按时接回，由民政部门或者居民委员会、村民委员会依法对其进行监护。

第五十七条 未成年人的父母或者其他监护人和学校、居民委员会、村民委员会对接受社区矫正、刑满释放的未成年人，应当采取有效的帮教措施，协助司法机关以及有关部门做好安置帮教工作。

居民委员会、村民委员会可以聘请思想品德优秀，作风正派，热心未成年人工作的离退休人员、志愿者或其他人员协助做好前款规定的安置帮教工作。

第五十八条 刑满释放和接受社区矫正的未成年人，在复学、升学、就业等方面依法享有与其他未成年人同等的权利，任何单位和个人不得歧视。

第五十九条 未成年人的犯罪记录依法被封存的，公安机关、人民检察院、人民法院和司法行政部门不得向任何单位或者个人提供，但司法机关因办案需要或者有关单位根据国家有关规定进行查询的除外。依法进行查询的单位和个人应当对相关记录信息予以保密。

未成年人接受专门矫治教育、专门教育的记录，以及被行政处罚、采取刑事强制措施和不起诉的记录，适用前款规定。

第六十条 人民检察院通过依法行使检察权，对未成年人重新犯罪预防工作等进行监督。

162

第六章 法律责任

第六十一条 公安机关、人民检察院、人民法院在办理案件过程中发现实施严重不良行为的未成年人的父母或者其他监护人不依法履行监护职责的，应当予以训诫，并可以责令其接受家庭教育指导。

第六十二条 学校及其教职员工违反本法规定，不履行预防未成年人犯罪工作职责，或者虐待、歧视相关未成年人的，由教育行政等部门责令改正，通报批评；情节严重的，对直接负责的主管人员和其他直接责任人员依法给予处分。构成违反治安管理行为的，由公安机关依法予以治安管理处罚。

教职员工教唆、胁迫、引诱未成年人实施不良行为或者严重不良行为，以及品行不良、影响恶劣的，教育行政部门、学校应当依法予以解聘或者辞退。

第六十三条 违反本法规定，在复学、升学、就业等方面歧视相关未成年人的，由所在单位或者教育、人力资源社会保障等部门责令改正；拒不改正的，对直接负责的主管人员或者其他直接责任人员依法给予处分。

第六十四条 有关社会组织、机构及其工作人员虐待、歧视接受社会观护的未成年人，或者出具虚假社会调查、心理测评报告的，由民政、司法行政等部门对直接负责的主管人员或者其他直接责任人员依法给予处分，构成违反治安管理行为的，由公安机关予以治安管理处罚。

第六十五条 教唆、胁迫、引诱未成年人实施不良行为或者严重不良行为，构成违反治安管理行为的，由公安机关依法予以治安管理处罚。

第六十六条 国家机关及其工作人员在预防未成年人犯罪工作中滥用职权、玩忽职守、徇私舞弊的，对直接负责的主管人员和其他直接责任人员，依法给予处分。

第六十七条 违反本法规定，构成犯罪的，依法追究刑事责任。

第七章 附　　则

第六十八条 本法自 2021 年 6 月 1 日起施行。

禁止使用童工规定

（2002 年 9 月 18 日国务院第 63 次常务会议通过　2002 年 10 月 1 日中华人民共和国国务院令第 364 号公布　自 2002 年 12 月 1 日起施行）

第一条　为保护未成年人的身心健康，促进义务教育制度的实施，维护未成年人的合法权益，根据宪法和劳动法、未成年人保护法，制定本规定。

第二条　国家机关、社会团体、企业事业单位、民办非企业单位或者个体工商户（以下统称用人单位）均不得招用不满 16 周岁的未成年人（招用不满 16 周岁的未成年人，以下统称使用童工）。

禁止任何单位或者个人为不满 16 周岁的未成年人介绍就业。

禁止不满 16 周岁的未成年人开业从事个体经营活动。

第三条　不满 16 周岁的未成年人的父母或者其他监护人应当保护其身心健康，保障其接受义务教育的权利，不得允许其被用人单位非法招用。

不满 16 周岁的未成年人的父母或者其他监护人允许其被用人单位非法招用的，所在地的乡（镇）人民政府、城市街道办事处以及村民委员会、居民委员会应当给予批评教育。

第四条　用人单位招用人员时，必须核查被招用人员的身份证；对不满 16 周岁的未成年人，一律不得录用。用人单位录用人员的录用登记、核查材料应当妥善保管。

第五条　县级以上各级人民政府劳动保障行政部门负责本规定执行情况的监督检查。

县级以上各级人民政府公安、工商行政管理、教育、卫生等行政部门在各自职责范围内对本规定的执行情况进行监督检查，并对劳动保障行政部门的监督检查给予配合。

工会、共青团、妇联等群众组织应当依法维护未成年人的合法权益。

任何单位或者个人发现使用童工的，均有权向县级以上人民政府劳动保障行政部门举报。

第六条 用人单位使用童工的，由劳动保障行政部门按照每使用一名童工每月处 5000 元罚款的标准给予处罚；在使用有毒物品的作业场所使用童工的，按照《使用有毒物品作业场所劳动保护条例》规定的罚款幅度，或者按照每使用一名童工每月处 5000 元罚款的标准，从重处罚。劳动保障行政部门并应当责令用人单位限期将童工送回原居住地交其父母或者其他监护人，所需交通和食宿费用全部由用人单位承担。

用人单位经劳动保障行政部门依照前款规定责令限期改正，逾期仍不将童工送交其父母或者其他监护人的，从责令限期改正之日起，由劳动保障行政部门按照每使用一名童工每月处 1 万元罚款的标准处罚，并由工商行政管理部门吊销其营业执照或者由民政部门撤销民办非企业单位登记；用人单位是国家机关、事业单位的，由有关单位依法对直接负责的主管人员和其他直接责任人员给予降级或者撤职的行政处分或者纪律处分。

第七条 单位或者个人为不满 16 周岁的未成年人介绍就业的，由劳动保障行政部门按照每介绍一人处 5000 元罚款的标准给予处罚；职业中介机构为不满 16 周岁的未成年人介绍就业的，并由劳动保障行政部门吊销其职业介绍许可证。

第八条 用人单位未按照本规定第四条的规定保存录用登记材料，或者伪造录用登记材料的，由劳动保障行政部门处 1 万元的罚款。

第九条 无营业执照、被依法吊销营业执照的单位以及未依法登记、备案的单位使用童工或者介绍童工就业的，依照本规定第六条、第七条、第八条规定的标准加一倍罚款，该非法单位由有关的行政主管部门予以取缔。

第十条 童工患病或者受伤的，用人单位应当负责送到医疗机构治疗，并负担治疗期间的全部医疗和生活费用。

童工伤残或者死亡的，用人单位由工商行政管理部门吊销营业执照或者由民政部门撤销民办非企业单位登记；用人单位是国家机关、事业单位的，由有关单位依法对直接负责的主管人员和其他直接责任人员给予降级或者撤职的行政处分或者纪律处分；用人单位还应当一次性地对伤残的童工、死亡童工的直系亲属给予赔偿，赔偿金额按照国家工伤保险的有关规定计算。

第十一条 拐骗童工，强迫童工劳动，使用童工从事高空、井下、放射性、高毒、易燃易爆以及国家规定的第四级体力劳动强度的劳动，使用不满 14 周岁的童工，或者造成童工死亡或者严重伤残的，依照刑法关于拐卖儿童罪、强迫劳动罪或者其他罪的规定，依法追究刑事责任。

第十二条 国家行政机关工作人员有下列行为之一的，依法给予记大过或者降级的行政处分；情节严重的，依法给予撤职或者开除的行政处分；构成犯罪的，依照刑法关于滥用职权罪、玩忽职守罪或者其他罪的规定，依法追究刑事责任：

（一）劳动保障等有关部门工作人员在禁止使用童工的监督检查工作中发现使用童工的情况，不予制止、纠正、查处的；

（二）公安机关的人民警察违反规定发放身份证或者在身份证上登录虚假出生年月的；

（三）工商行政管理部门工作人员发现申请人是不满 16 周岁的未成年人，仍然为其从事个体经营发放营业执照的。

第十三条 文艺、体育单位经未成年人的父母或者其他监护人同意，可以招用不满 16 周岁的专业文艺工作者、运动员。用人单位应当保障被招用的不满 16 周岁的未成年人的身心健康，保障其接受义务教育的权利。文艺、体育单位招用不满 16 周岁的专业文艺工作者、运动员的办法，由国务院劳动保障行政部门会同国务院文化、体育行政部门制定。

学校、其他教育机构以及职业培训机构按照国家有关规定组织不满 16 周岁的未成年人进行不影响其人身安全和身心健康的教育实践劳动、职业技能培训劳动，不属于使用童工。

第十四条 本规定自 2002 年 12 月 1 日起施行。1991 年 4 月 15 日国务院发布的《禁止使用童工规定》同时废止。

未成年工特殊保护规定

（1994 年 12 月 9 日　劳部发〔1994〕498 号）

第一条　为维护未成年工的合法权益，保护其在生产劳动中的健康，根据《中华人民共和国劳动法》的有关规定，制定本规定。

第二条　未成年工是指年满十六周岁，未满十八周岁的劳动者。

未成年工的特殊保护是针对未成年工处于生长发育期的特点，以及接受义务教育的需要，采取的特殊劳动保护措施。

第三条　用人单位不得安排未成年工从事以下范围的劳动：

（一）《生产性粉尘作业危害程度分级》国家标准中第一级以上的接尘作业；

（二）《有毒作业分级》国家标准中第一级以上的有毒作业；

（三）《高处作业分级》国家标准中第二级以上的高处作业；

（四）《冷水作业分级》国家标准中第二级以上的冷水作业；

（五）《高温作业分级》国家标准中第三级以上的高温作业；

（六）《低温作业分级》国家标准中第三级以上的低温作业；

（七）《体力劳动强度分级》国家标准中第四级体力劳动强度的作业；

（八）矿山井下及矿山地面采石作业；

（九）森林业中的伐木、流放及守林作业；

（十）工作场所接触放射性物质的作业；

（十一）有易燃易爆、化学性烧伤和热烧伤等危险性大的作业；

（十二）地质勘探和资源勘探的野外作业；

（十三）潜水、涵洞、涵道作业和海拔三千米以上的高原作业（不包括世居高原者）；

（十四）连续负重每小时在六次以上并每次超过 20 公斤，间断负重每次超过 25 公斤的作业；

（十五）使用凿岩机、捣固机、气镐、气铲、铆钉机、电锤的作业；

（十六）工作中需要长时间保持低头、弯腰、上举、下蹲等强迫体位和动作频率每分钟大于五十次的流水线作业；

（十七）锅炉司炉。

第四条 未成年工患有某种疾病或具有某些生理缺陷（非残疾型）时，用人单位不得安排其从事以下范围的劳动：

（一）《高处作业分级》国家标准中第一级以上的高处作业；

（二）《低温作业分级》国家标准中第二级以上的低温作业；

（三）《高温作业分级》国家标准中第二级以上的高温作业；

（四）《体力劳动强度分级》国家标准中第三级以上体力劳动强度的作业；

（五）接触铅、苯、汞、甲醛、二硫化碳等易引起过敏反应的作业。

第五条 患有某种疾病或具有某些生理缺陷（非残疾型）的未成年工，是指有以下一种或一种以上情况者：

（一）心血管系统

1. 先天性心脏病；

2. 克山病；

3. 收缩期或舒张期二级以上心脏杂音。

（二）呼吸系统

1. 中度以上气管炎或支气管哮喘；

2. 呼吸音明显减弱；

3. 各类结核病；

4. 体弱儿，呼吸道反复感染者。

（三）消化系统

1. 各类肝炎；

2. 肝、脾肿大；

3. 胃、十二指肠溃疡；

4. 各种消化道疝。

（四）泌尿系统

1. 急、慢性肾炎；

2. 泌尿系感染。

（五）内分泌系统

1. 甲状腺机能亢进；

2. 中度以上糖尿病。

（六）精神神经系统

1. 智力明显低下；

2. 精神忧郁或狂暴。

（七）肌肉、骨骼运动系统

1. 身高和体重低于同龄人标准；

2. 一个及一个以上肢体存在明显功能障碍；

3. 躯干四分之一以上部位活动受限，包括强直或不能旋转。

（八）其它

1. 结核性胸膜炎；

2. 各类重度关节炎；

3. 血吸虫病；

4. 严重贫血，其血色素每升低于95克（<9.5g/dL）。

第六条　用人单位应按下列要求对未成年工定期进行健康检查：

（一）安排工作岗位之前；

（二）工作满1年；

（三）年满18周岁，距前一次的体检时间已超过半年。

第七条　未成年工的健康检查，应按本规定所附《未成年工健康检查表》列出的项目进行。

第八条　用人单位应根据未成年工的健康检查结果安排其从事适合的劳动，对不能胜任原劳动岗位的，应根据医务部门的证明，予以减轻劳动量或安排其他劳动。

第九条　对未成年工的使用和特殊保护实行登记制度。

（一）用人单位招收使用未成年工，除符合一般用工要求外，还须向所在地的县级以上劳动行政部门办理登记。劳动行政部门根据《未成年工健康检查表》、《未成年工登记表》，核发《未成年工登记证》。

（二）各级劳动行政部门须按本规定第三、四、五、七条的有关规定，审核体检情况和拟安排的劳动范围。

（三）未成年工须持《未成年工登记证》上岗。

（四）《未成年工登记证》由国务院劳动行政部门统一印制。

第十条　未成年工上岗前用人单位应对其进行有关的职业安全卫

生教育、培训；未成年工体检和登记，由用人单位统一办理和承担费用。

第十一条 县级以上劳动行政部门对用人单位执行本规定的情况进行监督检查，对违反本规定的行为依照有关法规进行处罚。

各级工会组织对本规定的执行情况进行监督。

第十二条 省、自治区、直辖市劳动行政部门可以根据本规定制定实施办法。

第十三条 本规定自 1995 年 1 月 1 日起施行。

国务院办公厅关于加强和改进流浪未成年人救助保护工作的意见

(2011 年 8 月 15 日 国办发〔2011〕39 号)

党中央、国务院高度重视未成年人权益保护工作，近年来国家出台了一系列法律法规和政策，未成年人权益保护工作取得了积极成效。但受人口流动加速、一些家庭监护缺失和社会不良因素影响，未成年人流浪现象仍然存在，甚至出现胁迫、诱骗、利用未成年人乞讨和实施违法犯罪活动等问题，严重侵害了未成年人合法权益，妨害了未成年人健康成长。为进一步完善流浪未成年人救助保护体系，切实加强和改进流浪未成年人救助保护工作，经国务院同意，现提出如下意见：

一、充分认识流浪未成年人救助保护工作的重要意义

做好流浪未成年人救助保护工作，关系到未成年人的健康成长，关系到社会和谐安定，关系到以人为本执政理念的落实。及时有效救助保护流浪未成年人，是各级政府的重要职责，是维护未成年人合法权益的重要内容，是预防未成年人违法犯罪的重要举措，是加强和创新社会管理的重要方面，是社会文明进步的重要体现。各地区、各有关部门要充分认识加强和改进流浪未成年人救助保护工作的重要性和紧迫性，进一步统一思想，提高认识，认真落实《中华人民共和国未成年人保护法》、《中华人民共和国预防未成年人犯罪法》和《中华人民共和国义务教育法》等法律法规，不断完善政策措施，提升救助保护水平，维护好流浪未成年人的合法权益。

二、流浪未成年人救助保护工作的总体要求和基本原则

（一）**总体要求**。牢固树立以人为本、执政为民的理念，贯彻预防为主、标本兼治的方针，健全机制，完善政策，落实责任，加快推进流浪未成年人救助保护体系建设，确保流浪未成年人得到及时救助保护、教育矫治、回归家庭和妥善安置，最大限度减少未成年人流浪现象，坚决杜绝胁迫、诱骗、利用未成年人乞讨等违法犯罪行为。

（二）**基本原则**。

坚持未成年人权益保护优先。把未成年人权益保护和健康成长作为首要任务，加强对家庭监护的指导和监督，及时救助流浪未成年人，严厉打击胁迫、诱骗、利用未成年人乞讨等违法犯罪行为，切实保障未成年人的生存权、发展权、参与权、受保护权。

坚持救助保护和教育矫治并重。积极主动救助流浪未成年人，保障其生活、维护其权益；同时加强流浪未成年人思想、道德、文化和法制教育，强化心理疏导和行为矫治，帮助其顺利回归家庭。

坚持源头预防和综合治理。综合运用经济、行政、司法等手段，落实义务教育、社会保障和扶贫开发等政策，强化家庭、学校、社会共同责任，不断净化社会环境，防止未成年人外出流浪。

坚持政府主导和社会参与。落实政府责任，加大政府投入，加强各方协作，充分发挥基层组织作用，调动社会各方面参与流浪未成年人救助保护的积极性，形成救助保护工作的合力。

三、加强和改进流浪未成年人救助保护工作的政策措施

（一）**实行更加积极主动的救助保护**。公安机关发现流浪乞讨的未成年人，应当护送到救助保护机构接受救助。其中由成年人携带流浪乞讨的，应当进行调查、甄别，对有胁迫、诱骗、利用未成年人乞讨等违法犯罪嫌疑的，要依法查处；对由父母或其他监护人携带流浪乞讨的，应当批评、教育并引导护送到救助保护机构接受救助，无力自行返乡的由救助保护机构接送返乡，公安机关予以协助配合。民政部门要积极开展主动救助，引导护送流浪未成年人到救助保护机构接受救助。城管部门发现流浪未成年人，应当告知并协助公安或民政部门将其护送到救助保护机构接受救助。对突发急病的流浪未成年人，公安机关和民政、城管部门应当直接护送到定点医院进行救治。

充分发挥村（居）民委员会等基层组织作用，组织和动员居民提供线索，劝告、引导流浪未成年人向公安机关、救助保护机构求助，或及时向公安机关报警。

（二）加大打击拐卖未成年人犯罪力度。公安机关要严厉打击拐卖未成年人犯罪，对来历不明的流浪乞讨和被强迫从事违法犯罪活动的未成年人，要一律采集生物检材，检验后录入全国打拐 DNA（脱氧核糖核酸）信息库比对，及时发现、解救失踪被拐未成年人。加强接处警工作，凡接到涉及未成年人失踪被拐报警的，公安机关要立即出警处置，认真核查甄别，打击违法犯罪活动。强化立案工作，实行未成年人失踪快速查找机制，充分调动警务资源，第一时间组织查找。建立跨部门、跨警种、跨地区打击拐卖犯罪工作机制。民政等有关部门要协助公安机关做好被拐未成年人的调查、取证和解救工作。

（三）帮助流浪未成年人及时回归家庭。救助保护机构和公安机关要综合运用救助保护信息系统、公安人口管理信息系统、全国打拐DNA（脱氧核糖核酸）信息库和向社会发布寻亲公告等方式，及时查找流浪未成年人父母或其他监护人。

对查找到父母或其他监护人的流浪未成年人，救助保护机构要及时安排接送返乡，交通运输、铁道等部门要在购票、进出站、乘车等方面积极协助。流出地救助保护机构应当通知返乡流浪未成年人或其监护人常住户口所在地的乡镇人民政府（街道办事处）做好救助保护和帮扶工作。流出地救助保护机构要对流浪未成年人的家庭监护情况进行调查评估：对确无监护能力的，由救助保护机构协助监护人及时委托其他人员代为监护；对拒不履行监护责任、经反复教育不改的，由救助保护机构向人民法院提出申请撤销其监护人资格，依法另行指定监护人。

对暂时查找不到父母或其他监护人的流浪未成年人，在继续查找的同时，要通过救助保护机构照料、社会福利机构代养、家庭寄养等多种方式予以妥善照顾。对经过 2 年以上仍查找不到父母或其他监护人的，公安机关要按户籍管理有关法规政策规定为其办理户口登记手续，以便于其就学、就业等正常生活。对在打拐过程中被解救且查找不到父母或其他监护人的婴幼儿，民政部门要将其安置到社会福利机构抚育，公安机关要按规定为其办理户口登记手续。

（四）做好流浪未成年人的教育矫治。救助保护机构要依法承担流浪未成年人的临时监护责任，为其提供文化和法制教育、心理辅导、行为矫治、技能培训等救助保护服务，对合法权益受到侵害的，要协助司法部门依法为其提供法律援助或司法救助。救助保护机构要在教育行政部门指导下帮助流浪未成年人接受义务教育或替代教育，对沾染不良习气的，要通过思想、道德和法制教育，矫治不良习惯，纠正行为偏差；对有严重不良行为的，按照有关规定送专门学校进行矫治和接受教育。对流浪残疾未成年人，卫生、残联等部门要指导救助保护机构对其进行心理疏导、康复训练等。

（五）强化流浪未成年人源头预防和治理。预防未成年人流浪是家庭、学校、政府和社会的共同责任，做好源头预防是解决未成年人流浪问题的治本之策。家庭是预防和制止未成年人流浪的第一责任主体，应当依法履行对未成年人的监护责任和抚养义务。有关部门和基层组织要加强对家庭履行监护责任的指导和监督，对困难家庭予以帮扶，提升家庭抚育和教育能力，帮助其解决实际困难。村（居）民委员会要建立随访制度，对父母或其他监护人不依法履行监护责任或者侵害未成年人权益的，要予以劝诫、制止；情节严重的，要报告公安机关予以训诫，责令其改正；构成违反治安管理行为的，由公安机关依法给予行政处罚。

学校是促进未成年人健康成长的重要阵地，要坚持育人为本、德育为先，加强学生思想道德教育和心理健康辅导，根据学生特点和需要，开展职业教育和技能培训，使学生掌握就业技能，实现稳定就业；对品行有缺点、学习有困难的学生，要进行重点教育帮扶；对家庭经济困难的学生，要按照有关规定给予教育资助和特别关怀。教育行政部门要建立适龄儿童辍学、失学信息通报制度，指导学校做好劝学、返学工作，乡镇人民政府（街道办事处）、村（居）民委员会要积极做好协助工作。

地方各级政府和有关部门要进一步落实义务教育、社会保障和扶贫开发等政策，充分调动社会各方面的力量，把流浪未成年人救助保护纳入重点青少年群体教育帮助工作、"春蕾计划"、"安康计划"和家庭教育工作的总体计划；将流浪残疾未成年人纳入残疾未成年人康复、教育总体安排；充分发挥志愿者、社工队伍和社会组织作用，鼓励和支持其参与流浪未成年人救助、教育、矫治等服务。

四、健全工作机制，形成救助保护工作合力

（一）加强组织领导。进一步完善政府主导、民政牵头、部门负责、社会参与的流浪未成年人救助保护工作机制。建立民政部牵头的部际联席会议制度，研究解决突出问题和困难，制定和完善相关政策措施，指导和督促地方做好工作。民政部要发挥牵头部门作用，加强组织协调，定期通报各省（区、市）流浪未成年人救助保护工作情况，建立挂牌督办和警示制度。地方各级政府要高度重视，建立由政府分管领导牵头的流浪未成年人救助保护工作机制；要建立和完善工作责任追究机制，对工作不力、未成年人流浪现象严重的地区，追究该地区相关领导的责任。

（二）完善法律法规。抓紧做好流浪乞讨人员救助管理法律法规规章修订相关工作，完善流浪未成年人救助保护制度，健全流浪未成年人救助保护、教育矫治、回归安置和源头预防等相关规定，规范救助保护工作行为，强化流浪未成年人司法救助和保护，为流浪未成年人救助保护工作提供有力的法律保障。

（三）加强能力建设。各级政府要加强流浪未成年人救助保护能力建设，进一步提高管理和服务水平。要充分发挥现有救助保护机构、各类社会福利机构的作用，不断完善救助保护设施。要加强救助保护机构工作队伍建设，合理配备人员编制，按照国家有关规定落实救助保护机构工作人员的工资倾斜政策，对救助保护机构教师按照国家有关规定开展职称评定和岗位聘用。公安机关要根据需要在救助保护机构内设立警务室或派驻民警，协助救助保护机构做好管理工作。财政部门要做好流浪乞讨人员救助资金保障工作，地方财政要建立稳定的经费保障机制，中央财政给予专项补助。

（四）加强宣传引导。进一步加大未成年人权益保护法律法规宣传力度，开展多种形式的法制宣传活动，在全社会牢固树立未成年人权益保护意识。加强舆论引导，弘扬中华民族恤孤慈幼的传统美德，鼓励社会力量通过开展慈善捐助、实施公益项目、提供志愿服务等多种方式，积极参与流浪未成年人救助保护工作，营造关心关爱流浪未成年人的良好氛围。

174

流浪未成年人需求和家庭监护情况评估规范

(2012 年 9 月 13 日　民发〔2012〕158 号)

第一章　总　　则

第一条　为了解流浪未成年人需求和家庭监护情况，通过评估对流浪未成年人生活照料、心理疏导、行为矫治、回归安置等救助保护提供多元化服务建议，预防未成年人再次流浪，保障其生存权、受保护权、发展权、参与权等权益，制定本规范。

第二条　本规范适用于依法举办的为流浪未成年人提供救助、保护、教育的救助保护机构。

第三条　流浪未成年人需求和家庭监护情况评估的对象，是进入救助保护机构的有评估必要的流浪未成年人及其家庭。

第四条　流浪未成年人需求评估是指对流浪未成年人情况进行了解，确定其需求满足情况、存在问题及其成因，形成阶段性评估结论的过程。

第五条　流浪未成年人家庭监护评估是指对流浪未成年人的家庭监护状况、监护能力进行了解，确定家庭监护存在的问题及其成因，形成阶段性评估结论的过程。

第六条　坚持以未成年人权益保护为中心，通过评估促进流浪未成年人救助保护工作的科学化、专业化、个性化。

第七条　流浪未成年人需求和家庭监护情况评估，应当由救助保护机构工作人员、专业技术人员或者委托具有相应从业资质的社会组织、相关机构开展。

第八条　阶段性评估资料应当妥善存放。评估人员应当保护评估对象的隐私信息，不得擅自将评估相关资料、评估经过与结论对外披露。因研究、统计确需对外提供评估资料的，应当隐去可能会据以辨认出评估对象的信息。

第二章 评估方法

第九条 评估方式包括：

（一）与评估对象进行直接交流；

（二）查阅流浪未成年人救助记录或者受助档案；

（三）电话访问、问卷调查；

（四）赴乡镇（街道）、社区实地调查或者咨询相关专业机构。

第十条 评估应当选择合适的评估方法和工具，科学应用评估量表。

第十一条 应当保证评估环境的私密性，重视流浪未成年人的主观感受。

第三章 流浪未成年人需求评估

第十二条 了解流浪未成年人的基本信息，包括：

（一）姓名、性别、年龄、民族、文化程度及宗教信仰；

（二）身份信息、户籍所在地或者经常住所地。

第十三条 了解并检视流浪未成年人健康状况，包括：

（一）既往病史，是否有危重病、精神病、传染病、内外伤等；

（二）对身体状况、治疗情况的自我描述，并查看相关资料；

（三）必要时可以由医生对其身体状况进行检查、诊断。

第十四条 了解流浪未成年人的流浪经历，包括：

（一）流浪原因、流浪时间和流浪的次数；

（二）流浪期间的生存方式；

（三）是否有被剥削、诱骗、胁迫、拐卖、虐待、遗弃等经历；

（四）是否有不良行为、严重不良行为或者违法犯罪行为。

第十五条 了解流浪未成年人的受教育情况，包括：

（一）受教育背景和受教育意愿；

（二）道德、法律、卫生、生活技能以及其它常识方面的认知。

第十六条 了解流浪未成年人对家庭基本信息、家庭关系、家庭监护情况和家庭经济能力的自我描述。

第十七条　评估流浪未成年人的社会认知、自我认知与流浪经历之间的相互影响，包括：

（一）对同伴、同学、亲人、朋友、老师以及其它相关人员，学校、家庭、救助机构或者其他机构的认知；

（二）对自己行为、心理的评价和认识；

（三）有无重大心理创伤或者异常行为表现；

（四）必要时由专业心理工作者进行心理评估。

第十八条　了解流浪未成年人对就学、就业的规划以及回归安置的意愿。

第四章　流浪未成年人家庭监护评估

第十九条　了解流浪未成年人家庭基本信息，包括：

（一）家庭成员组成，家庭成员文化程度、宗教信仰以及生活习俗；

（二）家庭成员的健康状况、既往病史；

（三）家庭重大变故，家庭成员有无犯罪记录。

第二十条　了解流浪未成年人的家庭关系，包括：

（一）家庭成员之间是否和睦；

（二）流浪未成年人与监护人亲疏关系和互动情况；

（三）流浪未成年人法定监护人与临时监护人的关系。

第二十一条　了解流浪未成年人家庭经济能力，包括：

（一）家庭成员的生活现状；

（二）家庭成员的就业以及收入情况；

（三）社会保障情况和其它社会支持情况。

第二十二条　了解流浪未成年人家庭监护状况，包括：

（一）家庭监护意愿和能力，存在的主要问题；

（二）有无虐待、剥削、遗弃或者严重疏于照管等现象；

（三）监护责任知晓程度、监护计划和方式方法。

第二十三条　了解流浪未成年人家庭所处社会环境，包括：

（一）地理位置以及周边安全情况；

（二）学校、社区对家庭监护的支持程度；

（三）当地政府、有关部门和基层组织对家庭监护的支持程度；

（四）地区经济社会发展情况。

第二十四条 评估流浪未成年人的回归安置条件，包括：

（一）监护人对流浪未成年人就学、就业的规划以及回归安置的意愿；

（二）监护人是否有监护意愿和监护抚养能力；

（三）是否能落实与流浪未成年人相关的义务教育、社会保障政策和帮扶措施。

第五章 评估报告

第二十五条 应及时记录流浪未成年人需求和家庭监护情况评估进展，形成比较完整的评估报告。

第二十六条 评估报告应当包括以下内容：

（一）流浪未成年人及其家庭的基本信息；

（二）流浪未成年人需求情况；

（三）流浪未成年人家庭监护情况；

（四）有利因素、主要问题及其原因分析；

（五）阶段性评估结论；

（六）服务建议。

第二十七条 服务建议应对流浪未成年人及其家庭监护提出有针对性的干预帮扶措施。

第二十八条 应当将流浪未成年人需求和家庭监护评估报告纳入受助档案，为机构转介、跟踪回访提供参考依据。

第六章 附 则

第二十九条 流浪未成年人需求评估和家庭监护情况评估，既可以综合评估，也可以分别评估。流入地救助保护机构重点开展流浪未成年人需求评估，流出地救助保护机构重点开展流浪未成年人家庭监护情况评估。

家庭寄养管理办法

（2014 年 9 月 24 日中华人民共和国民政部令第 54 号公布
自 2014 年 12 月 1 日起施行）

第一章 总 则

第一条 为了规范家庭寄养工作，促进寄养儿童身心健康成长，根据《中华人民共和国未成年人保护法》和国家有关规定，制定本办法。

第二条 本办法所称家庭寄养，是指经过规定的程序，将民政部门监护的儿童委托在符合条件的家庭中养育的照料模式。

第三条 家庭寄养应当有利于寄养儿童的抚育、成长，保障寄养儿童的合法权益不受侵犯。

第四条 国务院民政部门负责全国家庭寄养监督管理工作。

县级以上地方人民政府民政部门负责本行政区域内家庭寄养监督管理工作。

第五条 县级以上地方人民政府民政部门设立的儿童福利机构负责家庭寄养工作的组织实施。

第六条 县级以上人民政府民政部门应当会同有关部门采取措施，鼓励、支持符合条件的家庭参与家庭寄养工作。

第二章 寄 养 条 件

第七条 未满十八周岁、监护权在县级以上地方人民政府民政部门的孤儿、查找不到生父母的弃婴和儿童，可以被寄养。

需要长期依靠医疗康复、特殊教育等专业技术照料的重度残疾儿童，不宜安排家庭寄养。

第八条 寄养家庭应当同时具备下列条件：

（一）有儿童福利机构所在地的常住户口和固定住所。寄养儿童入

179

住后，人均居住面积不低于当地人均居住水平；

（二）有稳定的经济收入，家庭成员人均收入在当地处于中等水平以上；

（三）家庭成员未患有传染病或者精神疾病，以及其他不利于寄养儿童抚育、成长的疾病；

（四）家庭成员无犯罪记录，无不良生活嗜好，关系和睦，与邻里关系融洽；

（五）主要照料人的年龄在三十周岁以上六十五周岁以下，身体健康，具有照料儿童的能力、经验，初中以上文化程度。

具有社会工作、医疗康复、心理健康、文化教育等专业知识的家庭和自愿无偿奉献爱心的家庭，同等条件下优先考虑。

第九条 每个寄养家庭寄养儿童的人数不得超过二人，且该家庭无未满六周岁的儿童。

第十条 寄养残疾儿童，应当优先在具备医疗、特殊教育、康复训练条件的社区中为其选择寄养家庭。

第十一条 寄养年满十周岁以上儿童的，应当征得寄养儿童的同意。

第三章 寄养关系的确立

第十二条 确立家庭寄养关系，应当经过以下程序：

（一）申请。拟开展寄养的家庭应当向儿童福利机构提出书面申请，并提供户口簿、身份证复印件，家庭经济收入和住房情况、家庭成员健康状况以及一致同意申请等证明材料；

（二）评估。儿童福利机构应当组织专业人员或者委托社会工作服务机构等第三方专业机构对提出申请的家庭进行实地调查，核实申请家庭是否具备寄养条件和抚育能力，了解其邻里关系、社会交往、有无犯罪记录、社区环境等情况，并根据调查结果提出评估意见；

（三）审核。儿童福利机构应当根据评估意见对申请家庭进行审核，确定后报主管民政部门备案；

（四）培训。儿童福利机构应当对寄养家庭主要照料人进行培训；

（五）签约。儿童福利机构应当与寄养家庭主要照料人签订寄养协议，明确寄养期限、寄养双方的权利义务、寄养家庭的主要照料人、寄养融合期限、违约责任及处理等事项。家庭寄养协议自双方签字（盖章）之日起生效。

第十三条 寄养家庭应当履行下列义务：

（一）保障寄养儿童人身安全，尊重寄养儿童人格尊严；

（二）为寄养儿童提供生活照料，满足日常营养需要，帮助其提高生活自理能力；

（三）培养寄养儿童健康的心理素质，树立良好的思想道德观念；

（四）按照国家规定安排寄养儿童接受学龄前教育和义务教育。负责与学校沟通，配合学校做好寄养儿童的学校教育；

（五）对患病的寄养儿童及时安排医治。寄养儿童发生急症、重症等情况时，应当及时进行医治，并向儿童福利机构报告；

（六）配合儿童福利机构为寄养的残疾儿童提供辅助矫治、肢体功能康复训练、聋儿语言康复训练等方面的服务；

（七）配合儿童福利机构做好寄养儿童的送养工作；

（八）定期向儿童福利机构反映寄养儿童的成长状况，并接受其探访、培训、监督和指导；

（九）及时向儿童福利机构报告家庭住所变更情况；

（十）保障寄养儿童应予保障的其他权益。

第十四条 儿童福利机构主要承担以下职责：

（一）制定家庭寄养工作计划并组织实施；

（二）负责寄养家庭的招募、调查、审核和签约；

（三）培训寄养家庭中的主要照料人，组织寄养工作经验交流活动；

（四）定期探访寄养儿童，及时处理存在的问题；

（五）监督、评估寄养家庭的养育工作；

（六）建立家庭寄养服务档案并妥善保管；

（七）根据协议规定发放寄养儿童所需款物；

（八）向主管民政部门及时反映家庭寄养工作情况并提出建议。

第十五条 寄养协议约定的主要照料人不得随意变更。确需变更的，应当经儿童福利机构同意，经培训后在家庭寄养协议主要照料人一栏中变更。

第十六条 寄养融合期的时间不得少于六十日。

第十七条 寄养家庭有协议约定的事由在短期内不能照料寄养儿童的，儿童福利机构应当为寄养儿童提供短期养育服务。短期养育服务时间一般不超过三十日。

第十八条 寄养儿童在寄养期间不办理户口迁移手续，不改变与民政部门的监护关系。

第四章 寄养关系的解除

第十九条 寄养家庭提出解除寄养关系的，应当提前一个月向儿童福利机构书面提出解除寄养关系的申请，儿童福利机构应当予以解除。但在融合期内提出解除寄养关系的除外。

第二十条 寄养家庭有下列情形之一的，儿童福利机构应当解除寄养关系：

（一）寄养家庭及其成员有歧视、虐待寄养儿童行为的；

（二）寄养家庭成员的健康、品行不符合本办法第八条第（三）和（四）项规定的；

（三）寄养家庭发生重大变故，导致无法履行寄养义务的；

（四）寄养家庭变更住所后不符合本办法第八条规定的；

（五）寄养家庭借机对外募款敛财的；

（六）寄养家庭不履行协议约定的其他情形。

第二十一条 寄养儿童有下列情形之一的，儿童福利机构应当解除寄养关系：

（一）寄养儿童与寄养家庭关系恶化，确实无法共同生活的；

（二）寄养儿童依法被收养、被亲生父母或者其他监护人认领的；

（三）寄养儿童因就医、就学等特殊原因需要解除寄养关系的。

第二十二条 解除家庭寄养关系，儿童福利机构应当以书面形式通知寄养家庭，并报其主管民政部门备案。家庭寄养关系的解除以儿童福利机构批准时间为准。

第二十三条 儿童福利机构拟送养寄养儿童时，应当在报送被送养人材料的同时通知寄养家庭。

第二十四条 家庭寄养关系解除后，儿童福利机构应当妥善安置寄养儿童，并安排社会工作、医疗康复、心理健康教育等专业技术人员对其进行辅导、照料。

第二十五条　符合收养条件、有收养意愿的寄养家庭，可以依法优先收养被寄养儿童。

第五章　监督管理

第二十六条　县级以上地方人民政府民政部门对家庭寄养工作负有以下监督管理职责：

（一）制定本地区家庭寄养工作政策；

（二）指导、检查本地区家庭寄养工作；

（三）负责寄养协议的备案，监督寄养协议的履行；

（四）协调解决儿童福利机构与寄养家庭之间的争议；

（五）与有关部门协商，及时处理家庭寄养工作中存在的问题。

第二十七条　开展跨县级或者设区的市级行政区域的家庭寄养，应当经过共同上一级人民政府民政部门同意。

不得跨省、自治区、直辖市开展家庭寄养。

第二十八条　儿童福利机构应当聘用具有社会工作、医疗康复、心理健康教育等专业知识的专职工作人员。

第二十九条　家庭寄养经费，包括寄养儿童的养育费用补贴、寄养家庭的劳务补贴和寄养工作经费等。

寄养儿童养育费用补贴按照国家有关规定列支。寄养家庭劳务补贴、寄养工作经费等由当地人民政府予以保障。

第三十条　家庭寄养经费必须专款专用，儿童福利机构不得截留或者挪用。

第三十一条　儿童福利机构可以依法通过与社会组织合作、通过接受社会捐赠获得资助。

与境外社会组织或者个人开展同家庭寄养有关的合作项目，应当按照有关规定办理手续。

第六章　法律责任

第三十二条　寄养家庭不履行本办法规定的义务，或者未经同意变更主要照料人的，儿童福利机构可以督促其改正，情节严重的，可以解除寄养协议。

寄养家庭成员侵害寄养儿童的合法权益，造成人身财产损害的，依法承担民事责任；构成犯罪的，依法追究刑事责任。

第三十三条 儿童福利机构有下列情形之一的，由设立该机构的民政部门进行批评教育，并责令改正；情节严重的，对直接负责的主管人员和其他直接责任人员依法给予处分：

（一）不按照本办法的规定承担职责的；

（二）在办理家庭寄养工作中牟取利益，损害寄养儿童权益的；

（三）玩忽职守导致寄养协议不能正常履行的；

（四）跨省、自治区、直辖市开展家庭寄养，或者未经上级部门同意擅自开展跨县级或者设区的市级行政区域家庭寄养的；

（五）未按照有关规定办理手续，擅自与境外社会组织或者个人开展家庭寄养合作项目的。

第三十四条 县级以上地方人民政府民政部门不履行家庭寄养工作职责，由上一级人民政府民政部门责令其改正。情节严重的，对直接负责的主管人员和其他直接责任人员依法给予处分。

第七章 附 则

第三十五条 对流浪乞讨等生活无着未成年人承担临时监护责任的未成年人救助保护机构开展家庭寄养，参照本办法执行。

第三十六条 尚未设立儿童福利机构的，由县级以上地方人民政府民政部门负责本行政区域内家庭寄养的组织实施，具体工作参照本办法执行。

第三十七条 本办法自 2014 年 12 月 1 日起施行，2003 年颁布的《家庭寄养管理暂行办法》（民发〔2003〕144 号）同时废止。

关于依法处理监护人侵害
未成年人权益行为若干问题的意见

(2014 年 12 月 18 日　法发〔2014〕24 号)

为切实维护未成年人合法权益，加强未成年人行政保护和司法保护工作，确保未成年人得到妥善监护照料，根据民法通则、民事诉讼法、未成年人保护法等法律规定，现就处理监护人侵害未成年人权益行为（以下简称监护侵害行为）的有关工作制定本意见。

一、一般规定

1. 本意见所称监护侵害行为，是指父母或者其他监护人（以下简称监护人）性侵害、出卖、遗弃、虐待、暴力伤害未成年人，教唆、利用未成年人实施违法犯罪行为，胁迫、诱骗、利用未成年人乞讨，以及不履行监护职责严重危害未成年人身心健康等行为。

2. 处理监护侵害行为，应当遵循未成年人最大利益原则，充分考虑未成年人身心特点和人格尊严，给予未成年人特殊、优先保护。

3. 对于监护侵害行为，任何组织和个人都有权劝阻、制止或者举报。

公安机关应当采取措施，及时制止在工作中发现以及单位、个人举报的监护侵害行为，情况紧急时将未成年人带离监护人。

民政部门应当设立未成年人救助保护机构（包括救助管理站、未成年人救助保护中心），对因受到监护侵害进入机构的未成年人承担临时监护责任，必要时向人民法院申请撤销监护人资格。

人民法院应当依法受理人身安全保护裁定申请和撤销监护人资格案件并作出裁判。

人民检察院对公安机关、人民法院处理监护侵害行为的工作依法实行法律监督。

人民法院、人民检察院、公安机关设有办理未成年人案件专门工作机构的，应当优先由专门工作机构办理监护侵害案件。

4. 人民法院、人民检察院、公安机关、民政部门应当充分履行职责，加强指导和培训，提高保护未成年人的能力和水平；加强沟通协作，建立信息共享机制，实现未成年人行政保护和司法保护的有效衔接。

5. 人民法院、人民检察院、公安机关、民政部门应当加强与妇儿工委、教育部门、卫生部门、共青团、妇联、关工委、未成年人住所地村（居）民委员会等的联系和协作，积极引导、鼓励、支持法律服务机构、社会工作服务机构、公益慈善组织和志愿者等社会力量，共同做好受监护侵害的未成年人的保护工作。

二、报告和处置

6. 学校、医院、村（居）民委员会、社会工作服务机构等单位及其工作人员，发现未成年人受到监护侵害的，应当及时向公安机关报案或者举报。

其他单位及其工作人员、个人发现未成年人受到监护侵害的，也应当及时向公安机关报案或者举报。

7. 公安机关接到涉及监护侵害行为的报案、举报后，应当立即出警处置，制止正在发生的侵害行为并迅速进行调查。符合刑事立案条件的，应当立即立案侦查。

8. 公安机关在办理监护侵害案件时，应当依照法定程序，及时、全面收集固定证据，保证办案质量。

询问未成年人，应当考虑未成年人的身心特点，采取和缓的方式进行，防止造成进一步伤害。

未成年人有其他监护人的，应当通知其他监护人到场。其他监护人无法通知或者未能到场的，可以通知未成年人的其他成年亲属、所在学校、村（居）民委员会、未成年人保护组织的代表以及专业社会工作者等到场。

9. 监护人的监护侵害行为构成违反治安管理行为的，公安机关应当依法给予治安管理处罚，但情节特别轻微不予治安管理处罚的，应当给予批评教育并通报当地村（居）民委员会；构成犯罪的，依法追究刑事责任。

10. 对于疑似患有精神障碍的监护人，已实施危害未成年人安全的行为或者有危害未成年人安全危险的，其近亲属、所在单位、当地公安机关应当立即采取措施予以制止，并将其送往医疗机构进行精神障碍诊断。

11. 公安机关在出警过程中，发现未成年人身体受到严重伤害、面临严重人身安全威胁或者处于无人照料等危险状态的，应当将其带离实施监护侵害行为的监护人，就近护送至其他监护人、亲属、村（居）民委员会或者未成年人救助保护机构，并办理书面交接手续。未成年人有表达能力的，应当就护送地点征求未成年人意见。

负责接收未成年人的单位和人员（以下简称临时照料人）应当对未成年人予以临时紧急庇护和短期生活照料，保护未成年人的人身安全，不得侵害未成年人合法权益。

公安机关应当书面告知临时照料人有权依法向人民法院申请人身安全保护裁定和撤销监护人资格。

12. 对身体受到严重伤害需要医疗的未成年人，公安机关应当先行送医救治，同时通知其他有监护资格的亲属照料，或者通知当地未成年人救助保护机构开展后续救助工作。

监护人应当依法承担医疗救治费用。其他亲属和未成年人救助保护机构等垫付医疗救治费用的，有权向监护人追偿。

13. 公安机关将受监护侵害的未成年人护送至未成年人救助保护机构的，应当在五个工作日内提供案件侦办查处情况说明。

14. 监护侵害行为可能构成虐待罪的，公安机关应当告知未成年人及其近亲属有权告诉或者代为告诉，并通报所在地同级人民检察院。

未成年人及其近亲属没有告诉的，由人民检察院起诉。

三、临时安置和人身安全保护裁定

15. 未成年人救助保护机构应当接收公安机关护送来的受监护侵害的未成年人，履行临时监护责任。

未成年人救助保护机构履行临时监护责任一般不超过一年。

16. 未成年人救助保护机构可以采取家庭寄养、自愿助养、机构代养或者委托政府指定的寄宿学校安置等方式，对未成年人进行临时照料，并为未成年人提供心理疏导、情感抚慰等服务。

未成年人因临时监护需要转学、异地入学接受义务教育的，教育行政部门应当予以保障。

17. 未成年人的其他监护人、近亲属要求照料未成年人的，经公安机关或者村（居）民委员会确认其身份后，未成年人救助保护机构可以将未成年人交由其照料，终止临时监护。

关系密切的其他亲属、朋友要求照料未成年人的，经未成年人父、母所在单位或者村（居）民委员会同意，未成年人救助保护机构可以将未成年人交由其照料，终止临时监护。

未成年人救助保护机构将未成年人送交亲友临时照料的，应当办理书面交接手续，并书面告知临时照料人有权依法向人民法院申请人身安全保护裁定和撤销监护人资格。

18. 未成年人救助保护机构可以组织社会工作服务机构等社会力量，对监护人开展监护指导、心理疏导等教育辅导工作，并对未成年人的家庭基本情况、监护情况、监护人悔过情况、未成年人身心健康状况以及未成年人意愿等进行调查评估。监护人接受教育辅导及后续表现情况应当作为调查评估报告的重要内容。

有关单位和个人应当配合调查评估工作的开展。

19. 未成年人救助保护机构应当与公安机关、村（居）民委员会、学校以及未成年人亲属等进行会商，根据案件侦办查处情况说明、调查评估报告和监护人接受教育辅导等情况，并征求有表达能力的未成年人意见，形成会商结论。

经会商认为本意见第 11 条第 1 款规定的危险状态已消除，监护人能够正确履行监护职责的，未成年人救助保护机构应当及时通知监护人领回未成年人。监护人应当在三日内领回未成年人并办理书面交接手续。会商形成结论前，未成年人救助保护机构不得将未成年人交由监护人领回。

经会商认为监护侵害行为属于本意见第 35 条规定情形的，未成年人救助保护机构应当向人民法院申请撤销监护人资格。

20. 未成年人救助保护机构通知监护人领回未成年人的，应当将相关情况通报未成年人所在学校、辖区公安派出所、村（居）民委员会，并告知其对通报内容负有保密义务。

21. 监护人领回未成年人的，未成年人救助保护机构应当指导村（居）民委员会对监护人的监护情况进行随访，开展教育辅导工作。

未成年人救助保护机构也可以组织社会工作服务机构等社会力量，开展前款工作。

22. 未成年人救助保护机构或者其他临时照料人可以根据需要，在诉讼前向未成年人住所地、监护人住所地或者侵害行为地人民法院申请人身安全保护裁定。

未成年人救助保护机构或者其他临时照料人也可以在诉讼中向人民法院申请人身安全保护裁定。

23. 人民法院接受人身安全保护裁定申请后，应当按照民事诉讼法第一百条、第一百零一条、第一百零二条的规定作出裁定。经审查认为存在侵害未成年人人身安全危险的，应当作出人身安全保护裁定。

人民法院接受诉讼前人身安全保护裁定申请后，应当在四十八小时内作出裁定。接受诉讼中人身安全保护裁定申请，情况紧急的，也应当在四十八小时内作出裁定。人身安全保护裁定应当立即执行。

24. 人身安全保护裁定可以包括下列内容中的一项或者多项：

（一）禁止被申请人暴力伤害、威胁未成年人及其临时照料人；

（二）禁止被申请人跟踪、骚扰、接触未成年人及其临时照料人；

（三）责令被申请人迁出未成年人住所；

（四）保护未成年人及其临时照料人人身安全的其他措施。

25. 被申请人拒不履行人身安全保护裁定，危及未成年人及其临时照料人人身安全或者扰乱未成年人救助保护机构工作秩序的，未成年人、未成年人救助保护机构或者其他临时照料人有权向公安机关报告，由公安机关依法处理。

被申请人有其他拒不履行人身安全保护裁定行为的，未成年人、未成年人救助保护机构或者其他临时照料人有权向人民法院报告，人民法院根据民事诉讼法第一百一十一条、第一百一十五条、第一百一十六条的规定，视情节轻重处以罚款、拘留；构成犯罪的，依法追究刑事责任。

26. 当事人对人身安全保护裁定不服的，可以申请复议一次。复议期间不停止裁定的执行。

四、申请撤销监护人资格诉讼

27. 下列单位和人员（以下简称有关单位和人员）有权向人民法院申请撤销监护人资格：

（一）未成年人的其他监护人，祖父母、外祖父母、兄、姐，关系密切的其他亲属、朋友；

（二）未成年人住所地的村（居）民委员会，未成年人父、母所在单位；

（三）民政部门及其设立的未成年人救助保护机构；

（四）共青团、妇联、关工委、学校等团体和单位。

申请撤销监护人资格，一般由前款中负责临时照料未成年人的单位和人员提出，也可以由前款中其他单位和人员提出。

28. 有关单位和人员向人民法院申请撤销监护人资格的，应当提交相关证据。

有包含未成年人基本情况、监护存在问题、监护人悔过情况、监护人接受教育辅导情况、未成年人身心健康状况以及未成年人意愿等内容的调查评估报告的，应当一并提交。

29. 有关单位和人员向公安机关、人民检察院申请出具相关案件证明材料的，公安机关、人民检察院应当提供证明案件事实的基本材料或者书面说明。

30. 监护人因监护侵害行为被提起公诉的案件，人民检察院应当书面告知未成年人及其临时照料人有权依法申请撤销监护人资格。

对于监护侵害行为符合本意见第35条规定情形而相关单位和人员没有提起诉讼的，人民检察院应当书面建议当地民政部门或者未成年人救助保护机构向人民法院申请撤销监护人资格。

31. 申请撤销监护人资格案件，由未成人住所地、监护人住所地或者侵害行为地基层人民法院管辖。

人民法院受理撤销监护人资格案件，不收取诉讼费用。

五、撤销监护人资格案件审理和判后安置

32. 人民法院审理撤销监护人资格案件，比照民事诉讼法规定的特别程序进行，在一个月内审理结案。有特殊情况需要延长的，由本院院长批准。

33. 人民法院应当全面审查调查评估报告等证据材料，听取被申请人、有表达能力的未成年人以及村（居）民委员会、学校、邻居等的意见。

34. 人民法院根据案件需要可以聘请适当的社会人士对未成年人进行社会观护，并可以引入心理疏导和测评机制，组织专业社会工作者、儿童心理问题专家等专业人员参与诉讼，为未成年人和被申请人提供心理辅导和测评服务。

35. 被申请人有下列情形之一的，人民法院可以判决撤销其监护人资格：

（一）性侵害、出卖、遗弃、虐待、暴力伤害未成年人，严重损害未成年人身心健康的；

（二）将未成年人置于无人监管和照看的状态，导致未成年人面临死亡或者严重伤害危险，经教育不改的；

（三）拒不履行监护职责长达六个月以上，导致未成年人流离失所或者生活无着的；

（四）有吸毒、赌博、长期酗酒等恶习无法正确履行监护职责或者因服刑等原因无法履行监护职责，且拒绝将监护职责部分或者全部委托给他人，致使未成年人处于困境或者危险状态的；

（五）胁迫、诱骗、利用未成年人乞讨，经公安机关和未成年人救助保护机构等部门三次以上批评教育拒不改正，严重影响未成年人正常生活和学习的；

（六）教唆、利用未成年人实施违法犯罪行为，情节恶劣的；

（七）有其他严重侵害未成年人合法权益行为的。

36. 判决撤销监护人资格，未成年人有其他监护人的，应当由其他监护人承担监护职责。其他监护人应当采取措施避免未成年人继续受到侵害。

没有其他监护人的，人民法院根据最有利于未成年人的原则，在民法通则第十六条第二款、第四款规定的人员和单位中指定监护人。指定个人担任监护人的，应当综合考虑其意愿、品行、身体状况、经济条件、与未成年人的生活情感联系以及有表达能力的未成年人的意愿等。

没有合适人员和其他单位担任监护人的，人民法院应当指定民政部门担任监护人，由其所属儿童福利机构收留抚养。

37. 判决不撤销监护人资格的，人民法院可以根据需要走访未成年人及其家庭，也可以向当地民政部门、辖区公安派出所、村（居）民委员会、共青团、妇联、未成年人所在学校、监护人所在单位等发出司法建议，加强对未成年人的保护和对监护人的监督指导。

38. 被撤销监护人资格的侵害人，自监护人资格被撤销之日起三个月至一年内，可以书面向人民法院申请恢复监护人资格，并应当提交相关证据。

人民法院应当将前款内容书面告知侵害人和其他监护人、指定监护人。

39. 人民法院审理申请恢复监护人资格案件，按照变更监护关系的案件审理程序进行。

人民法院应当征求未成年人现任监护人和有表达能力的未成年人的意见，并可以委托申请人住所地的未成年人救助保护机构或者其他未成年人保护组织，对申请人监护意愿、悔改表现、监护能力、身心状况、工作生活情况等进行调查，形成调查评估报告。

申请人正在服刑或者接受社区矫正的，人民法院应当征求刑罚执行机关或者社区矫正机构的意见。

40. 人民法院经审理认为申请人确有悔改表现并且适宜担任监护人的，可以判决恢复其监护人资格，原指定监护人的监护人资格终止。

申请人具有下列情形之一的，一般不得判决恢复其监护人资格：

（一）性侵害、出卖未成年人的；

（二）虐待、遗弃未成年人六个月以上、多次遗弃未成年人，并且造成重伤以上严重后果的；

（三）因监护侵害行为被判处五年有期徒刑以上刑罚的。

41. 撤销监护人资格诉讼终结后六个月内，未成年人及其现任监护人可以向人民法院申请人身安全保护裁定。

42. 被撤销监护人资格的父、母应当继续负担未成年人的抚养费用和因监护侵害行为产生的各项费用。相关单位和人员起诉的，人民法院应予支持。

43. 民政部门应当根据有关规定，将符合条件的受监护侵害的未成年人纳入社会救助和相关保障范围。

44. 民政部门担任监护人的，承担抚养职责的儿童福利机构可以送养未成年人。

送养未成年人应当在人民法院作出撤销监护人资格判决一年后进行。侵害人有本意见第40条第2款规定情形的，不受一年后送养的限制。

未成年人节目管理规定

（2019年3月29日国家广播电视总局令第3号公布　根据2021年10月8日《国家广播电视总局关于第三批修改的部门规章的决定》修订）

第一章　总　则

第一条　为了规范未成年人节目，保护未成年人身心健康，保障未成年人合法权益，教育引导未成年人，培育和弘扬社会主义核心价值观，根据《中华人民共和国未成年人保护法》《广播电视管理条例》等法律、行政法规，制定本规定。

第二条　从事未成年人节目的制作、传播活动，适用本规定。

本规定所称未成年人节目，包括未成年人作为主要参与者或者以未成年人为主要接收对象的广播电视节目和网络视听节目。

第三条　从事未成年人节目制作、传播活动，应当以培养能够担当民族复兴大任的时代新人为着眼点，以培育和弘扬社会主义核心价值观为根本任务，弘扬中华优秀传统文化、革命文化和社会主义先进文化，坚持创新发展，增强原创能力，自觉保护未成年人合法权益，尊重未成年人发展和成长规律，促进未成年人健康成长。

第四条　未成年人节目管理工作应当坚持正确导向，注重保护尊重未成年人的隐私和人格尊严等合法权益，坚持教育保护并重，实行社会共治，防止未成年人节目出现商业化、成人化和过度娱乐化倾向。

第五条　国务院广播电视主管部门负责全国未成年人节目的监督管理工作。

县级以上地方人民政府广播电视主管部门负责本行政区域内未成年人节目的监督管理工作。

第六条　广播电视和网络视听行业组织应当结合行业特点，依法制定未成年人节目行业自律规范，加强职业道德教育，切实履行社会责任，促进业务交流，维护成员合法权益。

第七条　广播电视主管部门对在培育和弘扬社会主义核心价值观、强化正面教育、贴近现实生活、创新内容形式、产生良好社会效果等方面表现突出的未成年人节目，以及在未成年人节目制作、传播活动中做出突出贡献的组织、个人，按照有关规定予以表彰、奖励。

第二章　节目规范

第八条　国家支持、鼓励含有下列内容的未成年人节目的制作、传播：

（一）培育和弘扬社会主义核心价值观；

（二）弘扬中华优秀传统文化、革命文化和社会主义先进文化；

（三）引导树立正确的世界观、人生观、价值观；

（四）发扬中华民族传统家庭美德，树立优良家风；

（五）符合未成年人身心发展规律和特点；

（六）保护未成年人合法权益和情感，体现人文关怀；

（七）反映未成年人健康生活和积极向上的精神面貌；

（八）普及自然和社会科学知识；

（九）其他符合国家支持、鼓励政策的内容。

第九条　未成年人节目不得含有下列内容：

（一）渲染暴力、血腥、恐怖，教唆犯罪或者传授犯罪方法；

（二）除健康、科学的性教育之外的涉性话题、画面；

（三）肯定、赞许未成年人早恋；

（四）诋毁、歪曲或者以不当方式表现中华优秀传统文化、革命文化、社会主义先进文化；

（五）歪曲民族历史或者民族历史人物，歪曲、丑化、亵渎、否定英雄烈士事迹和精神；

（六）宣扬、美化、崇拜曾经对我国发动侵略战争和实施殖民统治的国家、事件、人物；

（七）宣扬邪教、迷信或者消极颓废的思想观念；

（八）宣扬或者肯定不良的家庭观、婚恋观、利益观；

（九）过分强调或者过度表现财富、家庭背景、社会地位；

（十）介绍或者展示自杀、自残和其他易被未成年人模仿的危险行为及游戏项目等；

（十一）表现吸毒、滥用麻醉药品、精神药品和其他违禁药物；

（十二）表现吸烟、售烟和酗酒；

（十三）表现违反社会公共道德、扰乱社会秩序等不良举止行为；

（十四）渲染帮会、黑社会组织的各类仪式；

（十五）宣传、介绍不利于未成年人身心健康的网络游戏；

（十六）法律、行政法规禁止的其他内容。

以科普、教育、警示为目的，制作、传播的节目中确有必要出现上述内容的，应当根据节目内容采取明显图像或者声音等方式予以提示，在显著位置设置明确提醒，并对相应画面、声音进行技术处理，避免过分展示。

第十条 不得制作、传播利用未成年人或者未成年人角色进行商业宣传的非广告类节目。

制作、传播未成年人参与的歌唱类选拔节目、真人秀节目、访谈脱口秀节目应当符合国务院广播电视主管部门的要求。

第十一条 广播电视播出机构、网络视听节目服务机构、节目制作机构应当根据不同年龄段未成年人身心发展状况，制作、传播相应的未成年人节目，并采取明显图像或者声音等方式予以提示。

第十二条 邀请未成年人参与节目制作，应当事先经其法定监护人同意。不得以恐吓、诱骗或者收买等方式迫使、引诱未成年人参与节目制作。

制作未成年人节目应当保障参与制作的未成年人人身和财产安全，以及充足的学习和休息时间。

第十三条 未成年人节目制作过程中，不得泄露或者质问、引诱未成年人泄露个人及其近亲属的隐私信息，不得要求未成年人表达超过其判断能力的观点。

对确需报道的未成年人违法犯罪案件，不得披露犯罪案件中未成年人当事人的姓名、住所、照片、图像等个人信息，以及可能推断出未成年人当事人身份的资料。对于不可避免含有上述内容的画面和声音，应当采取技术处理，达到不可识别的标准。

第十四条 邀请未成年人参与节目制作，其服饰、表演应当符合未成年人年龄特征和时代特点，不得诱导未成年人谈论名利、情爱等话题。

未成年人节目不得宣扬童星效应或者包装、炒作明星子女。

第十五条 未成年人节目应当严格控制设置竞赛排名，不得设置过高物质奖励，不得诱导未成年人现场拉票或者询问未成年人失败退出的感受。

情感故事类、矛盾调解类等节目应当尊重和保护未成年人情感，不得就家庭矛盾纠纷采访未成年人，不得要求未成年人参与节目录制和现场调解，避免未成年人亲眼目睹家庭矛盾冲突和情感纠纷。

未成年人节目不得以任何方式对未成年人进行品行、道德方面的测试，放大不良现象和非理性情绪。

第十六条 未成年人节目的主持人应当依法取得职业资格，言行妆容不得引起未成年人心理不适，并在节目中切实履行引导把控职责。

未成年人节目设置嘉宾，应当按照国务院广播电视主管部门的规定，将道德品行作为首要标准，严格遴选、加强培训，不得选用因丑闻劣迹、违法犯罪等行为造成不良社会影响的人员，并提高基层群众作为节目嘉宾的比重。

第十七条 国产原创未成年人节目应当积极体现中华文化元素，使用外国的人名、地名、服装、形象、背景等应当符合剧情需要。

未成年人节目中的用语用字应当符合有关通用语言文字的法律规定。

第十八条 未成年人节目前后播出广告或者播出过程中插播广告，应当遵守以下规定：

（一）未成年人专门频率、频道、专区、链接、页面不得播出医疗、药品、保健食品、医疗器械、化妆品、酒类、美容广告、不利于未成年人身心健康的网络游戏广告，以及其他不适宜未成年人观看的广告，其他未成年人节目前后不得播出上述广告；

（二）针对不满十四周岁的未成年人的商品或者服务的广告，不得含有劝诱其要求家长购买广告商品或者服务、可能引发其模仿不安全行为的内容；

（三）不得利用不满十周岁的未成年人作为广告代言人；

（四）未成年人广播电视节目每小时播放广告不得超过 12 分钟；

（五）未成年人网络视听节目播出或者暂停播出过程中，不得插播、展示广告，内容切换过程中的广告时长不得超过 30 秒。

第三章　传播规范

第十九条　未成年人专门频率、频道应当通过自制、外购、节目交流等多种方式，提高制作、播出未成年人节目的能力，提升节目质量和频率、频道专业化水平，满足未成年人收听收看需求。

网络视听节目服务机构应当以显著方式在显著位置对所传播的未成年人节目建立专区，专门播放适宜未成年人收听收看的节目。

未成年人专门频率频道、网络专区不得播出未成年人不宜收听收看的节目。

第二十条　广播电视播出机构、网络视听节目服务机构对所播出的录播或者用户上传的未成年人节目，应当按照有关规定履行播前审查义务；对直播节目，应当采取直播延时、备用节目替换等必要的技术手段，确保所播出的未成年人节目中不得含有本规定第九条第一款禁止内容。

第二十一条　广播电视播出机构、网络视听节目服务机构应当建立未成年人保护专员制度，安排具有未成年人保护工作经验或者教育背景的人员专门负责未成年人节目、广告的播前审查，并对不适合未成年人收听收看的节目、广告提出调整播出时段或者暂缓播出的建议，暂缓播出的建议由有关节目审查部门组织专家论证后实施。

第二十二条　广播电视播出机构、网络视听节目服务机构在未成年人节目播出过程中，应当至少每隔 30 分钟在显著位置发送易于辨认的休息提示信息。

第二十三条　广播电视播出机构在法定节假日和学校寒暑假每日 8：00 至 23：00，以及法定节假日和学校寒暑假之外时间每日 15：00 至 22：00，播出的节目应当适宜所有人群收听收看。

未成年人专门频率频道全天播出未成年人节目的比例应当符合国务院广播电视主管部门的要求，在每日 17：00 – 22：00 之间应当播出国产动画片或者其他未成年人节目，不得播出影视剧以及引进节目，确需在这一时段播出优秀未成年人影视剧的，应当符合国务院广播电视主管部门的要求。

未成年人专门频率频道、网络专区每日播出或者可供点播的国产动画片和引进动画片的比例应当符合国务院广播电视主管部门的规定。

第二十四条　网络用户上传含有未成年人形象、信息的节目且未经未成年人法定监护人同意的，未成年人的法定监护人有权通知网络视听节目服务机构采取删除、屏蔽、断开链接等必要措施。网络视听节目服务机构接到通知并确认其身份后应当及时采取相关措施。

第二十五条　网络视听节目服务机构应当对网络用户上传的未成年人节目建立公众监督举报制度。在接到公众书面举报后经审查发现节目含有本规定第九条第一款禁止内容或者属于第十条第一款禁止节目类型的，网络视听节目服务机构应当及时采取删除、屏蔽、断开链接等必要措施。

第二十六条　广播电视播出机构、网络视听节目服务机构应当建立由未成年人保护专家、家长代表、教师代表等组成的未成年人节目评估委员会，定期对未成年人节目、广告进行播前、播中、播后评估。必要时，可以邀请未成年人参加评估。评估意见应当作为节目继续播出或者调整的重要依据，有关节目审查部门应当对是否采纳评估意见作出书面说明。

第二十七条　广播电视播出机构、网络视听节目服务机构应当建立未成年人节目社会评价制度，并以适当方式及时公布所评价节目的改进情况。

第二十八条　广播电视播出机构、网络视听节目服务机构应当就未成年人保护情况每年度向当地人民政府广播电视主管部门提交书面年度报告。

评估委员会工作情况、未成年人保护专员履职情况和社会评价情况应当作为年度报告的重要内容。

第四章　监督管理

第二十九条　广播电视主管部门应当建立健全未成年人节目监听

监看制度，运用日常监听监看、专项检查、实地抽查等方式，加强对未成年人节目的监督管理。

第三十条 广播电视主管部门应当设立未成年人节目违法行为举报制度，公布举报电话、邮箱等联系方式。

任何单位或者个人有权举报违反本规定的未成年人节目。广播电视主管部门接到举报，应当记录并及时依法调查、处理；对不属于本部门职责范围的，应当及时移送有关部门。

第三十一条 全国性广播电视、网络视听行业组织应当依据本规定，制定未成年人节目内容审核具体行业标准，加强从业人员培训，并就培训情况向国务院广播电视主管部门提交书面年度报告。

第五章　法律责任

第三十二条 违反本规定，制作、传播含有本规定第九条第一款禁止内容的未成年人节目的，或者在以科普、教育、警示为目的制作的节目中，包含本规定第九条第一款禁止内容但未设置明确提醒、进行技术处理的，或者制作、传播本规定第十条禁止的未成年人节目类型的，依照《广播电视管理条例》第四十九条的规定予以处罚。

第三十三条 违反本规定，播放、播出广告的时间超过规定或者播出国产动画片和引进动画片的比例不符合国务院广播电视主管部门规定的，依照《广播电视管理条例》第五十条的规定予以处罚。

第三十四条 违反本规定第十一条至第十七条、第十九条至第二十二条、第二十三条第一款和第二款、第二十四条至第二十八条的规定，由县级以上人民政府广播电视主管部门责令限期改正，给予警告，可以并处三万元以下的罚款。

违反第十八条第一项至第三项的规定，由有关部门依法予以处罚。

第三十五条 广播电视节目制作经营机构、广播电视播出机构、网络视听节目服务机构违反本规定，其主管部门或者有权处理单位，应当依法对负有责任的主管人员或者直接责任人员给予处分、处理；造成严重社会影响的，广播电视主管部门可以向被处罚单位的主管部门或者有权处理单位通报情况，提出对负有责任的主管人员或者直接责任人员的处分、处理建议，并可函询后续处分、处理结果。

第三十六条 广播电视主管部门工作人员滥用职权、玩忽职守、徇私舞弊或者未依照本规定履行职责的，对负有责任的主管人员和直接责任人员依法给予处分。

第六章 附 则

第三十七条 本规定所称网络视听节目服务机构，是指互联网视听节目服务机构和专网及定向传播视听节目服务机构。

本规定所称学校寒暑假是指广播电视播出机构所在地、网络视听节目服务机构注册地教育行政部门规定的时间段。

第三十八条 未构成本规定所称未成年人节目，但节目中含有未成年人形象、信息等内容，有关内容规范和法律责任参照本规定执行。

第三十九条 本规定自 2019 年 4 月 30 日起施行。

国家互联网信息办公室关于
进一步加强对网上未成年人犯罪
和欺凌事件报道管理的通知

（2015 年 6 月 30 日）

各省、自治区、直辖市网信办，中央新闻网站：

近期，网上涉及对未成年人进行欺凌、侮辱的报道和涉及未成年人犯罪的报道呈增多趋势，个别报道展示校园暴力和未成年人犯罪细节，渲染对未成年人的人身伤害和人格羞辱，甚至侵犯未成年人隐私，对未成年人造成更为严重的二次伤害。

为加强对网上涉及未成年人犯罪和欺凌事件报道的管理，保护未成年人身心健康和合法权益，依据《中华人民共和国未成年人保护法》、《互联网新闻信息服务管理规定》等法律法规，提出要求如下：

一、网站采编涉及未成年人的新闻报道时，应首先考虑未成年人的权益保护，基于未成年人的特点进行报道。要形成引导保护未成年人相关权益意识，尊重未成年人的人格尊严，坚持与贯彻未成年人利益优先原则。

二、网站登载涉及未成年人犯罪和欺凌事件报道，原则上应采用中央主要新闻媒体的报道。确有必要使用其他来源稿件时，要严格进行核实，由网站总编辑签发，保留签发证明及依据。

三、网站不得在首页及新闻频道要闻位置登载未成年人犯罪和欺凌事件报道，不得在博客、微博、论坛、贴吧、弹窗、导航、搜索引擎等位置推荐相关报道，不得制作专题或集纳相关报道。

四、在涉及未成年人的网上报道中，不得对涉及未成年人体罚、侮辱人格尊严行为、校园暴力以及未成年人犯罪情节等进行渲染报道。

五、在对未成年人犯罪案件进行网上报道时，不得披露未成年人的姓名、住所、照片及可能推断出该未成年人的资料。不得披露未成年人的个人信息，避免对未成年人造成二次伤害。

六、在涉及未成年人的网上报道中，严禁使用未经处理的涉未成年人暴力、血腥、色情、恐怖等违法视频及图片。

七、在涉及未成年人的网上报道中，严禁以胁迫、诱导未成年人等方式采集信息，严禁歧视未成年人或利用未成年人负面新闻进行商业牟利。

八、在涉及未成年人的网上报道中，要加强对未成年人积极向上言行和事迹的宣传报道，要对未成年人中出现的不良现象及时给予批评和引导，使未成年人通过新闻报道认清真、善、美和假、恶、丑，及时纠正自己的不良言行，营造未成年人生活、学习和成长的良好舆论氛围，使未成年人学习有榜样，努力有方向，促进未成年人快乐健康成长。

九、网站要落实主体责任，健全有关管理制度，加强对未成年人网上报道的管理，同时要严格管理网民自发上传、分享涉及网上未成年人犯罪和欺凌事件的内容，及时删除违法违规信息。

十、各级网信管理部门要加强对网站有关未成年人报道及网上不良信息的管理。对于违反本通知有关规定，造成不良影响的单位和个人，依法采取约谈、警告、罚款等处理措施，直至取消网站新闻信息服务资质。

关于建立侵害未成年人案件
强制报告制度的意见（试行）

(2020 年 5 月 7 日)

第一条 为切实加强对未成年人的全面综合司法保护，及时有效惩治侵害未成年人违法犯罪，根据《中华人民共和国刑事诉讼法》《中华人民共和国未成年人保护法》《中华人民共和国反家庭暴力法》《中华人民共和国执业医师法》及相关法律法规，结合未成年人保护工作实际，制定本意见。

第二条 侵害未成年人案件强制报告，是指国家机关、法律法规授权行使公权力的各类组织及法律规定的公职人员，密切接触未成年人行业的各类组织及其从业人员，在工作中发现未成年人遭受或者疑似遭受不法侵害以及面临不法侵害危险的，应当立即向公安机关报案或举报。

第三条 本意见所称密切接触未成年人行业的各类组织，是指依法对未成年人负有教育、看护、医疗、救助、监护等特殊职责，或者虽不负有特殊职责但具有密切接触未成年人条件的企事业单位、基层群众自治组织、社会组织。主要包括：居（村）民委员会；中小学校、幼儿园、校外培训机构、未成年人校外活动场所等教育机构及校车服务提供者；托儿所等托育服务机构；医院、妇幼保健院、急救中心、诊所等医疗机构；儿童福利机构、救助管理机构、未成年人救助保护机构、社会工作服务机构；旅店、宾馆等。

第四条 本意见所称在工作中发现未成年人遭受或者疑似遭受不法侵害以及面临不法侵害危险的情况包括：

（一）未成年人的生殖器官或隐私部位遭受或疑似遭受非正常损伤的；

（二）不满十四周岁的女性未成年人遭受或疑似遭受性侵害、怀

202

孕、流产的；

（三）十四周岁以上女性未成年人遭受或疑似遭受性侵害所致怀孕、流产的；

（四）未成年人身体存在多处损伤、严重营养不良、意识不清，存在或疑似存在受到家庭暴力、欺凌、虐待、殴打或者被人麻醉等情形的；

（五）未成年人因自杀、自残、工伤、中毒、被人麻醉、殴打等非正常原因导致伤残、死亡情形的；

（六）未成年人被遗弃或长期处于无人照料状态的；

（七）发现未成年人来源不明、失踪或者被拐卖、收买的；

（八）发现未成年人被组织乞讨的；

（九）其他严重侵害未成年人身心健康的情形或未成年人正在面临不法侵害危险的。

第五条　根据本意见规定情形向公安机关报案或举报的，应按照主管行政机关要求报告备案。

第六条　具备先期核实条件的相关单位、机构、组织及人员，可以对未成年人疑似遭受不法侵害的情况进行初步核实，并在报案或举报时将相关材料一并提交公安机关。

第七条　医疗机构及其从业人员在收治遭受或疑似遭受人身、精神损害的未成年人时，应当保持高度警惕，按规定书写、记录和保存相关病历资料。

第八条　公安机关接到疑似侵害未成年人权益的报案或举报后，应当立即接受，问明案件初步情况，并制作笔录。根据案件的具体情况，涉嫌违反治安管理的，依法受案审查；涉嫌犯罪的，依法立案侦查。对不属于自己管辖的，及时移送有管辖权的公安机关。

第九条　公安机关侦查未成年人被侵害案件，应当依照法定程序，及时、全面收集固定证据。对于严重侵害未成年人的暴力犯罪案件、社会高度关注的重大、敏感案件，公安机关、人民检察院应当加强办案中的协商、沟通与配合。

公安机关、人民检察院依法向报案人员或者单位调取指控犯罪所需的处理记录、监控资料、证人证言等证据时，相关单位及其工作人员应当积极予以协助配合，并按照有关规定全面提供。

第十条　公安机关应当在受案或者立案后三日内向报案单位反馈案件进展，并在移送审查起诉前告知报案单位。

第十一条　人民检察院应当切实加强对侵害未成年人案件的立案监督。认为公安机关应当立案而不立案的，应当要求公安机关说明不立案的理由。认为不立案理由不能成立的，应当通知公安机关立案，公安机关接到通知后应当立即立案。

第十二条　公安机关、人民检察院发现未成年人需要保护救助的，应当委托或者联合民政部门或共青团、妇联等群团组织，对未成年人及其家庭实施必要的经济救助、医疗救治、心理干预、调查评估等保护措施。未成年被害人生活特别困难的，司法机关应当及时启动司法救助。

公安机关、人民检察院发现未成年人父母或者其他监护人不依法履行监护职责，或者侵害未成年人合法权益的，应当予以训诫或者责令其接受家庭教育指导。经教育仍不改正，情节严重的，应当依法依规予以惩处。

公安机关、妇联、居民委员会、村民委员会、救助管理机构、未成年人救助保护机构发现未成年人遭受家庭暴力或面临家庭暴力的现实危险，可以依法向人民法院代为申请人身安全保护令。

第十三条　公安机关、人民检察院和司法行政机关及教育、民政、卫生健康等主管行政机关应当对报案人的信息予以保密。违法窃取、泄露报告事项、报告受理情况以及报告人信息的，依法依规予以严惩。

第十四条　相关单位、组织及其工作人员应当注意保护未成年人隐私，对于涉案未成年人身份、案情等信息资料予以严格保密，严禁通过互联网或者以其他方式进行传播。私自传播的，依法给予治安处罚或追究其刑事责任。

第十五条　依法保障相关单位及其工作人员履行强制报告责任，对根据规定报告侵害未成年人案件而引发的纠纷，报告人不予承担相应法律责任；对于干扰、阻碍报告的组织或个人，依法追究法律责任。

第十六条　负有报告义务的单位及其工作人员未履行报告职责，造成严重后果的，由其主管行政机关或者本单位依法对直接负责的主管人员或者其他直接责任人员给予相应处分；构成犯罪的，依法追究刑事责任。相关单位或者单位主管人员阻止工作人员报告的，予以从重处罚。

第十七条　对于行使公权力的公职人员长期不重视强制报告工作，不按规定落实强制报告制度要求的，根据其情节、后果等情况，监察委员会应当依法对相关单位和失职失责人员进行问责，对涉嫌职务违法犯罪的依法调查处理。

第十八条　人民检察院依法对本意见的执行情况进行法律监督。对于工作中发现相关单位对本意见执行、监管不力的，可以通过发出检察建议书等方式进行监督纠正。

第十九条　对于因及时报案使遭受侵害未成年人得到妥善保护、犯罪分子受到依法惩处的，公安机关、人民检察院、民政部门应及时向其主管部门反馈相关情况，单独或联合给予相关机构、人员奖励、表彰。

第二十条　强制报告责任单位的主管部门应当在本部门职能范围内指导、督促责任单位严格落实本意见，并通过年度报告、不定期巡查等方式，对本意见执行情况进行检查。注重加强指导和培训，切实提高相关单位和人员的未成年人保护意识和能力水平。

第二十一条　各级监察委员会、人民检察院、公安机关、司法行政机关、教育、民政、卫生健康部门和妇联、共青团组织应当加强沟通交流，定期通报工作情况，及时研究实践中出现的新情况、新问题。

各部门建立联席会议制度，明确强制报告工作联系人，畅通联系渠道，加强工作衔接和信息共享。人民检察院负责联席会议制度日常工作安排。

第二十二条　相关单位应加强对侵害未成年人案件强制报告的政策和法治宣传，强化全社会保护未成年人、与侵害未成年人违法犯罪行为作斗争的意识，争取理解与支持，营造良好社会氛围。

第二十三条　本意见自印发之日起试行。

最高人民法院关于审理
未成年人刑事案件具体应用
法律若干问题的解释

（2005 年 12 月 12 日最高人民法院审判委员会第 1373 次会议通过　2006 年 1 月 11 日最高人民法院公告公布　自 2006 年 1 月 23 日起施行　法释〔2006〕1 号）

为正确审理未成年人刑事案件，贯彻"教育为主，惩罚为辅"的原则，根据刑法等有关法律的规定，现就审理未成年人刑事案件具体应用法律的若干问题解释如下：

第一条　本解释所称未成年人刑事案件，是指被告人实施被指控的犯罪时已满十四周岁不满十八周岁的案件。

第二条　刑法第十七条规定的"周岁"，按照公历的年、月、日计算，从周岁生日的第二天起算。

第三条　审理未成年人刑事案件，应当查明被告人实施被指控的犯罪时的年龄。裁判文书中应当写明被告人出生的年、月、日。

第四条　对于没有充分证据证明被告人实施被指控的犯罪时已经达到法定刑事责任年龄且确实无法查明的，应当推定其没有达到相应法定刑事责任年龄。

相关证据足以证明被告人实施被指控的犯罪时已经达到法定刑事责任年龄，但是无法准确查明被告人具体出生日期的，应当认定其达到相应法定刑事责任年龄。

第五条　已满十四周岁不满十六周岁的人实施刑法第十七条第二款规定以外的行为，如果同时触犯了刑法第十七条第二款规定的，应当依照刑法第十七条第二款的规定确定罪名，定罪处罚。

第六条　已满十四周岁不满十六周岁的人偶尔与幼女发生性行为，情节轻微、未造成严重后果的，不认为是犯罪。

第七条　已满十四周岁不满十六周岁的人使用轻微暴力或者威胁，

强行索要其他未成年人随身携带的生活、学习用品或者钱财数量不大，且未造成被害人轻微伤以上或者不敢正常到校学习、生活等危害后果的，不认为是犯罪。

已满十六周岁不满十八周岁的人具有前款规定情形的，一般也不认为是犯罪。

第八条 已满十六周岁不满十八周岁的人出于以大欺小、以强凌弱或者寻求精神刺激，随意殴打其他未成年人、多次对其他未成年人强拿硬要或者任意损毁公私财物，扰乱学校及其他公共场所秩序，情节严重的，以寻衅滋事罪定罪处罚。

第九条 已满十六周岁不满十八周岁的人实施盗窃行为未超过三次，盗窃数额虽已达到"数额较大"标准，但案发后能如实供述全部盗窃事实并积极退赃，且具有下列情形之一的，可以认定为"情节显著轻微危害不大"，不认为是犯罪：

（一）系又聋又哑的人或者盲人；

（二）在共同盗窃中起次要或者辅助作用，或者被胁迫；

（三）具有其他轻微情节的。

已满十六周岁不满十八周岁的人盗窃未遂或者中止的，可不认为是犯罪。

已满十六周岁不满十八周岁的人盗窃自己家庭或者近亲属财物，或者盗窃其他亲属财物但其他亲属要求不予追究的，可以不按犯罪处理。

第十条 已满十四周岁不满十六周岁的人盗窃、诈骗、抢夺他人财物，为窝藏赃物、抗拒抓捕或者毁灭罪证，当场使用暴力，故意伤害致人重伤或者死亡，或者故意杀人的，应当分别以故意伤害罪或者故意杀人罪定罪处罚。

已满十六周岁不满十八周岁的人犯盗窃、诈骗、抢夺罪，为窝藏赃物、抗拒抓捕或者毁灭罪证而当场使用暴力或者以暴力相威胁的，应当依照刑法第二百六十九条的规定定罪处罚；情节轻微的，可不以抢劫罪定罪处罚。

第十一条 对未成年罪犯适用刑罚，应当充分考虑是否有利于未成年罪犯的教育和矫正。

对未成年罪犯量刑应当依照刑法第六十一条的规定，并充分考虑未成年人实施犯罪行为的动机和目的、犯罪时的年龄、是否初次犯罪、犯罪后的悔罪表现、个人成长经历和一贯表现等因素。对符合管制、缓刑、单处罚金或者免予刑事处罚适用条件的未成年罪犯，应当依法适用管制、缓刑、单处罚金或者免予刑事处罚。

第十二条 行为人在达到法定刑事责任年龄前后均实施了犯罪行为，只能依法追究其达到法定刑事责任年龄后实施的犯罪行为的刑事责任。

行为人在年满十八周岁前后实施了不同种犯罪行为，对其年满十八周岁以前实施的犯罪应当依法从轻或者减轻处罚。行为人在年满十八周岁前后实施了同种犯罪行为，在量刑时应当考虑对年满十八周岁以前实施的犯罪，适当给予从轻或者减轻处罚。

第十三条 未成年人犯罪只有罪行极其严重的，才可以适用无期徒刑。对已满十四周岁不满十六周岁的人犯罪一般不判处无期徒刑。

第十四条 除刑法规定"应当"附加剥夺政治权利外，对未成年犯罪一般不判处附加剥夺政治权利。

如果对未成年犯罪判处附加剥夺政治权利的，应当依法从轻判处。

对实施被指控犯罪时未成年、审判时已成年的罪犯判处附加剥夺政治权利，适用前款的规定。

第十五条 对未成年罪犯实施刑法规定的"并处"没收财产或者罚金的犯罪，应当依法判处相应的财产刑；对未成年罪犯实施刑法规定的"可以并处"没收财产或者罚金的犯罪，一般不判处财产刑。

对未成年罪犯判处罚金刑时，应当依法从轻或者减轻判处，并根据犯罪情节，综合考虑其缴纳罚金的能力，确定罚金数额。但罚金的最低数额不得少于五百元人民币。

对被判处罚金刑的未成年罪犯，其监护人或者其他人自愿代为垫付罚金的，人民法院应当允许。

第十六条 对未成年罪犯符合刑法第七十二条第一款规定的，可以宣告缓刑。如果同时具有下列情形之一，对其适用缓刑确实不致再危害社会的，应当宣告缓刑：

（一）初次犯罪；

（二）积极退赃或赔偿被害人经济损失；

（三）具备监护、帮教条件。

第十七条 未成年罪犯根据其所犯罪行，可能被判处拘役、三年以下有期徒刑，如果悔罪表现好，并具有下列情形之一的，应当依照刑法第三十七条的规定免予刑事处罚：

（一）系又聋又哑的人或者盲人；

（二）防卫过当或者避险过当；

（三）犯罪预备、中止或者未遂；

（四）共同犯罪中从犯、胁从犯；

（五）犯罪后自首或者有立功表现；

（六）其他犯罪情节轻微不需要判处刑罚的。

第十八条 对未成年罪犯的减刑、假释，在掌握标准上可以比照成年罪犯依法适度放宽。

未成年罪犯能认罪服法，遵守监规，积极参加学习、劳动的，即可视为"确有悔改表现"予以减刑，其减刑的幅度可以适当放宽，间隔的时间可以相应缩短。符合刑法第八十一条第一款规定的，可以假释。

未成年罪犯在服刑期间已经成年的，对其减刑、假释可以适用上述规定。

第十九条 刑事附带民事案件的未成年被告人有个人财产的，应当由本人承担民事赔偿责任，不足部分由监护人予以赔偿，但单位担任监护人的除外。

被告人对被害人物质损失的赔偿情况，可以作为量刑情节予以考虑。

第二十条 本解释自 2006 年 1 月 23 日起施行。

《最高人民法院关于办理未成年人刑事案件适用法律的若干问题的解释》（法发〔1995〕9 号）自本解释公布之日起不再执行。

关于依法严惩利用未成年人
实施黑恶势力犯罪的意见

（2020 年 3 月 23 日 高检发〔2020〕4 号）

扫黑除恶专项斗争开展以来，各级人民法院、人民检察院、公安机关和司法行政机关坚决贯彻落实中央部署，严格依法办理涉黑涉恶案件，取得了显著成效。近期，不少地方在办理黑恶势力犯罪案件时，发现一些未成年人被胁迫、利诱参与、实施黑恶势力犯罪，严重损害了未成年人健康成长，严重危害社会和谐稳定。为保护未成年人合法权益，依法从严惩治胁迫、教唆、引诱、欺骗等利用未成年人实施黑恶势力犯罪的行为，根据有关法律规定，制定本意见。

一、突出打击重点，依法严惩利用未成年人实施黑恶势力犯罪的行为

（一）黑社会性质组织、恶势力犯罪集团、恶势力，实施下列行为之一的，应当认定为"利用未成年人实施黑恶势力犯罪"：

1. 胁迫、教唆未成年人参加黑社会性质组织、恶势力犯罪集团、恶势力，或者实施黑恶势力违法犯罪活动的；

2. 拉拢、引诱、欺骗未成年人参加黑社会性质组织、恶势力犯罪集团、恶势力，或者实施黑恶势力违法犯罪活动的；

3. 招募、吸收、介绍未成年人参加黑社会性质组织、恶势力犯罪集团、恶势力，或者实施黑恶势力违法犯罪活动的；

4. 雇佣未成年人实施黑恶势力违法犯罪活动的；

5. 其他利用未成年人实施黑恶势力犯罪的情形。

黑社会性质组织、恶势力犯罪集团、恶势力，根据刑法和《最高人民法院、最高人民检察院、公安部、司法部关于办理黑恶势力犯罪案件若干问题的指导意见》《最高人民法院、最高人民检察院、公安部、司法部关于办理恶势力刑事案件若干问题的意见》等法律、司法解释性质文件的规定认定。

（二）利用未成年人实施黑恶势力犯罪，具有下列情形之一的，应当从重处罚：

1. 组织、指挥未成年人实施故意杀人、故意伤害致人重伤或者死亡、强奸、绑架、抢劫等严重暴力犯罪的；

2. 向未成年人传授实施黑恶势力犯罪的方法、技能、经验的；

3. 利用未达到刑事责任年龄的未成年人实施黑恶势力犯罪的；

4. 为逃避法律追究，让未成年人自首、做虚假供述顶罪的；

5. 利用留守儿童、在校学生实施犯罪的；

6. 利用多人或者多次利用未成年人实施犯罪的；

7. 针对未成年人实施违法犯罪的；

8. 对未成年人负有监护、教育、照料等特殊职责的人员利用未成年人实施黑恶势力违法犯罪活动的;

9. 其他利用未成年人违法犯罪应当从重处罚的情形。

（三）黑社会性质组织、恶势力犯罪集团利用未成年人实施犯罪的，对犯罪集团首要分子，按照集团所犯的全部罪行，从重处罚。对犯罪集团的骨干成员，按照其组织、指挥的犯罪，从重处罚。

恶势力利用未成年人实施犯罪的，对起组织、策划、指挥作用的纠集者，恶势力共同犯罪中罪责严重的主犯，从重处罚。

黑社会性质组织、恶势力犯罪集团、恶势力成员直接利用未成年人实施黑恶势力犯罪的，从重处罚。

（四）有胁迫、教唆、引诱等利用未成年人参加黑社会性质组织、恶势力犯罪集团、恶势力，或者实施黑恶势力犯罪的行为，虽然未成年人并没有加入黑社会性质组织、恶势力犯罪集团、恶势力，或者没有实际参与实施黑恶势力违法犯罪活动，对黑社会性质组织、恶势力犯罪集团、恶势力的首要分子、骨干成员、纠集者、主犯和直接利用的成员，即便有自首、立功、坦白等从轻减轻情节的，一般也不予从轻或者减轻处罚。

（五）被黑社会性质组织、恶势力犯罪集团、恶势力利用，偶尔参与黑恶势力犯罪活动的未成年人，按其所实施的具体犯罪行为定性，一般不认定为黑恶势力犯罪组织成员。

二、严格依法办案，形成打击合力

（一）人民法院、人民检察院、公安机关和司法行政机关要加强协作配合，对利用未成年人实施黑恶势力犯罪的，在侦查、起诉、审判、执行各阶段，要全面体现依法从严惩处精神，及时查明利用未成年人的犯罪事实，避免纠缠细枝末节。要加强对下指导，对利用未成年人实施黑恶势力犯罪的重特大案件，可以单独或者联合挂牌督办。对于重大疑难复杂和社会影响较大的案件，办案部门应当及时层报上级人民法院、人民检察院、公安机关和司法行政机关。

（二）公安机关要注意发现涉黑涉恶案件中利用未成年人犯罪的线索，落实以审判为中心的刑事诉讼制度改革要求，强化程序意识和证据意识，依法收集、固定和运用证据，并可以就案件性质、收集证据和适用法律等听取人民检察院意见建议。从严掌握取保候审、监视居住的适用，对利用未成年人实施黑恶势力犯罪的首要分子、骨干成员、纠集者、主犯和直接利用的成员，应当依法提请人民检察院批准逮捕。

（三）人民检察院要加强对利用未成年人实施黑恶势力犯罪案件的立案监督，发现应当立案而不立案的，应当要求公安机关说明理由，认为理由不能成立的，应当依法通知公安机关立案。对于利用未成年人实施黑恶势力犯罪的案件，人民检察院可以对案件性质、收集证据和适用法律等提出意见建议。对于符合逮捕条件的依法坚决批准逮捕，符合起诉条件的依法坚决起诉。不批准逮捕要求公安机关补充侦查、审查起诉阶段退回补充侦查的，应当分别制作详细的补充侦查提纲，写明需要补充侦查的事项、理由、侦查方向、需要补充收集的证据及其证明作用等，送交公安机关开展相关侦查补证活动。

（四）办理利用未成年人实施黑恶势力犯罪案件要将依法严惩与认罪认罚从宽有机结合起来。对利用未成年人实施黑恶势力犯罪的，人民检察院要考虑其利用未成年人的情节，向人民法院提出从严处罚的量刑建议。对于虽然认罪，但利用未成年人实施黑恶势力犯罪，犯罪性质恶劣、犯罪手段残忍、严重损害未成年人身心健康，不足以从宽处罚的，在提出量刑建议时要依法从严从重。对被黑恶势力利用实施犯罪的未成年人，自愿如实认罪、真诚悔罪、愿意接受处罚的，应当依法提出从宽处理的量刑建议。

（五）人民法院要对利用未成年人实施黑恶势力犯罪案件及时审判，从严处罚。严格掌握缓刑、减刑、假释的适用，严格掌握暂予监外执行的适用条件。依法运用财产刑、资格刑，最大限度铲除黑恶势力"经济基础"。对于符合刑法第三十七条之一规定的，应当依法禁止其从事相关职业。

三、积极参与社会治理，实现标本兼治

（一）认真落实边打边治边建要求，积极参与社会治理。深挖黑恶势力犯罪分子利用未成年人实施犯罪的根源，剖析重点行业领域监管漏洞，及时预警预判，及时通报相关部门、提出加强监管和行政执法的建议，从源头遏制黑恶势力向未成年人群体侵蚀蔓延。对被黑恶势力利用尚未实施犯罪的未成年人，要配合有关部门及早发现、及时挽救。对实施黑恶势力犯罪但未达到刑事责任年龄的未成年人，要通过落实家庭监护、强化学校教育管理、送入专门学校矫治、开展社会化帮教等措施做好教育挽救和犯罪预防工作。

（二）加强各职能部门协调联动，有效预防未成年人被黑恶势力利用。建立与共青团、妇联、教育等部门的协作配合工作机制，开展针对未成年人监护人的家庭教育指导、针对教职工的法治教育培训，教育引导未成年人远离违法犯罪。推动建立未成年人涉黑涉恶预警机制，及时阻断未成年人与黑恶势力的联系，防止未成年人被黑恶势力诱导利用。推动网信部门开展专项治理，加强未成年人网络保护。加强与街道、社区等基层组织的联系，重视和发挥基层组织在预防未成年人涉黑涉恶犯罪中的重要作用，进一步推进社区矫正机构对未成年社区矫正对象采取有针对性的矫正措施。

（三）开展法治宣传教育，为严惩利用未成年人实施黑恶势力犯罪营造良好社会环境。充分发挥典型案例的宣示、警醒、引领、示范作用，通过以案释法，选择典型案件召开新闻发布会，向社会公布严惩利用未成年人实施黑恶势力犯罪的经验和做法，揭露利用未成年人实施黑恶势力犯罪的严重危害性。加强重点青少年群体的法治教育，在黑恶势力犯罪案件多发的地区、街道、社区等，强化未成年人对黑恶势力违法犯罪行为的认识，提高未成年人防范意识和法治观念，远离黑恶势力及其违法犯罪。

未成年人法律援助服务指引（试行）

（2020 年 9 月 16 日　司公通〔2020〕12 号）

第一章　总　　则

第一条　为有效保护未成年人合法权益，加强未成年人法律援助工作，规范未成年人法律援助案件的办理，依据《中华人民共和国民事诉讼法》《中华人民共和国刑事诉讼法》《中华人民共和国未成年人保护法》《法律援助条例》等法律、法规、规范性文件，制定本指引。

第二条　法律援助承办机构及法律援助承办人员办理未成年人法律援助案件，应当遵守《全国民事行政法律援助服务规范》《全国刑事法律援助服务规范》，参考本指引规定的工作原则和办案要求，提高未成年人法律援助案件的办案质量。

第三条　本指引适用于法律援助承办机构、法律援助承办人员办理性侵害未成年人法律援助案件、监护人侵害未成年人权益法律援助案件、学生伤害事故法律援助案件和其他侵害未成年人合法权益的法律援助案件。

其他接受委托办理涉及未成年人案件的律师，可以参照执行。

第四条　未成年人法律援助工作应当坚持最有利于未成年人的原则，遵循给予未成年人特殊、优先保护，尊重未成年人人格尊严，保护未成年人隐私权和个人信息，适应未成年人身心发展的规律和特点，听取未成年人的意见，保护与教育相结合等原则；兼顾未成年犯罪嫌疑人、被告人、被害人权益的双向保护，避免未成年人受到二次伤害，加强跨部门多专业合作，积极寻求相关政府部门、专业机构的支持。

第二章　基 本 要 求

第五条　法律援助机构指派未成年人案件时，应当优先指派熟悉未成年人身心特点、熟悉未成年人法律业务的承办人员。未成年人为女性的性侵害案件，应当优先指派女性承办人员办理。重大社会影响或疑难复杂案件，法律援助机构可以指导、协助法律援助承办人员向办案机关寻求必要支持。有条件的地区，法律援助机构可以建立未成年人法律援助律师团队。

第六条　法律援助承办人员应当在收到指派通知书之日起 5 个工作日内会见受援未成年人及其法定代理人（监护人）或近亲属并进行以下工作：

（一）了解案件事实经过、司法程序处理背景、争议焦点和诉讼时效、受援未成年人及其法定代理人（监护人）诉求、案件相关证据材料及证据线索等基本情况；

（二）告知其法律援助承办人员的代理、辩护职责、受援未成年人及其法定代理人（监护人）在诉讼中的权利和义务、案件主要诉讼风险及法律后果；

（三）发现未成年人遭受暴力、虐待、遗弃、性侵害等侵害的，可以向公安机关进行报告，同时向法律援助机构报备，可以为其寻求救助庇护和专业帮助提供协助；

（四）制作谈话笔录，并由受援未成年人及其法定代理人（监护人）或近亲属共同签名确认。未成年人无阅读能力或尚不具备理解认知能力的，法律援助承办人员应当向其宣读笔录，由其法定代理人（监护人）或近亲属代签，并在笔录上载明。

（五）会见受援未成年人时，其法定代理人（监护人）或近亲属至少应有一人在场，会见在押未成年人犯罪嫌疑人、被告人除外；会见受援未成年人的法定代理人（监护人）时，如有必要，受援未成年人可以在场。

第七条　法律援助承办人员办理未成年人案件的工作要求：

（一）与未成年人沟通时不得使用批评性、指责性、侮辱性以及有损人格尊严等性质的语言；

（二）会见未成年人，优先选择未成年人住所或者其他让未成年人感到安全的场所；

（三）会见未成年当事人或未成年证人，应当通知其法定代理人（监护人）或者其他成年亲属等合适成年人到场；

（四）保护未成年人隐私权和个人信息，不得公开涉案未成年人和未成年被害人的姓名、影像、住所、就读学校以及其他可能推断、识别身份信息的其他资料信息；

（五）重大、复杂、疑难案件，应当提请律师事务所或法律援助机构集体讨论，提请律师事务所讨论的，应当将讨论结果报告法律援助机构。

第三章　办理性侵害未成年人案件

第八条　性侵害未成年人犯罪，包括刑法第二百三十六条、第二百三十七条、第三百五十八条、第三百五十九条规定的针对未成年人实施的强奸罪，猥亵他人罪，猥亵儿童罪，组织卖淫罪，强迫卖淫罪，引诱、容留、介绍卖淫罪，引诱幼女卖淫罪等案件。

第九条　法律援助承办人员办理性侵害未成年人案件的工作要求：

（一）法律援助承办人员需要询问未成年被害人的，应当采取和缓、科学的询问方式，以一次、全面询问为原则，尽可能避免反复询问。法律援助承办人员可以建议办案机关在办理案件时，推行全程录音录像制度，以保证被害人陈述的完整性、准确性和真实性；

（二）法律援助承办人员应当向未成年被害人及其法定代理人（监护人）释明刑事附带民事诉讼的受案范围，协助未成年被害人提起刑事附带民事诉讼。法律援助承办人员应当根据未成年被害人的诉讼请求，指引、协助未成年被害人准备证据材料；

（三）法律援助承办人员办理性侵害未成年人案件时，应当于庭审前向人民法院确认案件不公开审理。

第十条　法律援助承办人员发现公安机关在处理性侵害未成年人犯罪案件应当立案而不立案的，可以协助未成年被害人及其法定代理人（监护人）向人民检察院申请立案监督或协助向人民法院提起自诉。

第十一条　法律援助承办人员可以建议办案机关对未成年被害人的心理伤害程度进行社会评估，辅以心理辅导、司法救助等措施，修复和弥补未成年被害人身心伤害；发现未成年被害人存在心理、情绪异常的，应当告知其法定代理人（监护人）为其寻求专业心理咨询与疏导。

第十二条　对于低龄被害人、证人的陈述的证据效力，法律援助承办人员可以建议办案机关结合被害人、证人的心智发育程度、表达能力，以及所处年龄段未成年人普遍的表达能力和认知能力进行客观的判断，对待证事实与其年龄、智力状况或者精神健康状况相适应的未成年人陈述、证言，应当建议办案机关依法予以采信，不能轻易否认其证据效力。

第十三条　在未成年被害人、证人确有必要出庭的案件中，法律援助承办人员应当建议人民法院采取必要保护措施，不暴露被害人、证人的外貌、真实声音，有条件的可以采取视频等方式播放被害人的陈述、证人证言，避免未成年被害人、证人与被告人接触。

第十四条　庭审前，法律援助承办人员应当认真做好下列准备工作：

（一）在举证期限内向人民法院提交证据清单及证据，准备证据材料；

（二）向人民法院确认是否存在证人、鉴定人等出庭作证情况，拟定对证人、鉴定人的询问提纲；

（三）向人民法院确认刑事附带民事诉讼被告人是否有证据提交，拟定质证意见；

（四）拟定对证言笔录、鉴定人的鉴定意见、勘验笔录和其他作为证据的文书的质证意见；

（五）准备辩论意见；

（六）向被害人及其法定代理人（监护人）了解是否有和解或调解方案，并充分向被害人及其法定代理人（监护人）进行法律释明后，向人民法院递交方案；

（七）向被害人及其法定代理人（监护人）介绍庭审程序，使其了解庭审程序、庭审布局和有关注意事项。

第十五条 法律援助承办人员办理性侵害未成年人案件，应当了解和审查以下关键事实：

（一）了解和严格审查未成年被害人是否已满十二周岁、十四周岁的关键事实，正确判断犯罪嫌疑人、被告人是否"明知"或者"应当知道"未成年被害人为幼女的相关事实；

（二）了解和审查犯罪嫌疑人、被告人是否属于对未成年被害人负有"特殊职责的人员"；

（三）准确了解性侵害未成年人案发的地点、场所等关键事实，正确判断是否属于"在公共场所当众"性侵害未成年人。

第十六条 办理利用网络对儿童实施猥亵行为的案件时，法律援助承办人员应指导未成年被害人及其法定代理人（监护人）及时收集、固定能够证明行为人出于满足性刺激的目的，利用网络采取诱骗、强迫或者其他方法要求被害人拍摄、传送暴露身体的不雅照片、视频供其观看等相关事实方面的电子数据，并向办案机关报告。

第十七条 性侵害未成年人犯罪具有《关于依法惩治性侵害未成年人犯罪的意见》第25条规定的情形之一以及第26条第二款规定的情形的，法律援助承办人员应当向人民法院提出依法从重从严惩处的建议。

第十八条 对于犯罪嫌疑人、被告人利用职业便利、违背职业要求的特定义务性侵害未成年人的，法律援助承办人员可以建议人民法院在作出判决时对其宣告从业禁止令。

第十九条　发生在家庭内部的性侵害案件，为确保未成年被害人的安全，法律援助承办人员可以建议办案机关依法对未成年被害人进行紧急安置，避免再次受到侵害。

第二十条　对监护人性侵害未成年人的案件，法律援助承办人员可以建议人民检察院、人民法院向有关部门发出检察建议或司法建议，建议有关部门依法申请撤销监护人资格，为未成年被害人另行指定其他监护人。

第二十一条　发生在学校的性侵害未成年人的案件，在未成年被害人不能正常在原学校就读时，法律援助承办人员可以建议其法定代理人（监护人）向教育主管部门申请为其提供教育帮助或安排转学。

第二十二条　未成年人在学校、幼儿园、教育培训机构等场所遭受性侵害，在依法追究犯罪人员法律责任的同时，法律援助承办人员可以帮助未成年被害人及其法定代理人（监护人）要求上述单位依法承担民事赔偿责任。

第二十三条　从事住宿、餐饮、娱乐等的组织和人员如果没有尽到合理限度范围内的安全保障义务，与未成年被害人遭受性侵害具有因果关系时，法律援助承办人员可以建议未成年被害人及其法定代理人（监护人）向安全保障义务人提起民事诉讼，要求其承担与其过错相应的民事补充赔偿责任。

第二十四条　法律援助承办人员办理性侵害未成年人附带民事诉讼案件，应当配合未成年被害人及其法定代理人（监护人）积极与犯罪嫌疑人、被告人协商、调解民事赔偿，为未成年被害人争取最大限度的民事赔偿。

犯罪嫌疑人、被告人以经济赔偿换取未成年被害人翻供或者撤销案件的，法律援助承办人员应当予以制止，并充分释明法律后果，告知未成年被害人及其法定代理人（监护人）法律风险。未成年被害人及其法定代理人（监护人）接受犯罪嫌疑人、被告人前述条件，法律援助承办人员可以拒绝为其提供法律援助服务，并向法律援助机构报告；法律援助机构核实后应当终止本次法律援助服务。

未成年被害人及其法定代理人（监护人）要求严惩犯罪嫌疑人、被告人，放弃经济赔偿的，法律援助承办人员应当尊重其决定。

第二十五条　未成年被害人及其法定代理人（监护人）提出精神

损害赔偿的，法律援助承办人员应当注意收集未成年被害人因遭受性侵害导致精神疾病或者心理伤害的证据，将其精神损害和心理创伤转化为接受治疗、辅导而产生的医疗费用，依法向犯罪嫌疑人、被告人提出赔偿请求。

第二十六条 对未成年被害人因性侵害犯罪造成人身损害，不能及时获得有效赔偿，生活困难的，法律援助承办人员可以帮助未成年被害人及其法定代理人（监护人）、近亲属，依法向办案机关提出司法救助申请。

第四章 办理监护人侵害未成年人权益案件

第二十七条 监护人侵害未成年人权益案件，是指父母或者其他监护人（以下简称监护人）性侵害、出卖、遗弃、虐待、暴力伤害未成年人，教唆、利用未成年人实施违法犯罪行为，胁迫、诱骗、利用未成年人乞讨，以及不履行监护职责严重危害未成年人身心健康等行为。

第二十八条 法律援助承办人员发现监护侵害行为可能构成虐待罪、遗弃罪的，应当告知未成年人及其他监护人、近亲属或村（居）民委员会等有关组织有权告诉或代为告诉。

未成年被害人没有能力告诉，或者因受到强制、威吓无法告诉的，法律援助承办人员应当告知其近亲属或村（居）委员会等有关组织代为告诉或向公安机关报案。

第二十九条 法律援助承办人员发现公安机关处理监护侵害案件应当立案而不立案的，可以协助当事人向人民检察院申请立案监督或协助向人民法院提起自诉。

第三十条 办案过程中，法律援助承办人员发现未成年人身体受到严重伤害、面临严重人身安全威胁或者处于无人照料等危险状态的，应当建议公安机关将其带离实施监护侵害行为的监护人，就近护送至其他监护人、亲属、村（居）民委员会或者未成年人救助保护机构。

第三十一条 监护侵害行为情节较轻，依法不给予治安管理处罚的，法律援助承办人员可以协助未成年人的其他监护人、近亲属要求公安机关对加害人给予批评教育或者出具告诫书。

第三十二条 公安机关将告诫书送交加害人、未成年受害人，以及通知村（居）民委员会后，法律援助承办人员应当建议村（居）民委员会、公安派出所对收到告诫书的加害人，未成年受害人进行查访、监督加害人不再实施家庭暴力。

第三十三条 未成年人遭受监护侵害行为或者面临监护侵害行为的现实危险，法律援助承办人员应当协助其他监护人、近亲属，向未成年人住所地、监护人住所地或者侵害行为地基层人民法院，申请人身安全保护令。

第三十四条 法律援助承办人员应当协助受侵害未成年人搜集公安机关出警记录、告诫书、伤情鉴定意见等证据。

第三十五条 法律援助承办人员代理申请人身安全保护令时，可依法提出如下请求：

（一）禁止被申请人实施家庭暴力；

（二）禁止被申请人骚扰、跟踪、接触申请人及其相关近亲属；

（三）责令被申请人迁出申请人住所；

（四）保护申请人人身安全的其他措施。

第三十六条 人身安全保护令失效前，法律援助承办人员可以根据申请人要求，代理其向人民法院申请撤销、变更或者延长。

第三十七条 发现监护人具有民法典第三十六条、《关于依法处理监护人侵害未成年人权益行为若干问题的意见》第三十五条规定的情形之一的，法律援助承办人员可以建议其他具有监护资格的人、居（村）民委员会、学校、医疗机构、妇联、共青团、未成年人保护组织、民政部门等个人或组织，向未成年人住所地、监护人住所地或者侵害行为地基层人民法院申请撤销原监护人监护资格，依法另行指定监护人。

第三十八条 法律援助承办人员承办申请撤销监护人资格案件，可以协助申请人向人民检察院申请支持起诉。申请支持起诉的，应当向人民检察院提交申请支持起诉书，撤销监护人资格申请书、身份证明材料及案件所有证据材料复印件。

第三十九条 有关个人和组织向人民法院申请撤销监护人资格前，法律援助承办人员应当建议其听取有表达能力的未成年人的意见。

第四十条 法律援助承办人员承办申请撤销监护人资格案件，在接受委托后，应撰写撤销监护人资格申请书。申请书应当包括申请人及被申请人信息、申请事项、事实与理由等内容。

第四十一条　法律援助承办人员办理申请撤销监护人资格的案件，应当向人民法院提交相关证据，并协助社会服务机构递交调查评估报告。该报告应当包含未成年人基本情况，监护存在问题，监护人悔过情况，监护人接受教育、辅导情况，未成年人身心健康状况以及未成年人意愿等内容。

第四十二条　法律援助承办人员根据实际需要可以向人民法院申请聘请适当的社会人士对未成年人进行社会观护，引入心理疏导和测评机制，组织专业社会工作者、儿童心理问题专家等专业人员参与诉讼，为受侵害未成年人和被申请人提供心理辅导和测评服务。

第四十三条　法律援助承办人员应当建议人民法院根据最有利于未成年人的原则，在民法典第二十七条规定的人员和单位中指定监护人。没有依法具有监护资格的人的，建议人民法院依据民法典第三十二条规定指定民政部门担任监护人，也可以指定具备履行监护职责条件的被监护人住所地的村（居）民委员会担任监护人。

第四十四条　法律援助承办人员应当告知现任监护人有权向人民法院提起诉讼，要求被撤销监护人资格的父母继续负担被监护人的抚养费。

第四十五条　判决不撤销监护人资格的，法律援助承办人员根据《关于依法处理监护人侵害未成年人权益行为若干问题的意见》有关要求，可以协助有关个人和部门加强对未成年人的保护和对监护人的监督指导。

第四十六条　具有民法典第三十八条、《关于依法处理监护人侵害未成年人权益行为若干问题的意见》第四十条规定的情形之一的，法律援助承办人员可以向人民法院提出不得判决恢复其监护人资格的建议。

第五章　办理学生伤害事故案件

第四十七条　学生伤害事故案件，是指在学校、幼儿园或其他教育机构（以下简称教育机构）实施的教育教学活动或者组织的校外活动中，以及在教育机构负有管理责任的校舍、场地、其他教育教学设施、生活设施内发生的，造成在校学生人身损害后果的事故。

第四十八条　办理学生伤害事故案件，法律援助承办人员可以就以下事实进行审查：

（一）受侵害未成年人与学校、幼儿园或其他教育机构之间是否存在教育法律关系；

（二）是否存在人身损害结果和经济损失，教育机构、受侵害未成年人或者第三方是否存在过错，教育机构行为与受侵害未成年人损害结果之间是否存在因果关系；

（三）是否超过诉讼时效，是否存在诉讼时效中断、中止或延长的事由。

第四十九条　法律援助承办人员应当根据以下不同情形，告知未成年人及其法定代理人（监护人）相关的责任承担原则：

（一）不满八周岁的无民事行为能力人在教育机构学习、生活期间受到人身损害的，教育机构依据民法典第一千一百九十九条的规定承担过错推定责任；

（二）已满八周岁不满十八周岁的限制民事责任能力人在教育机构学习、生活期间受到人身损害的，教育机构依据民法典第一千二百条的规定承担过错责任；

（三）因教育机构、学生或者其他相关当事人的过错造成的学生伤害事故，相关当事人应当根据其行为过错程度的比例及其与损害结果之间的因果关系承担相应的责任。

第五十条　办理学生伤害事故案件，法律援助承办人员应当调查了解教育机构是否具备办学许可资格，教师或者其他工作人员是否具备职业资格，注意审查和收集能够证明教育机构存在《学生伤害事故处理办法》第九条规定的过错情形的证据。

第五十一条　办理《学生伤害事故处理办法》第十条规定的学生伤害事故案件，法律援助承办人员应当如实告知未成年人及其法定代理人（监护人）可能存在由其承担法律责任的诉讼风险。

第五十二条　办理《学生伤害事故处理办法》第十二条、第十三条规定的学生伤害事故案件，法律援助承办人员应当注意审查和收集教育机构是否已经履行相应职责或行为有无不当。教育机构已经履行相应职责或行为并无不当的，法律援助承办人员应当告知未成年人及其法定代理人（监护人），案件可能存在教育机构不承担责任的诉讼风险。

第五十三条 未成年人在教育机构学习、生活期间，受到教育机构以外的人员人身损害的，法律援助承办人员应当告知未成年人及其法定代理人（监护人）由侵权人承担侵权责任，教育机构未尽到管理职责的，承担相应的补充责任。

第五十四条 办理涉及教育机构侵权案件，法律援助承办人员可以采取以下措施：

（一）关注未成年人的受教育权，发现未成年人因诉讼受到教育机构及教职员工不公正对待的，及时向教育行政主管部门和法律援助机构报告；

（二）根据案情需要，可以和校方协商，或者向教育行政主管部门申请调解，并注意疏导家属情绪，积极参与调解，避免激化矛盾；

（三）可以调查核实教育机构和未成年人各自参保及保险理赔情况。

第五十五条 涉及校园重大安全事故、严重体罚、虐待、学生欺凌、性侵害等可能构成刑事犯罪的案件，法律援助承办人员可以向公安机关报告，或者协助未成年人及其法定代理人（监护人）向公安机关报告，并向法律援助机构报备。

第六章 附 则

第五十六条 本指引由司法部公共法律服务管理局与中华全国律师协会负责解释，自公布之日起试行。

关于建立教职员工准入查询
性侵违法犯罪信息制度的意见

（2020 年 8 月 20 日）

第一章 总 则

第一条 为贯彻未成年人特殊、优先保护原则，加强对学校教职员工的管理，预防利用职业便利实施的性侵未成年人违法犯罪，根据《中华人民共和国刑法》《中华人民共和国刑事诉讼法》《中华人民共和国未成年人保护法》《中华人民共和国治安管理处罚法》《中华人民共和国教师法》《中华人民共和国劳动合同法》等法律，制定本意见。

第二条 最高人民检察院、教育部与公安部联合建立信息共享工作机制。教育部统筹、指导各级教育行政部门及教师资格认定机构实施教职员工准入查询制度。公安部协助教育部开展信息查询工作。最高人民检察院对相关工作情况开展法律监督。

第三条 本意见所称的学校，是指中小学校（含中等职业学校和特殊教育学校）、幼儿园。

第二章 内容与方式

第四条 本意见所称的性侵违法犯罪信息，是指符合下列条件的违法犯罪信息，公安部根据本条规定建立性侵违法犯罪人员信息库：

（一）因触犯刑法第二百三十六条、第二百三十七条规定的强奸，强制猥亵，猥亵儿童犯罪行为被人民法院依法作出有罪判决的人员信息；

（二）因触犯刑法第二百三十六条、第二百三十七条规定的强奸，强制猥亵，猥亵儿童犯罪行为被人民检察院根据刑事诉讼法第一百七十七条第二款之规定作出不起诉决定的人员信息；

（三）因触犯治安管理处罚法第四十四条规定的猥亵行为被行政处罚的人员信息。

符合刑事诉讼法第二百八十六条规定的未成年人犯罪记录封存条件的信息除外。

第五条　学校新招录教师、行政人员、勤杂人员、安保人员等在校园内工作的教职员工，在入职前应当进行性侵违法犯罪信息查询。

在认定教师资格前，教师资格认定机构应当对申请人员进行性侵违法犯罪信息查询。

第六条　教育行政部门应当做好在职教职员工性侵违法犯罪信息的筛查。

第三章　查询与异议

第七条　教育部建立统一的信息查询平台，与公安部部门间信息共享与服务平台对接，实现性侵违法犯罪人员信息核查，面向地方教育行政部门提供教职员工准入查询服务。

地方教育行政部门主管本行政区内的教职员工准入查询。

根据属地化管理原则，县级及以上教育行政部门根据拟聘人员和在职教职员工的授权，对其性侵违法犯罪信息进行查询。

对教师资格申请人员的查询，由受理申请的教师资格认定机构组织开展。

第八条　公安部根据教育部提供的最终查询用户身份信息和查询业务类别，向教育部信息查询平台反馈被查询人是否有性侵违法犯罪信息。

第九条　查询结果只反映查询时性侵违法犯罪人员信息库里录入和存在的信息。

第十条　查询结果告知的内容包括：

（一）有无性侵违法犯罪信息；

（二）有性侵违法犯罪信息的，应当根据本意见第四条规定标注信息类型；

（三）其他需要告知的内容。

第十一条　被查询人对查询结果有异议的，可以向其授权的教育行政部门提出复查申请，由教育行政部门通过信息查询平台提交申请，由教育部统一提请公安部复查。

第四章　执行与责任

第十二条　学校拟聘用人员应当在入职前进行查询。对经查询发现有性侵违法犯罪信息的，教育行政部门或学校不得录用。在职教职员工经查询发现有性侵违法犯罪信息的，应当立即停止其工作，按照规定及时解除聘用合同。

教师资格申请人员取得教师资格前应当进行教师资格准入查询。对经查询发现有性侵违法犯罪信息的，应当不予认定。已经认定的按照法律法规和国家有关规定处理。

第十三条　地方教育行政部门未对教职员工性侵违法犯罪信息进行查询，或者经查询有相关违法犯罪信息，地方教育行政部门或学校仍予以录用的，由上级教育行政部门责令改正，并追究相关教育行政部门和学校相关人员责任。

教师资格认定机构未对申请教师资格人员性侵违法犯罪信息进行查询，或者未依法依规对经查询有相关违法犯罪信息的人员予以处理的，由上级教育行政部门予以纠正，并报主管部门依法依规追究相关人员责任。

第十四条　有关单位和个人应当严格按照本意见规定的程序和内容开展查询，并对查询获悉的有关性侵违法犯罪信息保密，不得散布或者用于其他用途。违反规定的，依法追究相应责任。

第五章　其他规定

第十五条　最高人民检察院、教育部、公安部应当建立沟通联系机制，及时总结工作情况，研究解决存在的问题，指导地方相关部门及学校开展具体工作，促进学校安全建设和保护未成年人健康成长。

第十六条　教师因对学生实施性骚扰等行为，被用人单位解除聘用关系或者开除，但其行为不属于本意见第四条规定情形的，具体处理办法由教育部另行规定。

第十七条 对高校教职员工以及面向未成年人的校外培训机构工作人员的性侵违法犯罪信息查询，参照本意见执行。

第十八条 各地正在开展的其他密切接触未成年人行业入职查询工作，可以按照原有方式继续实施。

国家新闻出版署关于防止
未成年人沉迷网络游戏的通知

(2019 年 10 月 25 日)

各省、自治区、直辖市新闻出版局，各网络游戏企业，有关行业组织：

近年来，网络游戏行业在满足群众休闲娱乐需要、丰富人民精神文化生活的同时，也出现一些值得高度关注的问题，特别是未成年人沉迷网络游戏、过度消费等现象，对未成年人身心健康和正常学习生活造成不良影响，社会反映强烈。规范网络游戏服务，引导网络游戏企业切实把社会效益放在首位，有效遏制未成年人沉迷网络游戏、过度消费等行为，保护未成年人身心健康成长，是贯彻落实习近平总书记关于青少年工作重要指示精神、促进网络游戏繁荣健康有序发展的有效举措。现就有关工作事项通知如下。

一、实行网络游戏用户账号实名注册制度。所有网络游戏用户均须使用有效身份信息方可进行游戏账号注册。自本通知施行之日起，网络游戏企业应建立并实施用户实名注册系统，不得以任何形式为未实名注册的新增用户提供游戏服务。自本通知施行之日起 2 个月内，网络游戏企业须要求已有用户全部完成实名注册，对未完成实名注册的用户停止提供游戏服务。对用户提供的实名注册信息，网络游戏企业必须严格按照有关法律法规妥善保存、保护，不得用作其他用途。

网络游戏企业可以对其游戏服务设置不超过 1 小时的游客体验模式。在游客体验模式下，用户无须实名注册，不能充值和付费消费。对使用同一硬件设备的用户，网络游戏企业在 15 天内不得重复提供游客体验模式。

二、严格控制未成年人使用网络游戏时段、时长。每日 22 时至次日 8 时，网络游戏企业不得以任何形式为未成年人提供游戏服务。网络游戏企业向未成年人提供游戏服务的时长，法定节假日每日累计不得超过 3 小时，其他时间每日累计不得超过 1.5 小时。

三、规范向未成年人提供付费服务。网络游戏企业须采取有效措施，限制未成年人使用与其民事行为能力不符的付费服务。网络游戏企业不得为未满 8 周岁的用户提供游戏付费服务。同一网络游戏企业所提供的游戏付费服务，8 周岁以上未满 16 周岁的用户，单次充值金额不得超过 50 元人民币，每月充值金额累计不得超过 200 元人民币；16 周岁以上未满 18 周岁的用户，单次充值金额不得超过 100 元人民币，每月充值金额累计不得超过 400 元人民币。

四、切实加强行业监管。本通知前述各项要求，均为网络游戏上网出版运营的必要条件。各地出版管理部门要切实履行属地监管职责，严格按照本通知要求做好属地网络游戏企业及其网络游戏服务的监督管理工作。对未落实本通知要求的网络游戏企业，各地出版管理部门应责令限期改正；情节严重的，依法依规予以处理，直至吊销相关许可。各地出版管理部门协调有关执法机构做好监管执法工作。

五、探索实施适龄提示制度。网络游戏企业应从游戏内容和功能的心理接受程度、对抗激烈程度、可能引起认知混淆程度、可能导致危险模仿程度、付费消费程度等多维度综合衡量，探索对上网出版运营的网络游戏作出适合不同年龄段用户的提示，并在用户下载、注册、登录页面等位置显著标明。有关行业组织要探索实施适龄提示具体标准规范，督促网络游戏企业落实适龄提示制度。网络游戏企业应注意分析未成年人沉迷的成因，并及时对造成沉迷的游戏内容、功能或者规则进行修改。

六、积极引导家长、学校等社会各界力量履行未成年人监护守护责任，加强对未成年人健康合理使用网络游戏的教导，帮助未成年人树立正确的网络游戏消费观念和行为习惯。

七、本通知所称未成年人是指未满 18 周岁的公民，所称网络游戏企业含提供网络游戏服务的平台。

学生伤害事故处理办法

（2002 年 6 月 25 日教育部令第 12 号发布　2010 年 12 月 13 日教育部令第 30 号修订）

第一章　总　　则

第一条　为积极预防、妥善处理在校学生伤害事故，保护学生、学校的合法权益，根据《中华人民共和国教育法》、《中华人民共和国未成年人保护法》和其他相关法律、行政法规及有关规定，制定本办法。

第二条　在学校实施的教育教学活动或者学校组织的校外活动中，以及在学校负有管理责任的校舍、场地、其他教育教学设施、生活设施内发生的，造成在校学生人身损害后果的事故的处理，适用本办法。

第三条　学生伤害事故应当遵循依法、客观公正、合理适当的原则，及时、妥善地处理。

第四条　学校的举办者应当提供符合安全标准的校舍、场地、其他教育教学设施和生活设施。

教育行政部门应当加强学校安全工作，指导学校落实预防学生伤害事故的措施，指导、协助学校妥善处理学生伤害事故，维护学校正常的教育教学秩序。

第五条　学校应当对在校学生进行必要的安全教育和自护自救教育；应当按照规定，建立健全安全制度，采取相应的管理措施，预防和消除教育教学环境中存在的安全隐患；当发生伤害事故时，应当及时采取措施救助受伤害学生。

学校对学生进行安全教育、管理和保护，应当针对学生年龄、认知能力和法律行为能力的不同，采用相应的内容和预防措施。

第六条　学生应当遵守学校的规章制度和纪律；在不同的受教育阶段，应当根据自身的年龄、认知能力和法律行为能力，避免和消除相应的危险。

第七条 未成年学生的父母或者其他监护人（以下称为监护人）应当依法履行监护职责，配合学校对学生进行安全教育、管理和保护工作。

学校对未成年学生不承担监护职责，但法律有规定的或者学校依法接受委托承担相应监护职责的情形除外。

第二章　事故与责任

第八条 发生学生伤害事故，造成学生人身损害的，学校应当按照《中华人民共和国侵权责任法》及相关法律、法规的规定，承担相应的事故责任。

第九条 因下列情形之一造成的学生伤害事故，学校应当依法承担相应的责任：

（一）学校的校舍、场地、其他公共设施，以及学校提供给学生使用的学具、教育教学和生活设施、设备不符合国家规定的标准，或者有明显不安全因素的；

（二）学校的安全保卫、消防、设施设备管理等安全管理制度有明显疏漏，或者管理混乱，存在重大安全隐患，而未及时采取措施的；

（三）学校向学生提供的药品、食品、饮用水等不符合国家或者行业的有关标准、要求的；

（四）学校组织学生参加教育教学活动或者校外活动，未对学生进行相应的安全教育，并未在可预见的范围内采取必要的安全措施的；

（五）学校知道教师或者其他工作人员患有不适宜担任教育教学工作的疾病，但未采取必要措施的；

（六）学校违反有关规定，组织或者安排未成年学生从事不宜未成年人参加的劳动、体育运动或者其他活动的；

（七）学生有特异体质或者特定疾病，不宜参加某种教育教学活动，学校知道或者应当知道，但未予以必要的注意的；

（八）学生在校期间突发疾病或者受到伤害，学校发现，但未根据实际情况及时采取相应措施，导致不良后果加重的；

（九）学校教师或者其他工作人员体罚或者变相体罚学生，或者在履行职责过程中违反工作要求、操作规程、职业道德或者其他有关规定的；

（十）学校教师或者其他工作人员在负有组织、管理未成年学生的职责期间，发现学生行为具有危险性，但未进行必要的管理、告诫或者制止的；

（十一）对未成年学生擅自离校等与学生人身安全直接相关的信息，学校发现或者知道，但未及时告知未成年学生的监护人，导致未成年学生因脱离监护人的保护而发生伤害的；

（十二）学校有未依法履行职责的其他情形的。

第十条 学生或者未成年学生监护人由于过错，有下列情形之一，造成学生伤害事故，应当依法承担相应的责任：

（一）学生违反法律法规的规定，违反社会公共行为准则、学校的规章制度或者纪律，实施按其年龄和认知能力应当知道具有危险或者可能危及他人的行为的；

（二）学生行为具有危险性，学校、教师已经告诫、纠正，但学生不听劝阻、拒不改正的；

（三）学生或者其监护人知道学生有特异体质，或者患有特定疾病，但未告知学校的；

（四）未成年学生的身体状况、行为、情绪等有异常情况，监护人知道或者已被学校告知，但未履行相应监护职责的；

（五）学生或者未成年学生监护人有其他过错的。

第十一条 学校安排学生参加活动，因提供场地、设备、交通工具、食品及其他消费与服务的经营者，或者学校以外的活动组织者的过错造成的学生伤害事故，有过错的当事人应当依法承担相应的责任。

第十二条 因下列情形之一造成的学生伤害事故，学校已履行了相应职责，行为并无不当的，无法律责任：

（一）地震、雷击、台风、洪水等不可抗的自然因素造成的；

（二）来自学校外部的突发性、偶发性侵害造成的；

（三）学生有特异体质、特定疾病或者异常心理状态，学校不知道或者难于知道的；

（四）学生自杀、自伤的；

（五）在对抗性或者具有风险性的体育竞赛活动中发生意外伤害的；

（六）其他意外因素造成的。

第十三条 下列情形下发生的造成学生人身损害后果的事故，学校行为并无不当的，不承担事故责任；事故责任应当按有关法律法规或者其他有关规定认定：

（一）在学生自行上学、放学、返校、离校途中发生的；

（二）在学生自行外出或者擅自离校期间发生的；

（三）在放学后、节假日或者假期等学校工作时间以外，学生自行滞留学校或者自行到校发生的；

（四）其他在学校管理职责范围外发生的。

第十四条 因学校教师或者其他工作人员与其职务无关的个人行为，或者因学生、教师及其他个人故意实施的违法犯罪行为，造成学生人身损害的，由致害人依法承担相应的责任。

第三章　事故处理程序

第十五条 发生学生伤害事故，学校应当及时救助受伤害学生，并应当及时告知未成年学生的监护人；有条件的，应当采取紧急救援等方式救助。

第十六条 发生学生伤害事故，情形严重的，学校应当及时向主管教育行政部门及有关部门报告；属于重大伤亡事故的，教育行政部门应当按照有关规定及时向同级人民政府和上一级教育行政部门报告。

第十七条 学校的主管教育行政部门应学校要求或者认为必要，可以指导、协助学校进行事故的处理工作，尽快恢复学校正常的教育教学秩序。

第十八条 发生学生伤害事故，学校与受伤害学生或者学生家长可以通过协商方式解决；双方自愿，可以书面请求主管教育行政部门进行调解。

成年学生或者未成年学生的监护人也可以依法直接提起诉讼。

第十九条 教育行政部门收到调解申请，认为必要的，可以指定专门人员进行调解，并应当在受理申请之日起60日内完成调解。

第二十条 经教育行政部门调解，双方就事故处理达成一致意见的，应当在调解人员的见证下签订调解协议，结束调解；在调解期限内，双方不能达成一致意见，或者调解过程中一方提起诉讼，人民法院已经受理的，应当终止调解。

调解结束或者终止，教育行政部门应当书面通知当事人。

第二十一条 对经调解达成的协议，一方当事人不履行或者反悔的，双方可以依法提起诉讼。

第二十二条 事故处理结束，学校应当将事故处理结果书面报告主管的教育行政部门；重大伤亡事故的处理结果，学校主管的教育行政部门应当向同级人民政府和上一级教育行政部门报告。

第四章　事故损害的赔偿

第二十三条 对发生学生伤害事故负有责任的组织或者个人，应当按照法律法规的有关规定，承担相应的损害赔偿责任。

第二十四条 学生伤害事故赔偿的范围与标准，按照有关行政法规、地方性法规或者最高人民法院司法解释中的有关规定确定。

教育行政部门进行调解时，认为学校有责任的，可以依照有关法律法规及国家有关规定，提出相应的调解方案。

第二十五条 对受伤害学生的伤残程度存在争议的，可以委托当地具有相应鉴定资格的医院或者有关机构，依据国家规定的人体伤残标准进行鉴定。

第二十六条 学校对学生伤害事故负有责任的，根据责任大小，适当予以经济赔偿，但不承担解决户口、住房、就业等与救助受伤害学生、赔偿相应经济损失无直接关系的其他事项。

学校无责任的，如果有条件，可以根据实际情况，本着自愿和可能的原则，对受伤害学生给予适当的帮助。

第二十七条 因学校教师或者其他工作人员在履行职务中的故意或者重大过失造成的学生伤害事故，学校予以赔偿后，可以向有关责任人员追偿。

第二十八条 未成年学生对学生伤害事故负有责任的，由其监护人依法承担相应的赔偿责任。

学生的行为侵害学校教师及其他工作人员以及其他组织、个人的合法权益，造成损失的，成年学生或者未成年学生的监护人应当依法予以赔偿。

第二十九条　根据双方达成的协议、经调解形成的协议或者人民法院的生效判决，应当由学校负担的赔偿金，学校应当负责筹措；学校无力完全筹措的，由学校的主管部门或者举办者协助筹措。

第三十条　县级以上人民政府教育行政部门或者学校举办者有条件的，可以通过设立学生伤害赔偿准备金等多种形式，依法筹措伤害赔偿金。

第三十一条　学校有条件的，应当依据保险法的有关规定，参加学校责任保险。

教育行政部门可以根据实际情况，鼓励中小学参加学校责任保险。

提倡学生自愿参加意外伤害保险。在尊重学生意愿的前提下，学校可以为学生参加意外伤害保险创造便利条件，但不得从中收取任何费用。

第五章　事故责任者的处理

第三十二条　发生学生伤害事故，学校负有责任且情节严重的，教育行政部门应当根据有关规定，对学校的直接负责的主管人员和其他直接责任人员，分别给予相应的行政处分；有关责任人的行为触犯刑律的，应当移送司法机关依法追究刑事责任。

第三十三条　学校管理混乱，存在重大安全隐患的，主管的教育行政部门或者其他有关部门应当责令其限期整顿；对情节严重或者拒不改正的，应当依据法律法规的有关规定，给予相应的行政处罚。

第三十四条　教育行政部门未履行相应职责，对学生伤害事故的发生负有责任的，由有关部门对直接负责的主管人员和其他直接责任人员分别给予相应的行政处分；有关责任人的行为触犯刑律的，应当移送司法机关依法追究刑事责任。

第三十五条　违反学校纪律，对造成学生伤害事故负有责任的学生，学校可以给予相应的处分；触犯刑律的，由司法机关依法追究刑事责任。

第三十六条　受伤害学生的监护人、亲属或者其他有关人员，在事故处理过程中无理取闹，扰乱学校正常教育教学秩序，或者侵犯学校、学校教师或者其他工作人员的合法权益的，学校应当报告公安机关依法处理；造成损失的，可以依法要求赔偿。

第六章　附　　则

第三十七条　本办法所称学校，是指国家或者社会力量举办的全日制的中小学（含特殊教育学校）、各类中等职业学校、高等学校。

本办法所称学生是指在上述学校中全日制就读的受教育者。

第三十八条　幼儿园发生的幼儿伤害事故，应当根据幼儿为完全无行为能力人的特点，参照本办法处理。

第三十九条　其他教育机构发生的学生伤害事故，参照本办法处理。

在学校注册的其他受教育者在学校管理范围内发生的伤害事故，参照本办法处理。

第四十条　本办法自2002年9月1日起实施，原国家教委、教育部颁布的与学生人身安全事故处理有关的规定，与本办法不符的，以本办法为准。

在本办法实施之前已处理完毕的学生伤害事故不再重新处理。

最高人民法院发布依法严惩
侵害未成年人权益典型案例

(2020 年 5 月 18 日)

1. 被告人何某强奸、强迫卖淫、故意伤害被判死刑案

一、基本案情

被告人何某为达到利用幼女供他人嫖宿牟利的目的，单独或与他人伙同作案，使用诱骗、劫持手段，将被害人常某某（8 周岁）、有智力残疾的谢某某（13 周岁）、被害人杜某某（10 周岁）拘禁在出租房内。期间何某多次对三名被害人实施奸淫，并致常某某轻伤，杜某某轻微伤。何某还拍摄三名被害人裸体照片及视频并通过 QQ 发布招嫖信息，强迫三名被害人卖淫。

二、裁判结果

法院经审理认为，被告人何某采取诱骗、劫持等手段将不满十四周岁的幼女拘禁，后强奸并强迫其卖淫，其行为构成强奸罪、强迫卖淫罪；何某故意伤害他人身体健康，其行为还构成故意伤害罪，且具有强奸幼女多人、多次的情节，犯罪动机卑劣，性质、情节恶劣，手段残忍，人身危险性和社会危害性极大，罪行极其严重，应依法从重处罚。依照《中华人民共和国刑法》等相关规定，以强奸罪判处被告人何某死刑，剥夺政治权利终身；以强迫卖淫罪判处有期徒刑十五年，并处罚金人民币五万元；以故意伤害罪判处有期徒刑二年零六个月；决定执行死刑，剥夺政治权利终身，并处罚金人民币五万元。最高人民法院经复核，依法核准被告人何某死刑。何某已于 2019 年 7 月 24 日被执行死刑。

三、典型意义

性侵害未成年人的案件严重侵害未成年被害人的身心健康，严重影响广大人民群众安全感，性质恶劣，危害严重。对此类案件要坚决依法从重从快惩治，对罪行极其严重的，要坚决依法判处死刑，让犯

罪分子受到应有制裁。

近年来，犯罪分子利用网络实施犯罪的案件有所增加。未成年人辨别能力、防范意识相对较弱，更容易成为受害对象。本案警示我们，一定要加强网络监管，加强对未成年人的网络保护；网络企业要强化社会责任，切实履行维护网络安全、净化网络空间的法律义务；学校、家庭要加强对未成年人使用网络情况的监督，教育引导未成年人增强自我保护意识和能力。

同时，本案也提示学校、老师、家庭、家长，一定要切实履行未成年人保护、监护法律责任。本案第三名被害人在上学途中被劫持，学校老师发现被害人未到校后及时通知家长，家长报案后，公安机关通过监控锁定犯罪分子的藏匿地点，及时解救了被害人，并将犯罪分子绳之以法，从而避免了犯罪分子继续为非作恶，更多未成年人受到侵害。

2. 被告人赵某某强奸被判死刑案

一、基本案情

2015 年 6 月至 2017 年 1 月，被告人赵某某与同案被告人李某（女，已判刑）经共谋，由李某到河南省某县的初中学校寻找女生供赵某某奸淫。李某纠集刘某、吴某某、蒋某某、郝某（均另案处理）、谷某某、秦某某、李某某、赵某某（以上人员均系未成年人）等人，采取殴打、恐吓、拍下裸体照片威胁等手段，先后强迫被害人朱某某等在校初中女学生与赵某某发生性关系，共计 25 人 32 起，其中幼女 14 人 19 起。

二、裁判结果

法院经审理认为，被告人赵某某伙同他人采用暴力、胁迫或者其他手段，强奸妇女、奸淫幼女，其行为已构成强奸罪。赵某某犯罪性质特别恶劣，情节特别严重，社会危害性极大，造成了极为恶劣的社会影响。依照《中华人民共和国刑法》等相关规定，以强奸罪判处被告人赵某某死刑，剥夺政治权利终身。最高人民法院经复核，依法核准被告人死刑。赵某某已于 2019 年 6 月 4 日被执行死刑。

三、典型意义

性侵害未成年人犯罪，严重损害儿童权益，人民法院对此类犯罪历来坚持"零容忍""严惩处"的立场。对犯罪性质、情节极其恶劣，后果极其严重的，坚决依法判处死刑，绝不姑息。本案被告人赵某某身为公司法定代表人，同时兼任多项社会职务，有着较高的社会地位，却道德败坏，做出如此令人发指之事。赵某某的行为虽未造成被害人重伤或死亡，但其罪行对被害人的心理和生理造成了无法弥补的伤害，社会危害性极大，影响极其恶劣。依法判处并对赵某某执行死刑，彰显了人民法院从严打击性侵害未成年人犯罪绝不手软的鲜明立场和坚决态度。

3. 被告人王某利用网络强奸被判死刑案

一、基本案情

2013年4月至2014年8月，被告人王某通过网络聊天、电话联系等方式，或经张某（另案处理，已判刑）、侯某某（未满十四周岁）等人介绍，以暴力、胁迫等强制手段强行与多名未成年被害人发生性关系，或明知多名被害人是不满十四周岁的幼女仍与之发生性关系，先后对14名被害人实施奸淫23次，其中不满十四周岁的幼女11人。

二、裁判结果

法院经审理认为，被告人王某采用暴力、胁迫手段强行与多名未成年被害人发生性关系，或明知多名被害人是未满十四周岁的幼女仍与其发生性关系，其行为已构成强奸罪。王某系累犯，依法应当从重处罚。被告人王某的行为致使被害人的身心受到极大摧残，其犯罪性质和情节极其恶劣，社会危害极大，罪行极其严重，应当予以严惩。依照《中华人民共和国刑法》等相关规定，以强奸罪判处被告人王某死刑，剥夺政治权利终身。最高人民法院经复核，依法核准被告人死刑。

三、典型意义

本案系一起典型的利用网络平台，以威逼利诱等方式，利用未成年少女和幼女自我保护意识弱，对之实施性侵害的刑事案件。在本案中，王某预谋犯罪时即选择在校学生作为奸淫对象，被害人案发时均系小学或初中在校学生，其行为挑战社会伦理道德底线，主观动机极其卑劣。王某的行为虽未造成被害人重伤或死亡，但对被害人生理心理造成严重摧残，社会危害性极大，影响极其恶劣。对王某判处并执行死刑，是严格公正司法的必然要求，是彰显公平正义的必然要求。

4. 跨省对被害人甲巴某某司法救助案

一、基本案情

被害人甲巴某某（彝族）生前在渔船打工。2017年11月，甲巴某某在从事捕捞作业时与船员郭某因琐事发生争执厮打，郭某持刀捅刺甲巴某某，致其死亡。案件办理过程中，山东高院承办法官了解到被害人甲巴某某家深处四川大凉山腹地的昭觉县，是国家重点扶持贫困县，甲巴某某遇害后，留下6名未成年子女，妻子没有固定收入，家庭生活非常困顿。考虑到上述情况，承办法官向院司法救助委员会提出了司法救助申请。

二、裁判结果

山东高院司法救助委员会经审查认为，甲巴某某遇害后，其家庭生活困难，符合救助条件。为切实保护6名未成年子女的健康成长，本着"细致关怀、精准救助"的工作理念，用足用好司法救助政策，为其家庭申请了23万元司法救助金。

三、典型意义

未成年人司法救助是法院少年审判工作一项非常重要的延伸职能，本案是山东高院开展的首例跨省对少数民族未成年当事人进行司法救助的案件。为确保司法救助金能够切实保障孩子们的生活和学习，承办法官亲自将司法救助金和相关手续送到大山深处的被害人家，向被害人妻子讲解了司法救助的用意，与其签订了司法救助金使用监管协议，并邀请村支书作为保证人，由村支书监督救助金的使用情况。

经后续追踪，因为有司法救助金的支持，被害人的未成年子女的学习、生活和成长环境得到了极大的改善。这次跨省司法救助，在当地引发了强烈的社会反响，让更多更远的人了解到未成年人司法救助工作，感受到了司法的温度。

5. 原告周某诉被告张某、第三人张某某健康权纠纷案

一、基本案情

第三人张某某未经行政机关许可、备案，在自住房内开办课外辅导班。被告张某在未取得相关资质的情况下，招收了原告周某等六名儿童，在张某某的培训场地开办中国舞培训班。2018年6月，周某练习下腰动作时，张某指示周某应加大下腰动作幅度，但未指导其适度动作，未予扶托保护，导致周某摔倒。周某回家当晚，发现有下肢肌力改变等症状，经多家医院住院治疗，后其伤情鉴定为三级伤残。周某遂提起诉讼，要求判令张某承担主要责任，张某某承担次要责任。

二、裁判结果

法院经审理认为，被告张某未取得相关资格证书，不具备儿童舞蹈教学的资格和能力，在培训教学中，未根据未成年人的生理特点合理安排练习和休息，在原告周某已连续多次下腰练习后指示周某加大动作幅度，且未予扶托保护，导致周某受到严重身体伤害。张某对周某受伤应承担主要过错责任。第三人张某某未经主管机构批准、备案开办校外培训机构，对张某是否具备舞蹈教学的能力和资质进行审查和监督，对周某受伤应承担次要责任。判决被告张某赔偿原告周某各项损失948 168.26元；第三人张某某赔偿原告周某各项损失222 542元。

三、典型意义

近年来，校外教育培训市场繁荣，一定程度上为未成年人的全面发展提供了更多的选择。但由于监管机制和安全保障工作的不完善，未成年人在培训机构受到损害的事件屡见不鲜。培训机构及其从业人员因未履行安全保障义务导致未成年人受到伤害的，应当依法承担侵权责任。

本案也警示广大家长，在选择校外培训机构时，应认真审查培训机构的办学许可、备案登记情况，对培训机构的安全保障机制、培训人员的从业资质要尽可能有所了解，确保孩子在合法、规范、安全的培训机构接受教育。有关主管部门应当切实强化对校外培训机构的日常监管，对未经许可擅自开办的培训机构要及时取缔，对未履行从业人员资质审查、培训场所安全保障等义务的培训机构要依法惩处。

6. 陈某被撤销监护权案

一、基本案情

陈某未婚生育一子小吕，小吕出生后被诊断患有多种疾病，治疗费用高昂且难以治愈。小吕生父瞿某因病身亡，陈某自小吕出生起便将小吕滞留在医院不予照料。法院以遗弃罪判处陈某有期徒刑十个月。小吕被送至上海市儿童临时看护中心。鉴于小吕生父身亡，母亲未尽监护人职责，且小吕祖辈均表示无力抚养小吕，上海市儿童临时看护中心向普陀区人民法院提起诉讼，要求撤销陈某的监护权，并指定第三人静安区某居委会作为小吕的监护人承担监护责任。

二、裁判结果

法院经审理认为，父母有抚养、教育和保护未成年子女，保障其健康成长的义务。被申请人陈某作为小吕的母亲，对患有多种疾病的小吕不履行监护职责，拒绝抚养，不提供小吕所必需的生活、医疗保障，严重侵害了未成年人的合法权益。故对申请人上海市儿童临时看护中心要求撤销陈某对小吕监护人资格的申请，依法予以支持。由于被监护人小吕目前没有其他亲属适合作为其监护人，第三人上海市静安区某居委会作为陈某户籍所在地居委会，表示愿意承担小吕的监护职责，故指定该居委会作为小吕监护人。

三、典型意义

本案是司法实践中多部门联合保护未成年人合法权益的典型案例。案件受理后，法院开展庭前社会调查，聘请社会观护员对相关监护人及本案的后续安置、抚养、审核监护机构资质等情况进行审查。在审理过程中，坚持依法高效原则，申请撤销监护人资格与申请确认监护人两案同时立案、同步审理、同日判决。在没有其他近亲属适合担任监护人的情况下，按照最有利于被监护人成长的原则，指定当地居委会担任小吕的监护人，避免被监护人出现监护真空的困境。宣判后，办案法院和法官持续对当事人进行跟踪回访，关爱观护其健康成长。

7. 镇人民政府申请执行义务教育行政处罚决定书案

一、基本案情

马某为适龄入学儿童，其监护人马某哈、马某格牙无正当理由，未将马某按时送入学校接受九年义务教育。经青海省化隆回族自治县扎巴镇人民政府认定，马某哈、马某格牙的行为违反了《中华人民共和国义务教育法》的规定，于2018年9月做出行政处罚决定书，对马某哈、马某格牙处以罚款，并责令将马某送入学校就读。被执行人马某哈、马某格牙收到行政处罚决定书后，在法定期限内未申请复议，也未提起诉讼，且拒不履行行政处罚决定。镇人民政府于2019年3月向人民法院申请强制执行。

二、裁判结果

人民法院依法裁定，准予强制执行青海省化隆回族自治县扎巴镇人民政府作出的行政处罚决定书。裁定作出后，经法院多次执行，两名被执行人拒不履行义务。法院对被执行人马某哈依法作出了行政拘留十五日的决定书。在拘留期间，被执行人马某哈、马某格牙履行了行政处罚决定书所确定的义务，马某现已入学就读。

三、典型意义

青海省化隆回族自治县属特困区，当地农民有的不重视教育，不让适龄子女接受义务教育的现象较为普遍，严重违反义务教育法规定，严重背离法定监护职责。近年来，化隆回族自治县针对这一情况，采取了多项举措开展"控辍保学"集中行动。一年多来，化隆回族自治县人民法院受理了几十起控辍保学的行政非诉案件，本案就是其中一起。在审理此类案件时，法院采取了巡回就地开庭的方式，以案释法，对旁听群众深入细致讲解义务教育法、未成年人保护法等有关法律政策，让群众明白了作为监护人不送适龄子女上学是一种违法行为，要依法承担法律责任。法院通过此类案件的审理和执行，有力保护了未成年人合法权益，使100多名留守儿童重返校园，受教育权得到法律保障。

最高人民检察院发布5起侵害未成年人案件强制报告典型案例

（2020年5月29日）

一、严肃处理瞒报行为　确保强制报告制度落到实处

（一）基本案情

2018年3月17日上午，某中学保安陆某某在保安室以亲嘴等方式对苏某某（女，14岁）进行猥亵。3月19日下午，又以看其饲养的小动物为诱饵，将苏某某从学校保安室带至其住宿的工棚内，以压身、摸胸等方式进行强制猥亵。3月20日上午，苏某某将被性侵一事反映给学校老师。后苏某某姐姐、陆某某和老师三方在学校内签订协议，约定由陆某某所在劳务公司代为赔偿人民币3万元，被害人家属就此了结此事，不再追究陆某某责任。3月21日，苏某某得知此协议后表示不满，要求追究陆某某法律责任，遂拨打电话报警，本案由此案发。

2019年1月31日，浙江省杭州市萧山区检察院以强制猥亵罪对被告人陆某某提起公诉，并从严提出量刑建议。陆某某被法院判处有期徒刑二年三个月，并被学校开除。

（二）发现处置

1. 查明案发事实，及时救助被害人。案发后，检察机关及时与公安机关沟通配合，提出取证意见，针对涉案教师明知学生被学校保安性侵而隐瞒不报的问题，建议公安机关及时调取三方签署的赔偿协议等书证，固定涉案老师、被害人家属等言词证据，为后续处理追责奠

定基础。针对被害人出现创伤后心理应激反应等情况，委托专业心理咨询师进行心理辅导，帮助苏某某及时恢复正常学习、生活。

2. 制发检察建议，强化校园安全管理。本案中，苏某某在校园内两次遭受性侵，学校均未能及时发现；在得知其被性侵后，学校老师也未能按照杭州市萧山区有关强制报告制度的要求严格履行报告义务，导致其未能及时得到保护救助，身心健康遭受严重创伤。据此，萧山区检察院向区教育局制发检察建议，要求督促涉案学校依法依规查处有关人员，切实查找校园安全管理漏洞，认真分析整改；建议联合区公安分局建立全区教职员工入职查询机制，明确把学校工勤人员一并纳入入职查询人员范围；要求严格落实侵害未成年人案件强制报告制度，强化教师群体的报告责任和对被害学生的救助义务，明确不报、瞒报、漏报等处罚规定，切实加大在校未成年人权益保护。

3. 督促联动整改，推进强制报告落实。检察建议发出后，杭州萧山区检察院密切跟进，督促涉案学校落实整改，对隐瞒不报的涉事教师严肃批评教育，并暂停对其评先评优、提职晋级，同时要求全校教职员工尤其是班主任，严格落实报告责任；督促区教育局组织专班深入排查全区校园安全管理问题，制定责任清单、按期整改落实，并推动区教育局、区公安分局完善警校联动机制，健全完善教职员工入职查询制度；督促区教育局与全区学校、老师层层签订安全责任书，确保责任到岗到人；联合推广应用"检察监督线索举报——杭州"支付宝小程序，进一步畅通案件线索举报渠道。

（三）典型意义

强制报告制度作用的发挥，关键在于落实。本案中，杭州萧山区检察院针对涉案学校教师违反强制报告义务的情形，及时以检察建议督促教育主管部门和学校严肃整改，对涉案教师进行严肃问责，确保了制度执行刚性。同时，主动对标最高检"一号检察建议"，以个案办理为突破口，以强制报告落地为主抓手，积极会同公安、教育等职能部门，全面排查校园安全防范相关问题，助推完善校园安全防控机制建设，为未成年人健康成长构筑起"防火墙"。

二、医务人员履行报告职责　有力揭露侵害未成年人犯罪

（一）基本案情

自 2019 年 11 月起，犯罪嫌疑人李某某因其女儿钟某某（女，10

岁）贪玩，常以打骂罚跪手段体罚钟某某。2020 年 2 月 6 日上午，李某某安排钟某某在家写作业。13 时许，外出回家的李某某与杨某某（与李某某系同居关系）发现钟某某在偷玩手机，二人便用抽打、罚跪、浇冷水等方式体罚钟某某，直至钟某某出现身体不支状况。后李某某、杨某某发现钟某某已出现无法下咽且有牙关紧咬的情况，李某某意识到事态严重而拨打 120 急救电话，后医生接诊时发现钟某某伤情疑似人为所致，李某某对其致伤原因有意隐瞒，遂履行强制报告职责果断报警，本案由此案发。

2020 年 2 月 8 日，民警接到报警后及时赶到现场将犯罪嫌疑人李某某、杨某某控制。次日，河南省新乡市公安局铁西分局以涉嫌故意伤害罪对李某某、杨某某刑事拘留。2020 年 3 月 16 日，新乡市卫滨区人民检察院对二人作出批准逮捕决定。2020 年 5 月 13 日，公安机关将该案移送至卫滨区人民检察院审查起诉，现该案正在办理中。

（二）发现处置

1. 强制报告为及时破案创造前提条件。2020 年 2 月 8 日 14 时 24 分，赶到现场的医生发现钟某某已无生命体征。在接诊问询过程中，李某某谎称孩子贪玩没有吃饭而摔倒不起，但医生警觉地发觉孩子时值寒冬未穿外衣，体表伤情似是人为所致，遂严格按照河南省新乡市《侵害未成年人案件强制报告若干规定（试行）》要求，履行强制报告职责果断报警。民警赶到现场将李某某、杨某某控制，后检察机关提前介入。正是接诊医生积极履行强制报告职责，及时揭露犯罪，在一定程度上解决了此类案件的发现难问题。

2. 强制报告为有力控罪奠定证据基础。该案在审查逮捕中，犯罪嫌疑人杨某某辩称案发时不在现场没有参与犯罪，检察机关运用公安机关调取的监控视频和现场勘验报告等证据，有力揭穿了犯罪嫌疑人的谎言。同时，检察机关根据报案医生翔实的证言内容，厘清了两名犯罪嫌疑人在案发后的种种表现，客观驳斥了嫌疑人坚称具备自首情节的辩解。接到报告次日，公安机关以涉嫌故意伤害罪对李某某、杨某某刑事拘留。正是因为本案报案及时，为公安机关第一时间进行现场勘验、调取相关监控视频等侦查活动创造了条件，有助于检察机关及时介入侦查，为全面客观收集证据提出意见建议。

3. 强制报告为密织保护网发挥关键作用。2019 年 9 月，河南省检察机关会同相关职能部门制定了包括强制报告制度在内的系列规范性文件。本案接诊医生能够积极履行强制报告职责，恰是相关职能部门落实强制报告制度的具体体现。为使强制报告制度在基层、一线落实落地，河南省检察机关以构建未成年被害人"一站式"询问、救助中心为契机，配合卫生主管部门广泛宣传发动，使医疗机构从业人员树立起报告意识；以法治进校园"百千万工程"专项活动、派设法治副校长为抓手，使强制报告制度在与未成年人密切接触行业内深入人心；以开通 12309 检察服务中心未成年人司法保护专区为切口，与政法机关、行政部门和社会机构建立信息交互平台，及时接受未成年人刑事申诉、控告和司法救助线索，密织起未成年人司法保护安全网。

（三）典型意义

本案是医务人员基于强制报告制度果断报案的监护侵害案件。正是因为强制报告制度确立并被广大医务人员所认同，使侵害未成年人案件能够及时案发，从而为第一时间收集、固定关键证据创造了条件，也为破解侵害未成年人犯罪案件发现难、取证难、指控难等问题发挥了关键作用，更为司法机关通过办案推动形成上下一体、协作联动、及时有效的未成年人司法保护工作格局奠定了制度基础。

三、教师依规及时报告　公检合力严惩性侵犯罪

（一）基本案情

2015 年至 2019 年 4 月期间，犯罪嫌疑人李某某通过 QQ、微信聊天软件"附近的人"功能，将筛选条件设定为 10 至 20 岁女学生，进而搜索添加陌生女性聊天，其中以添加湖北省枣阳市某中学女学生居多。李某某在网络聊天中取得被害人信任后将其骗出，以曝光裸照相威胁、强迫饮酒、殴打等方式对被害人实施性侵行为。李某某自 2015 年开始，在四年多的时间内先后以此种方式性侵 15 名被害人（其中未成年人 10 人）。2019 年 4 月，被害人武某某（女，15 岁）因遭受李某某裸照威胁，向就读学校反映并报警，学校及时将该线索报告给检察机关，本案由此案发。

2019 年 4 月 18 日，公安机关决定对李某某涉嫌强奸一案立案侦查。2019 年 5 月 24 日，枣阳市检察院对李某某作出批准逮捕决定。因案件重大，枣阳市检察院于 2019 年 11 月 22 日将该案移送至襄阳市检察院审查起诉。2020 年 3 月 27 日，襄阳市检察院以李某某涉嫌强奸罪依法向襄阳市中级法院提起公诉，目前该案正在审理中。

（二）发现处置

1. 及时处置线索，凸显立案监督效力。公安机关在接到本案报警后，随即将李某某抓获，但仅对其采取行政拘留措施而未予刑事立案。该校在获悉武某某疑似遭受性侵的线索后，立即依照湖北省《关于建立侵害未成年人权益案件强制报告制度的工作办法（试行）》，向枣阳市检察院及时报告，检察机关接到线索后与公安机关沟通核实，经调查后认为李某某的行为涉嫌强奸罪，应依法追究其刑事责任，检察机关当天即启动立案监督程序，通知公安机关立案。

2. 聚焦案件侦办，深挖线索引出陈罪。检察机关第一时间与公安机关沟通配合，及时提出取证意见。在建议公安机关依法调取固定李某某手机信息时，发现疑似存在其他20余名被害人，枣阳市检察院迅速启动应急工作方案，配合公安机关指派精干力量侦办此案，收集固定电子证据，逐一确定被害人身份信息，在保护隐私的前提下开展询问，并同步进行心理疏导，最终查清李某某的全部犯罪事实，为精准指控犯罪夯实证据基础。

3. 延伸监督职能，推进校园长效治理。枣阳市检察院以本案为契机，对本地32所学校强制报告制度落实情况及校园安全管理进行走访调查，结合存在问题向该市教育局发出检察建议。该市教育局第一时间采纳并采取整改措施，在全市教育系统开展进一步加强强制报告制度贯彻落实的学习活动，对全市所有学校、教师进行强制报告义务的再强调；开展防范不法侵害安全隐患专项排查活动，加强对校园安全、学生日常行为规范的管理工作，共排查隐患51处，全部整治到位，并将学校落实防范不法侵害整治工作纳入考评；同时联合检察机关在全市400多所学校集中开展了一系列预防性侵法治宣传活动，提高在校学生自护能力。

（三）典型意义

本案是一起持续时间长、受害人数多、且主要针对未成年在校学生的重大恶性性侵案件。检察机关通过多部门协同建立侵害未成年人权益案件强制报告制度，推动负有未成年人保护职责的教育等部门积极履行强制报告职责，依法行使立案监督职权，与公安机关合力打击，深挖犯罪线索，有效严惩了性侵多名未成年人的恶劣犯罪。

四、强制报告构筑校园防护网　阻断社会不良影响和犯罪侵害

（一）基本案情

2019 年 5 月 16 日，江苏省江阴市某小学老师发现本校六年级女学生董某某（女，12 岁）在校外抽烟，经与董某某耐心细致交流，了解到董某某曾与他人发生性关系，疑似遭受性侵害。同时，通过董某某得知该校另一名六年级女学生陈某某（女，12 岁）也有类似遭遇。发现上述情况后，老师第一时间报告学校，学校根据该市关于侵害未成年人案件强制报告制度要求，立即向公安机关报案。同时，教育局将有关情况通报检察机关。经查，2018 年至 2019 年 3 月期间，校外闲散人员朱某某、何某某等人明知董某某、陈某某系不满 14 周岁幼女，仍假借"谈恋爱"之由与其发生性关系。

江苏省江阴市检察院于 2019 年 8 月 5 日以强奸罪对朱某某等人提起公诉，被法院依法定罪量刑。2019 年 5 月 17 日，何某某归案，因何某某在其他地区也有类似强奸案件，该案由江阴市公安局移送其他地区司法机关处理，案件仍在办理中。

（二）发现处置

1. 敏锐发现问题，及时查处犯罪。自 2018 年建立侵害未成年人案件强制报告制度以来，江苏省江阴市检察机关积极引导督促职能部门落实强制报告责任，相关人员未成年人保护意识和敏感性不断增强。该案中，学校教师发现低龄女学生异常表现后，敏锐意识到可能存在侵害情形，主动追问了解，及时提供犯罪线索。检察机关在接到学校通报后立即介入，引导公安机关在保护好被害人个人隐私的情况下，深入侦查挖掘疑似犯罪，发现多起校外社会闲散人员以"恋爱"为幌子对低龄女学生实施性侵害的案件。

2. 家校联合教育，引导帮助被害学生。针对董某某、陈某某存在的价值观偏差、自我保护意识薄弱、不良偏差行为等问题，检察机关会同学校、青少年权益保护协会对二人进行了青春期教育、社会交往规范指导和行为干预。对家长开展了亲子关系、行为监管等家庭教育指导。通过学校教育和家庭教育双管齐下，两名学生断绝了不良社会交往，行为转变明显，思想偏差得到及时纠正。

3. 加强部门联动，完善校园安全防范机制。此案发生后，该校组建了校园安全观察员队伍，将在校学生与社会闲散人员的不当交往作

为重点关注事项。督促老师加强与家长的联系，全方位掌握学生在校外的动态。校园安全观察员强化与公安等职能部门联动，整治校园周边闲散未成年人侵害在校学生权益问题，架构了严密的校园安全防护网。

（三）典型意义

低龄学生容易受到不良影响，在校学生与校外闲散人员不当交往滋生的欺凌、性侵害等犯罪在学生群体中影响面广、负作用大，如不及时干预危害严重。在该案中，江苏省江阴市司法机关和教育部门通过落实强制报告制度，从学生的偶然不良行为中，深挖出多起校外人员性侵害在校女学生犯罪。在依法惩治犯罪的同时，检察机关一方面对被害女学生开展教育引导工作，帮助二人改正错误思想观念，树立正确价值观，恢复身心健康。另一方面会同学校加强法治教育与安全建设，落实亲职教育，检校家联合扎牢防护网，避免低龄未成年人受到犯罪侵害和滋扰。

五、及时干预救助　依法严惩监护侵害案件

（一）基本案情

2007年，李某某夫妇因婚后常年无子女，领养一名出生不久的女婴李某甲。2019年5月9日，就读于浙江省桐庐县某小学的李某甲（女，12岁）向其班主任老师求助，称其养父李某某从2018年暑假开始，在家中多次以触摸胸部、阴部等方式对其实施猥亵。李某甲曾向养母诉说，但养母不相信，置之不理，于是向班主任老师反映。老师收到求助后，当日即依照强制报告制度要求，层报至教育主管部门，县教育局于次日向公安机关报案，并向检察机关报备，本案遂案发。

2019年5月10日，桐庐县公安局对李某某猥亵儿童一案立案侦查。2019年6月4日，桐庐县检察院对李某某作出批准逮捕决定。2019年8月7日，桐庐县检察院以李某某涉嫌猥亵儿童罪提起公诉，2019年8月27日，桐庐县法院以猥亵儿童罪判处李某某有期徒刑三年三个月。

（二）发现处置

1. 落实强制报告制度，发现干预双及时。2018年7月，杭州市检察院与公安、教育、卫健等部门联合制定市级层面的侵害未成年人案件强制报告制度。制度施行以来，桐庐县检察院主动加强与县公安、教育、卫健等部门的沟通联系，达成工作共识。同时依托"法治进校园""两微一端"新媒体平台，向广大师生宣传强制报告制度，打通制度运行"最后一公里"。本案中，被害人向养母诉说无果后，转而向班主任老师求助，班主任老师第一时间向教育主管部门和司法机关报告，并由学校心理老师初步开展心理疏导。桐庐县公安局接到报案线索当日立案侦查，次日，桐庐县人民检察院及时介入，确保案件有效查处。

2. 依托"一站式"机制，办案救助双同步。提出取证建议时，桐庐县检察院发现本案客观证据较为单薄，且被害人李某甲因家中亲属不明事理、一味埋怨，产生了持续性的内疚、自责等负面心理。对此，检察机关运用"一站式"办案机制对被害人开展询问、心理疏导，避免"二次伤害"。一方面，梳理评估案件线索，及时向公安机关提出建议，调取相关证人证言、被害人与其养父聊天记录等证据；另一方面，获取学校初步心理干预记录，通过县妇联邀请资深心理咨询师为李某甲及其养母进行多次心理测评、干预疏导，由村两委人员对养母和其他亲属进行教育劝诫，做到严厉打击犯罪与保护救助两同步。

3. 协调社会化支持，安置帮扶双落地。鉴于本案的特殊性，桐庐县检察院多次牵头召开联席会议，邀请民政、教育、公安、妇联、团委、乡镇及居住村相关人员商讨被害人安置问题。办案期间，为调整亲属心态，根据心理咨询师的建议，暂时将李某甲交由县反家暴庇护所庇护。案件办结后，经充分征询李某甲个人意愿对其进行妥善安置，民政部门确定一名志愿者跟踪陪伴，掌握思想动态、提供生活帮扶。为缓解经济困难，桐庐县检察院还向李某甲发放 1 万元司法救助金。目前，李某甲日常生活、学习情况良好。

（三）典型意义

本案是一起发生在家庭内部成员间的监护侵害案件，发现查处难度极大，但由于学校老师高度负责，积极主动履行强制报告义务，从而使案件从被害人求助到司法机关介入仅用了三天时间，确保了案件依法及时有效查处。在办案过程中，桐庐县检察院针对被害人的心理状态，通过妇联邀请心理咨询师同步开展心理疏导；针对家庭成员和亲属的认知偏差，协调基层组织，对监护人及其亲属进行教育劝诫；针对被害人临时安置，联合民政、妇联等部门审慎制定安置方案，落实案中庇护，案后又及时跟进监督、开展生活帮扶等，全方位构建起保护救助未成年人精细网络。

图书在版编目（CIP）数据

中华人民共和国未成年人保护法：实用版／中国法制出版社编.—北京：中国法制出版社，2021.1（2023.6重印）

ISBN 978 – 7 – 5216 – 1523 – 4

Ⅰ.①中… Ⅱ.①中… Ⅲ.①未成年人保护法 – 中国 Ⅳ.①D922.7

中国版本图书馆 CIP 数据核字（2020）第 269676 号

责任编辑：朱丹颖　　　　　　　　　　　封面设计：杨泽江

中华人民共和国未成年人保护法（实用版）
ZHONGHUA RENMIN GONGHEGUO WEICHENGNIANREN BAOHUFA
（SHIYONGBAN）

经销/新华书店
印刷/三河市国英印务有限公司
开本/850 毫米×1168 毫米　32 开　　　印张/ 8.5　字数/ 208 千
版次/2021 年 1 月第 1 版　　　　　　　2023 年 6 月第 7 次印刷

中国法制出版社出版
书号 ISBN 978 – 7 – 5216 – 1523 – 4　　　　　定价：25.00 元

北京市西城区西便门西里甲 16 号西便门办公区
邮政编码：100053　　　　　　　　　传真：010 – 63141600
网址：http://www.zgfzs.com　　　　编辑部电话：010 – 63141667
市场营销部电话：010 – 63141612　　印务部电话：010 – 63141606

（如有印装质量问题，请与本社印务部联系。）